GRETA GARBO

VORSATZBLATT: Garbo während der Aufnahme eines Standfotos in *Der Kuß*
TITELBLATT: Als Tanja in *Der Krieg im Dunkel* (1928)

GRETA GARBO

EIN PORTRÄT
VON ALEXANDER WALKER

AUTORISIERT VON METRO-GOLDWYN-MAYER

Christian Verlag

FÜR STANLEY KUBRICK

Aus dem Englischen übertragen von Ingeborg F. Meier
Redaktion: Ulla Dornberg
Korrekturen, Register: Vera Murschetz
Herstellung: Dieter Lidl
Satz: Josef Fink GmbH, München
Schutzumschlag: Ludwig Kaiser, München
Druck und Bindearbeiten:
BAS Printers Ltd, Over Wallop, Hampshire

Die Originalausgabe erschien unter dem Titel
Garbo – A Portrait by Alexander Walker
im Verlag George Weidenfeld & Nicolson Ltd, London
Layout: John Gorham und Martin Richards

ISBN 3-88472-063-5

INHALT

VORWORT

Wie so oft bei Büchern, bestand auch in diesem Fall der Wunsch, es zu schreiben, lange bevor sich die Gelegenheit dazu ergab. Ohne meine zufällige Begegnung mit Frank E. Rosenfelt hätte ich mein Vorhaben nicht verwirklichen können. Während einer halbstündigen Fahrt mit diesem klugen, liebenswürdigen Mann zu den Pinewood Studios - wo er den Dreharbeiten zu einem Film beiwohnen und ich den Regisseur interviewen wollte - stellte ich fest, daß er sich ebenso leidenschaftlich für das Kino begeisterte, wie er als Präsident und Geschäftsführer die Interessen seiner Gesellschaft vertrat. Er erzählte mir, wie er eines Tages ein paar alte Akten über Greta Garbo aus dem Studio-Archiv geholt hatte, um irgendeinen Punkt zu überprüfen, der für gerade laufende Projekte relevant war, und bis lange nach seiner üblichen Abendessenszeit versunken in all den alten Verträgen, Briefen, Telegrammen und Aktennotizen zwischen leitenden Angestellten und Künstlern geblättert habe, die während der Karriere der Garbo für ihre Betreuung zuständig und mit den sich dabei ergebenden Spannungen befaßt waren. »Würden Sie sich dabei vielleicht einmal von einem Filmhistoriker über die Schulter schauen lassen?« fragte ich.

Ein paar Wochen später bekam ich einen Brief von MGM aus Culver City an der amerikanischen Westküste, in dem mir mitgeteilt wurde, daß ich gerne meine Recherchen durchführen dürfe - und zwar, ohne jemandem »über die Schulter schauen« zu müssen. Auf meine Bitte hin brachte man mir bereitwillig alle Garbo-Unterlagen, die noch im Besitz des Studios waren - alle überraschend staubfrei. Bevor ich überhaupt anfing, Antworten auf meine Fragen zu suchen, beeindruckte mich eines: die Sorgfalt, mit der eine große Firmengesellschaft wie MGM etwas aufbewahrte, was man als Firmengedächtnis in Form von Akten bezeichnen könnte, die in diesem Falle beinahe sechzig Jahre zurückreichten. Selbst als ich ohne vorherige Ankündigung um die Unterlagen über Mauritz Stiller und John Gilbert bat, stellte man sie mir unverzüglich zur Verfügung. In der Bibliothek der MGM-Rechtsabteilung sitzend, beinahe Tür an Tür mit dem berühmten Büro, in dem Louis B. Mayer Hof hielt, durfte ich diese Akten nach Belieben durcharbeiten und mir Notizen machen. Hin und wieder kam Frank Rosenfelt mich besuchen, auf seinem Weg von Mayers Büro zum Konferenzraum wie magnetisch zu mir hereingezogen, um mir über die Schulter zu blicken und zu fragen: »Haben Sie etwas entdeckt... haben Sie etwas entdeckt?« Für MGM trifft nicht zu, daß ein Studio seine Vergangenheit verächtlich behandelt, solange sich nicht Profit daraus schlagen läßt. Mit der Zeit machte ich noch eine weitere Beobachtung, die für andere Filmhistoriker interessant sein könnte. Obwohl im heutigen Hollywood die Top-Manager in schneller Folge wechseln - und manche Köpfe rollen -, gibt es in den vielen anderen Bereichen eines Studios so etwas wie eine »Kontinuierliche Beamtenschaft«; diese Leute bleiben oft Jahrzehnte und scheinen ebenso viele wertvolle Informationen über die Filme zu speichern wie die Dokumente im Archiv. Das trifft jedenfalls auf MGM zu, wo ich unter den Garbo-Unterlagen mit Initialen abgezeichnete Aktennotizen von damals relativ jungen Angestellten fand, die zur Zeit meiner Recherchen - dreißig bis fünfunddreißig Jahre später - leitende Posten einnahmen. Ich brauchte nur ein paar Schritte zu gehen, bei Herrn X oder Y meinen Kopf durch die Tür zu stecken und sein Gedächtnis anzuzapfen, um - mit gleichbleibendem Erfolg - Klarheit über irgendeinen Punkt zu erlangen, der mir in den Akten unverständlich geblieben war.

Und noch etwas: Obwohl man mir gestattete, ganz nach meinem Belieben herumzustöbern und zu zitieren, verlangte MGM von mir keine vertragliche Zusicherung, daß ich ihnen zeigte, was ich zu veröffentlichen gedachte, und auch persönlich bat mich niemand, vorab mein Manuskript sehen zu dürfen. Für alle Schlußfolgerungen, zu denen ich gelangt bin, bin folglich nur ich selbst verantwortlich, also auch für Fehler, die sich eingeschlichen haben sollten.

Es scheint mir, daß in den letzten zwei Jahrzehnten, seit die Dämme brachen und die ganze Welt mit Filmbüchern überschwemmt wird, mehr als genug »Betrachtungen von außen« geschrieben worden sind, d.h. über das Bild, das sich aus Zeugnissen in Form von Filmen, Besprechungen und mündlichen Stellungnahmen (sowohl überlieferten als auch direkten) zusammenfügte. Ich selbst habe mit früheren Büchern zu dieser Welle beigetragen. Aber wenn heute Filmgeschichte revidiert und aufgearbeitet werden soll, kann dies nur geschehen, wenn die großen Studios so großzügig ihre Firmendokumente für Recherchen zur Verfügung stellen wie MGM jetzt mir und schon früher einigen meiner Kollegen. Wir brauchen dringend Material, auf das wir uns verlassen können, d. h. Akten, die man nicht im nachhinein frisiert hat, und Berichte, die nicht auf schlechtem Gedächtnis oder, wie in einigen Fällen, auf hartnäckigem Wunschdenken beruhen. Weitere Glückstreffer sollte man bei den Tagesprotokollen der Studioarbeit landen können, vorausgesetzt, man betreibt ernsthafte »Archäologie« und geht nicht im Goldrausch vor.

Dieses Buch stützt sich weitgehend auf MGM-Archivmaterial und gibt, so hoffe ich, Aufschluß über sechzehn Jahre Zusammenwirken zwischen einem der größten Filmstudios und seinem größten Star. Wie der Untertitel andeutet, ist es »ein Porträt«, ein Eindruck davon, wie Leben, Karriere und Temperament die Persönlichkeit der Garbo und ihr Talent formten und umgekehrt. Die selbstauferlegten Grenzen schließen eine Biographie im eigentlichen Sinne aus. Meine anderen Bücher versuchen die darstellerischen Leistungen der Garbo auf der Leinwand kritisch auszuleuchten. In diesem Bericht habe ich mehr Gewicht auf das gelegt, was die Archive ans Licht brachten und erkennen ließen, und mich bemüht, anhand dieser Zeugnisse Schlüsse zu ziehen auf die sich wandelnde Persönlichkeit und die beruflichen Fortschritte des Stars. Zusätzlich sprechen die Bilder eine starke eigene Sprache, und ich hoffe, sie werden im Zusammenhang mit dem Text daraufhin »gelesen«, welches Licht sie auf die außergewöhnlichen Charakterseiten dieser Frau werfen. Zweifellos wird man die Frage stellen: Sind Sie ihr je begegnet? Die Antwort lautet: ja. Allerdings bin ich ihr unter Umständen begegnet, die – selbst wenn sie willens oder fähig gewesen wäre, mir zu helfen – weitere Nachforschungen hinsichtlich des an anderen Orten gefundenen Materials nicht erlaubt hätten. Enttäuschend, ja, aber in gewisser Hinsicht bin ich froh, daß sie Distanz hält und ihr Geheimnis wahrt. Das einzige, was ich lebhaft bedauere und befürchte, sind all die unbestätigten persönlichen Erinnerungen, die mit Sicherheit zahlreich in Druck gehen werden, wenn die Garbo einmal nicht mehr unter uns weilt, da sie solche Autoren dann nicht länger daran hindern kann und ihr Leben, sofern nicht ihre eigene Version vorliegt, nicht mehr den Schutz der Wahrheit genießt, so wie sie diese sieht.

Ich bin vielen Menschen für ihre Unterstützung dankbar. Manche, die mit der Garbo befreundet sind oder es einmal waren, haben mich gebeten, ihre Namen nicht zu erwähnen. Anderen spreche ich gerne meinen Dank aus, vor allem den Mitarbeitern von Metro-Goldwyn-Mayer. Außer Frank Rosenfelt möchte ich Richard Kahn danken, dem stellvertretenden Vorsitzenden und im Bereich Film weltweit zuständigen Marketing-Direktor und Präsident von MGM International; Deanna Rae Wilcox, Leiterin der Marketing-Verwaltung; Karla Davidson, Herbert Nusbaum und Florence Warner von der Rechtsabteilung; Doré Freeman, Leiterin der Standfoto-Abteilung; Ben Presser, Leiter des Rechtsarchivs; und Iver Person, der mir bei der Vorbereitung der Vergrößerung von Szenenfotos aus den Filmen half. Sie alle leisteten großzügig Hilfe und sorgten andererseits dafür, daß ich in Ruhe arbeiten konnte. Zu Dank verpflichtet bin ich auch den Mitarbeitern – vor allem Sam Gill – der Margaret Herrick Library an der Akademie für Filmkunst und -wissenschaft in Los Angeles für ihre Hilfe bei der Auswahl der Illustrationen und für den mir gewährten direkten Zugang zu der grossen Sammlung von MGM-Standfotos, die während meiner Recherchen in der Akademie untergebracht waren – eine unschätzbare Sammlung von Quellenmaterial. In Stockholm halfen mir Olle Rosberg, der Leiter der Standfotoabteilung am Schwedischen Filminstitut; Torsten Jungstedt, der mir viel Fernsehmaterial vorführte; Jorn Donner, der Leiter des Schwedischen Filminstituts; Bengt Forslund, Produktionschef am Schwedischen Filminstitut; Kenne Fant, Generaldirektor von Svensk Filmindustrie; Ture Sjölander, Autor und Grafiker; die Mitarbeiter der Bildarchive bei Pressens Bild, der Verlagsgruppe Bonnier und Allan Kjellander; und vor allem Sven Gustafsson, Greta Garbos Neffe, der meine Fragen herzlich und offen beantwortete und mir erlaubte, Fotos aus seiner Privatsammlung zu reproduzieren. In London unterstützten mich Bill Edwards, stellvertretender Leiter der Werbe- und Presseabteilung von MGM International; die Mitarbeiter der Handbibliothek des Britischen Filminstituts und der Standfotoabteilung des Nationalen Filmarchivs und natürlich Kevin Brownlow.

Herzlicher Dank gebührt auch meinem Verlag für Ermutigung und Geduld und für die Begeisterung bei der Arbeit an dem Buch, vor allem dem Leiter der Abteilung Kunst- und Illustrierte Bücher, Colin Webb, meiner Lektorin Brigid Avison und John Gorham und Martin Richards, die für die graphische Gestaltung verantwortlich waren.

Alexander Walker
London 1979 – Davos 1980

Greta Gustafsson mit siebzehn Jahren: »Immer wenn ich mir selbst überlassen bin, sehne ich mich so schrecklich nach dem Theater.«

GRETA GUSTAFSSON 1905–1925

Louis B. Mayer hatte ihr persönlich befohlen, sich im Studio zu melden. Als dennoch Vor- und Nachmittag vergingen, ohne daß Greta Garbo erschien, schickte man einen Boten zu ihr ins Hotel Miramar in Santa Monica an der kalifornischen Küste. Er lieferte seinen Brief ab und wartete klugerweise auf eine schriftliche Empfangsbestätigung, die bei seiner Rückkehr in die Metro-Goldwyn-Mayer-Studios in Culver City, einem Vorort von Los Angeles, an die Briefkopie geheftet wurde. Beides ist in der ordentlichen Ablage der Gesellschaft aufbewahrt worden. Erhalten geblieben ist so auch der Wortlaut der väterlich scharfen Zurechtweisung, die vor über fünfzig Jahren, am 5. November 1926, von einem der gebieterischsten Filmgewaltigen in Hollywood einer jungen Frau erteilt wurde, die nach knapp einem Jahr Beschäftigung bei MGM gerade einundzwanzig geworden und drauf und dran war, mit ihrer Unerschütterlichkeit, zumindest in bezug auf ihren verstockten Eigensinn, alle anderen in der Filmkolonie zu übertreffen.

»Gestern wurden Sie sowohl telefonisch als auch schriftlich aufgefordert, heute morgen um zehn Uhr im Studio zu sein«, wetterte Mayer. »Sie haben diese Anweisung nicht befolgt, und wir haben von Ihnen auch weder direkt noch indirekt eine Nachricht erhalten. In Anbetracht dieser Situation und unter besonderer Berücksichtigung der Kürze der Zeit, die uns noch bis zum Drehbeginn von *Women Love Diamonds* bleibt, wird es uns unmöglich sein, diesen Film, in dem Sie ihre nächste Rolle haben sollten, mit Ihnen zu drehen. Wir möchten Ihnen daher mitteilen, daß wir beabsichtigen, eine andere Schauspielerin für die für Sie vorgesehene Rolle zu engagieren.« Die Englischkenntnisse der Garbo waren zu dieser Zeit noch äußerst dürftig. Es ist jedoch zu bezweifeln, daß sie die Nachricht, selbst nachdem man sie ihr ins Schwedische übersetzt hatte, als Besorgnis erregend empfand. Die nicht zur Reue bereite Beschuldigte hatte die Rolle, um die es ging, selbst ein paar Tage vorher als die »einer albernen Verführerin« bezeichnet. Albern oder nicht, Mayer warnte sie in eisigem Ton, es bedürfe »gründlicher Recherchen und Vorbereitungen, um einen neuen Stoff für Sie zu finden und Vorkehrungen für die Produktion zu treffen. Dies kann eine gewisse Zeit dauern, während der wir für Ihre Dienste vielleicht keine Verwendung haben, und in einem solchen Falle hätten Sie Ihre Arbeitslosigkeit ganz allein sich selbst zuzuschreiben, da Sie sich voller Verstocktheit nicht an Ihre Anweisung halten.«

Dann wurden Konsequenzen angedroht, wie so häufig damals, wenn es darum ging, Filmstars gefügig zu machen, was bei den langfristigen Verträgen des aufblühenden Studiosystems Mitte der zwanziger Jahre oftmals unvermeidlich war.

»Bis auf Widerruf sind Sie gehalten, sich täglich um neun Uhr morgens im Studio zu melden. Sollten Sie sich nicht an die hier verfügten Maßnahmen halten, werden wir das als mutwillige Nichteinhaltung der in Ihrem Anstellungsvertrag festgehaltenen Pflichten auslegen und für die Dauer Ihres unbotmäßigen Verhaltens die Ihnen vertraglich zustehenden Zahlungen einstellen.« Obwohl es ihn sicher mit Recht reizte, von einem widerspenstigen und in seinen Augen undankbaren Filmstar Gehorsam zu erzwingen, schloß Mayer – das Wohl seiner Gesellschaft im Auge – mit den Worten: »Es ist nicht unsere Absicht und nicht Zweck dieser Verwarnung, Ihren Anstellungsvertrag mit uns zu beenden; im Gegenteil, wir möchten betonen, daß er unserer Ansicht nach rechtsgültig und in Kraft ist und daß wir alles tun werden, was in unserer Macht steht, um zu erreichen, daß Sie Ihre darin eingegangenen Verpflichtungen genau und gewissenhaft erfüllen. Hochachtungsvoll, Metro-Goldwyn-Mayer Corporation, Louis B. Mayer, Vice-President.« Eine Kopie dieses Briefes ging ostwärts an Joseph S. Buhler, Greta Garbos Anwalt in New York.

In sorgfältiger Handschrift hat ein anonymer Mitarbeiter auf dem Durchschlag für das MGM-Archiv gewissenhaft die genaue Uhrzeit notiert, zu der dieses Donnerwetter losgelassen wurde – 7.00 Uhr abends. Louis B. Mayer hatte also kaum den Sonnenuntergang abgewartet, so verärgert war er über diese Frau, die bis dahin nur drei Filme für ihn gedreht hatte (von denen einer noch nicht lief), aber schon auf dem besten Wege war, sowohl von Kritikern als auch von Kinobesuchern als »göttlich« gefeiert zu werden.

Die Garbo lernte 1926 schnell den Unterschied zwischen einer Künstlerin und einem Firmenaktivposten kennen. Ihre Widerborstigkeit war Mayers aufmerksamem Auge schon aufgefallen. »Immer bin ich das verworfene Frauenzimmer, immer die herzlose Frau«, beklagte sie sich schon nach zwei Filmen, *The Torrent* (Fluten der Leidenschaft) und *The Temptress (Totentanz der Liebe)*. Mayer hatte ihr am 4. August 1926 den ersten schroffen Brief geschrieben und ihr darin befohlen, sich um Punkt 16.30 Uhr bei seinem Produktionsleiter Irving Thalberg zu melden und Anweisungen zu *Flesh and the Devil (Es war)* entgegenzunehmen. Auch in diesem Film sollte sie wieder einen herzlosen »Vamp« – ironischerweise mit dem Namen Felicitas – spielen. Die Garbo versuchte, die Rolle abzulehnen. Als sie damit scheiterte, versuchte sie für ihre Rolle eine andere Garderobe zu bekommen, und zwar, wie Mayer notierte, »keineswegs eingeschüchtert von uns«, worin zum Ausdruck kommt, wie eisern bemüht das Studio war, sich an das Drehbuch zu halten. »Sollten Sie es versäumen, dieser Forderung nachzukommen«, drückte Mayer es barsch aus, »werden wir das – vor allem in Anbetracht Ihres bisherigen Verhaltens und Ihrer allgemeinen Widersetzlichkeit – als Vertragsbruch auffassen.« Die Gar-

Louis B. Mayer, die Garbo, Lars Hanson und Sven-Hugo Borg während der Dreharbeiten für *Flesh and the Devil (Es war)*, 1926.

bo meldete sich nicht wie befohlen; sie schickte die Nachricht, sie sei krank. Eine handschriftliche, mit Tinte geschriebene Notiz auf einem von Mayers Notizzetteln besagt, daß sie daraufhin ohne Bezahlung für eine Woche suspendiert wurde. Man teilte ihr noch mit, daß die Zeit, die sie fehle, ihrem Drei-Jahres-Vertrag angehängt würde, den sie am 16. August 1925 mit MGM geschlossen habe. Der Aufschub kostete sie $ 400 – Ihre Wochengage zu dieser Zeit.

Nichts illustriert den »Wert« der Garbo, wenigstens in einer Hinsicht, ungeschminkter als eine Aktennotiz, die einer der Produktionschefs des Studios an Mayer und Thalberg sandte. Hier wird ein Filmstardasein entblättert und auf nackte Zahlen reduziert. »Im Laufe des Jahres vom 10. September 1925 bis 9. September 1926: in MGM-Filmen mitgewirkt 12 Wochen und 4 Tage à $ 400 die Woche. Summe: $ 4922.33. Ohne Beschäftigung: 12 Wochen. Bleiben laut Vertrag noch 15 Wochen und 1 Tag à $ 400 die Woche. Macht $ 6066.66. Ausgezahltes Gesamtgehalt: $ 16066.66. Für arbeitsfreie Zeit bezahlt: $ 4933.33. – Plus Gehalt vom 27. Mai bis 9. September 1926. Macht $ 6066.66. – Wenn bis Vertragsende arbeitslos, beläuft sich dieser Betrag auf $ 10999.« Hinzugefügt ist noch: »Wir haben eine Option für ein weiteres Jahr à $ 750 die Woche.«

Nicht lange, nachdem diese Aktennotiz in Umlauf kam, filmte die Garbo als Partnerin von John Gilbert, einem Star, dessen wöchentliche Gage fast $ 10000 betrug. Zu ihrer Unzufriedenheit als Künstlerin kam eine materielle Sorge: Sie war unterbezahlt. »Sie sind geizig«, schrieb sie um diese Zeit einem schwedischen Freund zu Hause. »Sie« waren auch weitsichtig. Louis B. Mayer suspendierte die Garbo erneut, als sie seine Zurechtweisung ignorierte und sich weigerte, sich täglich im Studio zu melden; sie fehlte bis zum 17. Dezember 1926 43 Tage lang. Währenddessen zirkulierte unter den leitenden Angestellten eine Notiz darüber, welche Handlungsmöglichkeiten dem Studio blieben, wenn die Garbo nach Schweden zurückzukehren beschloß oder sich nicht um Verlängerung ihrer Arbeitserlaubnis bemühte und eine Ausweisung riskierte. »Unser Anwalt vertritt die Ansicht, daß wir im Besitz eines gültigen und weiterbestehenden Vertrages wären und uns daher verschiedene rechtliche Schritte offenstünden, um die Erfüllung des Vertrages zu erzwingen (wenn der Star später in die Vereinigten Staaten zurückkehrt). Er sagt, wir könnten einer solchen Person erhebliche Unannehmlichkeiten bereiten, da wir die Möglichkeit haben, sie daran zu hindern, für andere zu arbeiten.« Das Geschlecht der Person ist nirgends erwähnt: dazu bestand keine Notwendigkeit. Mayer hatte Mitte November nach der Garbo geschickt und ihr unverhohlen Undankbarkeit vorgeworfen.

Aufzeichnungen über diese Begegnung sind nicht erhalten geblieben. Aber Mayers zwanghafte patriarchalische Art – halb zärtlicher Vater, halb strafender Tyrann – war ihm zu dem Zeitpunkt schon in Fleisch und Blut übergegangen. Jede beliebige seiner zuverlässig überlieferten Reden über sein Lieblingsthema, seine »Familie« der Stars, hätte da gepaßt. »Nur die Garbo ist schwierig. Ich bin ihr bester Freund. Ich will, daß sie glücklich ist. Sie sollte zu mir kommen und mir sagen, was sie will. Ich würde es ihr schon ausreden[1]«. Diesmal sagte ihm die Garbo auf jeden Fall in aller Deutlichkeit, was sie wollte: daß ihre Gage auf $ 5000 wöchentlich angehoben würde. Und sie ließ sich das nicht ausreden. Sie ging nach Hause und blieb fünf Monate lang dort – ohne Bezahlung.

Der einzig mögliche Weg, die geheimnisvolle Aura, die sich in den gut fünfzig Jahren seit dem Zusammenstoß mit Mayer um die Garbo gebildet hat, zu durchdringen, besteht in der Annahme, daß sie gar nicht wirklich existiert. Deshalb habe ich gleich zu Beginn aus dem beachtlichen Schatz von Aktennotizen, Briefen, Verträgen und anderen Belegen in den Kellergewölben der MGM-Studios zitiert. Einige Leute werden diesen Einstieg vielleicht als unromantisch oder sogar Garbo-feindlich betrachten. Ich kann sie nur bitten, kein vorschnelles Urteil zu fällen. Der Mythos hat sich so lange gehalten und ihr Bild in der Meinung der Menschen geformt, daß es höchste Zeit ist für einen Versuch, das Objekt aus einer anderen Perspektive zu betrachten. Die MGM-Archive geben uns hierfür die Möglichkeit.

Das Studium der Akten, wie ich es im Archiv der Rechtsabteilung von MGM betrieb, ist keine Einübung in Entzauberung: eher das Gegenteil. Sie enthalten die Lösungen für einige der faszinierenden Rätsel in Greta Garbos Laufbahn. Wenn man die richtigen Fragen zu stellen versteht, kann man aus diesen Papieren einige Antworten herauslesen. Keine Klarheit bringen sie hingegen in das eigentliche Geheimnis der Garbo-Persönlichkeit, obwohl sie etwas festeren Boden für Spekulationen über andere Aspekte hergeben. An ihrer Einzigartigkeit ändern sie gar nichts. Wenn überhaupt, dann verstärken sie diese noch, indem sie uns ständig ins Bewußtsein rufen, daß es zumindest zweierlei Wahrheiten über Greta Garbo gibt. Einmal die ihrer schauspielerischen Leistungen, der Darstellung ihrer Persönlichkeit auf der Leinwand. Und zum anderen die Wahrheit, wie sie sich in den Akten über ihre MGM-Laufbahn von 1925 bis 1941 schriftlich niedergeschlagen hat. Die eine Wahrheit liefert das Material für schwärmerische Verherrlichung und kritische Analysen: die andere liefert die Beweise für einige von außen wirkende Einflüsse und Kräfte, die einen Star formen. Was die MGM-Akten uns in Erinnerung rufen, ist folgendes: Bevor es die »göttliche« Garbo gab, war da eine Frau, die denselben Gesetzen von Belohnung und Strafe unterlag wie zwanzig oder mehr ihrer berühmten zeitgenössischen Kollegen, denen weder während ihrer Filmkarriere noch später ein Anspruch auf Göttlichkeit zugestanden wurde.

Die Jahreswende 1926/27 war eine entscheidende Entwicklungsphase für die Garbo, die bald darauf die menschenscheue Aura annahm, die sie noch heute umgibt. Aber die Studioarchive erlauben uns, sie für die Dauer ihrer Karriere aus anderer Sicht zu sehen, sozusagen unverfälscht.

Andere Filmstars haben die Weltabgewandtheit der Garbo imitiert – ihre öffentlichkeitsfeindliche Haltung, die es ihren Bewunderinnen unmöglich machte, sich mit ihr zu identifizieren oder sie gar (außer auf der Leinwand) zu Gesicht zu bekommen, und die darin gipfelte, daß sie das Filmen schließlich ganz aufgab. Aber kein Star hat je so überzeugend, hartnäckig und beharrlich wie sie Willensstärke und Entschlossenheit demonstriert, das eigentliche, wahre Selbst zu schützen, selbst wenn das hieß, eine einzigartige Filmkarriere aufs Spiel zu setzen. Die ersten Jahre bei MGM waren ein Treibhausklima für ihre Egozentrik – die aber viel weiter zurückreicht. Eigensinn war der hervorstechendste Charakterzug der Garbo und prägte sie von frühester Kindheit an. Alle zuverlässigen Berichte über diese Zeit, einschließlich ihrer eigenen Erzählungen, lassen eines erkennen – die feste Absicht, ihren eigenen Willen durchzusetzen.

Sie wurde am 18. September 1905 als jüngstes von drei Kindern in einem Stockholmer Entbindungsheim geboren. Ihre Familie, die Gustafssons, hatte schon einen Sohn, Sven, und eine Tochter, Alva. Die Garbo wurde Greta Lovisa getauft. Ihr Vater, Karl Alfred, verrichtete schlechtbezahlte Arbeit bei der städtischen Straßenreinigung; er war dabei nicht nur Wind und Wetter ausgesetzt, sondern auch der Gefahr alkoholischer Spenden, die die Straßenreiniger damals statt Trinkgeldern von den Stockholmern erhielten und die seine ohnehin schon nicht kräftige Gesundheit wahrscheinlich noch schwächten. Er war ein Mann mit erstaunlich feinen, beinahe femininen Gesichtszügen – die Garbo erbte sie von ihm. Er hatte ihre Mutter, Anna Lovisa, auf einem Bauernhof kennengelernt, wo sie in der Küche und er auf dem Feld arbeitete. Die Mutter der Garbo, eine freundliche, aber schweigsame Frau, hatte eine Spur Lappenblut. Man ist

versucht, dieses Erbe in den langen Gliedmaßen ihrer jüngeren Tochter, deren flacher Brust und dem jochartigen Schlüsselbein zu erkennen, das stark genug ist, um ein schweres Zugpferd anzuschirren. Im Ruhezustand beinahe linkisch wirkend, fand bei der Garbo, sobald sie sich bewegte, eine sinnliche Verschmelzung von Körper und Gliedmaßen statt; es waren diese schlanken Bewegungen, die in ihrer Körperlichkeit ihre ersten amerikanischen Zuschauer stark beeindruckten. Vielleicht hat die Direktheit ihrer Bewegungen zu der Annahme geführt, sie sei von amazonenhafter Statur. Das war sie keineswegs: Als sie sich 1940 um die amerikanische Staatsbürgerschaft bewarb, gab sie ihre Größe mit 1,70 Meter an, wohl kaum die einer Riesin. Die alten Gerüchte über ihre »extreme« Länge halten sich vermutlich deshalb so hartnäckig, weil einige ihrer Partner, wie John Gilbert und Charles Boyer, verhältnismäßig klein waren oder in ihren historischen Kostümen noch kleiner wirkten.

Bald nach der Geburt der Garbo zog die Familie in eine Mietwohnung in der Blekingegatan 32. Das Gebäude steht nicht mehr, aber ein schwedischer Fernsehfilm aus der Zeit, als es abgerissen wurde, läßt vermuten, daß die Wohnverhältnisse eng und ungesund waren. Die großen Fenster ließen nicht nur frische Luft herein, sondern auch kalte Winterwinde. Die Familie schlief zu fünft in einem Raum, Greta in der Mitte auf einem Feldbett. Auf einem kleinen Herd wurde Wasser erhitzt, gekocht und Brennholz getrocknet. Die Toilette lag draußen am anderen Ende des Hofes, und auf ihrem sanft geneigten Dach lag Greta häufig und sonnte sich mit ihren Freundinnen oder träumte mit ihnen vor sich hin. Die Erinnerungen ihrer Spielkameradinnen lassen, soweit sie aufgrund von Gretas Berühmtheit nicht willentlich verbrämt sind, eines jener einsamen Kinder vermuten, deren Phantasien den Alltag und die Außenwelt überlagern. Sie war die schüchternste und zeigte schon Anzeichen jener Zurückgezogenheit, die sie später in eine so mächtige Waffe verwandelte. Wenn sie aber mit Freundinnen ihres Alters zusammen war, übernahm sie immer die Führung beim Spielen, wobei sie Soldaten den Puppen vorzog, und für eines der Mädchen, Elizabeth Malcolm, war sie »eine Schau für sich«.

»Wir sind an einem weißen Sandstrand«, pflegte Greta zu sagen [wenn die beiden Mädchen auf dem Toilettendach lagen]. »Siehst du nicht, wie sich die Wellen am Ufer brechen? Wie klar der Himmel ist, Elizabeth! Und hörst du, wie lieblich das Orchester im Casino spielt? Schau einmal, das Mädchen in dem komischen grünen Badeanzug! Es macht Spaß, hier zu liegen und die Badenden zu beobachten, nicht wahr?« [Ihrer] lebhaften Phantasie bereitete es keine Schwierigkeiten, das Blechdach in leuchtenden Sandstrand zu verwandeln, den Hinterhof mit seinen Wäscheleinen und seinen Mülltonnen in ein windgepeitschtes Meer, krächzende Grammophonmusik, die aus einem Nachbarfenster drang, in süße Melodien eines gerade modernen Casinoorchesters. Die Kinder, die auf dem Hof herumschrien, waren natürlich die Badenden[2].

Jahre später sagte die Garbo in einem der seltenen Hollywoodinterviews, eigentlich dem letzten, in dem sie ihre Gedanken der Außenwelt und zur Veröffentlichung preisgab, über diese Zeit: »Ich kann mich nicht erinnern, einmal jung gewesen zu sein, wirklich jung, wie andere Kinder.« Und sie fügte den wohl treffendsten, jemals festgehaltenen Kommentar zur eigenen Person hinzu: »Ich habe immer meine eigenen Ansichten gehabt, aber ich habe meine Meinung nie gesagt.« Sie erzählte, daß sie schon als Kind allein sein wollte. Sie pflegte sich in eine Zimmerecke zu verkriechen und nachzudenken. »Man sollte Kinder ruhig grübeln lassen, wenn ihnen danach zumute ist; man sollte sie nicht dabei stören. › Geh jetzt spielen ‹, sagen ihnen ihre Mütter und Väter. Das sollten sie nicht tun. Denken bedeutet selbst kleinen Kindern schon sehr viel[3].«

Die Garbo tollte als Kind nicht viel herum. Wahrscheinlich fehlte ihr die körperliche Zähigkeit zum Schlittenfahren, für Schneeballschlachten und andere winterliche Spiele. Sie spielte, indem sie sich etwas ausdachte und in der Phantasie auslebte. In der Schule war sie aufgeweckt, aber undiszipliniert. Was sie faszinierte, waren nicht die Unterrichtsstunden, sondern das lebendige Theater. Sie behauptete, mit sechs oder sieben Jahren oft draußen vor dem Hinterausgang von einem der rund zwei Dutzend Stockholmer Theater gestanden und den Schauspielern bei ihren Proben für Theateraufführungen gelauscht zu haben, die zu sehen sie sich nicht leisten konnte. Wenn sie sich mal eine Karte kaufen konnte oder ins Theater eingeladen wurde, inspi-

OBEN: Ihre Mutter, eine kräftige Bäuerin mit Lappenblut

RECHTS: Die beeindruckende Fassade von Blekingegatan 32; aber die Gustafssons lebten auf engem Raum zusammengepfercht in einer kleinen Mietwohnung, die auf den Hinterhof hinaus ging.

rierte dieses Erlebnis sie dazu, sich das Gesicht mit Wasserfarben anzumalen statt mit Bühnenschminke und sich hin und wieder von ihrem Bruder Sven Hosen und Hemd auszuborgen und so gewandet Vorstöße in die Nachbarschaft zu wagen, um zu sehen, ob sich nicht einer der Handwerker von dem Nachbarskind *en travestie* täuschen ließ.

Häufiger noch als ins Theater ging sie in Stummfilme, da das billiger war. Sie schwärmte für Mary Pickford und sah sich *Poor Little Rich Girl* wenigstens zweimal an; sie war begeistert von dem von ihr durchschauten Trick, mit dem die 24jährige Pickford eine Elfjährige darstellte. Elizabeth Malcolm hat erzählt, daß dies Greta Garbo zu der Bemerkung veranlaßte, warum sie, die wirklich ein kleines Mädchen war - damals zwölf oder dreizehn - nicht ebenso gut auf der Leinwand sein sollte wie die Pickford. Die beiden machten sich auf den Weg zu den Filmstudios in einem Stockholmer Vorort auf der Lidingö-Insel, aber die Suche nach Filmruhm scheiterte an einem Schneesturm: Niemand konnte ihnen den Weg dahin zeigen, wo sie in ihrer Vorstellung Filmstarkarrieren erwarteten. In schlimmer Erinnerung ist der Garbo der Tod ihres Vaters geblieben, der starb, als sie vierzehn war. Die Familie hatte ihn gepflegt, als er sich während der weltweiten Grippeepidemie von 1919 angesteckt hatte. S.N. Behrman, der Autor und Drehbuchautor von (u.a.) *Ninotschka,* erinnert sich, wie die Garbo ihm erzählt hat, daß ihr Vater sie eines Tages im Mai 1920 zu sich rief und ihr sagte, daß er sich krank fühle. Da er hohes Fieber hatte, wie sie feststellte, brachte sie ihn in ein öffentliches Krankenhaus, wo sie in einer Schlange anstehen mußten. Als sie schließlich an den Schalter kamen, forderte der Mann dahinter Karl Gustafsson auf, seinen Hut abzunehmen, und stellte ihm hundert Fragen, die für ihn und das kleine Mädchen alle darauf hinauszulaufen schienen, daß das Krankenhaus in erster Linie daran interessiert war, ob sie die Behandlung bezahlen konnten. Die ganze Zeit hatte das Mädchen das Gefühl, daß ihr Vater dem Sterben nahe war; nach ihrer Aussage starb er nur wenige Tage später. Behrman sagte, dieser Vorfall im Krankenhaus sei einer der Gründe gewesen, warum die Garbo so wütend mit dem Leben rechtete. Er lehrte sie wahrscheinlich - schmerzlich früh -, daß Geld den besten Schutz im Leben bot und eine weitere Sicherheit darin bestand, sparsam damit umzugehen. Behrman glaubte auch, daß sie später »Beamtentum«, wie Louis B. Mayer es in ihren Augen verkörperte, mit dem herrischen, mitleidlosen »Mann am Schalter« assoziierte.

Ihr Vater spielt auch in einer anderen Geschichte eine Rolle, die in den Garbo-Biographien immer wieder auftaucht. Es heißt darin, daß sie eines Abends Zeugin wurde, wie sich ihr Vater mit einem anderen Mann auf der Straße prügelte und dabei den kürzeren zog - bis der Kampf abgebrochen wurde, weil sie als seine Tochter erkannt wurde. Die Garbo selbst erinnerte sich, daß ihr Vater mit der Schlägerei nichts zu tun hatte. Sie selbst habe den größeren Mann nur gefragt, warum er sich mit jemandem schlage, und der habe daraufhin auf seinen besiegten Gegner herabgeblickt und spöttisch zu ihm gesagt: »Hier ist deine kleine Tochter - du kannst jetzt nach Hause gehen.« Ob ihr Vater nun in diese Rauferei verwickelt war oder nicht, der Anblick prägte ihre Angst vor physischer Gewalt, vor allem wenn sie selbst hineingezogen zu werden drohte. Daher rührt ihre lebenslange Aversion gegen Menschenansammlungen, sogar gegen Statisten in Studiokulissen, wenn sie selbst in deren Mitte erscheinen sollte. Die meisten Filmstars überwinden ihren Widerwillen gegen Menschenmassen oder behalten ihn für sich - nicht so die Garbo.

Während der Krankheit ihres Vaters hatte sie schon zum Unterhalt der Familie beigetragen, indem sie in einem Friseurladen in einer Seitenstraße als Einseifmädchen arbeitete. Ihre Erinnerungen an jene Zeit lassen ein lebhaftes Mädchen vermuten, das die Kunden mit seinem Geplauder aufmunterte. Aber die ziemlich freizügigen Bemerkungen von Männern der Arbeiterklasse haben ihr wahrscheinlich einen elementaren Einblick in das männliche Geschlecht gegeben, der alles andere als vertraueneinflößend für sie war. Dies mag Vermutung sein, Tatsache hingegen ist die Unsicherheit, die sich in ihren engen und eifersüchtig gehegten Freundschaften mit anderen Mädchen ihres Alters äußerte. Einer ihrer Biographen, der schwedische Schauspieler Fritiof Billquist, hat Auszüge aus Briefen abgedruckt, die die vierzehnjährige Greta an ihre Schulfreundin Eva Blomkvist geschrieben hat. Die Lektüre ist erstaunlich und bestürzend; sie sind voller quälender Selbstanalyse, offenbar das Ergebnis der Selbstbeobachtungen eines einsamen Kindes. Aber sie sind

OBEN: Gretas Vater *(rechts)* als Landarbeiter.

LINKS: Greta *(oben Mitte)* in der Schule, ungefähr neun Jahre alt

auch sehr deutlich in der Sprache: Worte werden nicht verschwendet, mit Gedanken wird nicht hinterm Berge gehalten. Das sind Charakterzüge eines Mädchens, das entschlossen ist, seinen eigenen Weg zu gehen, koste es, was es wolle, auch an Schmerzen. Darin zeichnet sich zum erstenmal das Temperament der Garbo ab.

»Ich hatte nichts dagegen, daß Du mit [meiner Schwester] Alva ausgehst«, schreibt die Garbo, »aber mir ist klar geworden, daß Du das gleiche mit meinen anderen Bekannten vorhattest. Eva, ich bin von Natur aus arrogant und ungeduldig, und ich mag keine Mädchen, die tun, was Du getan hast. Wenn Du mir nicht geschrieben hättest, hätte ich niemals den ersten Schritt zur Versöhnung getan. [...] Wenn dieser Brief Dich kränkt, brauchst Du mir nicht mehr zu schreiben, aber wenn er das nicht tut und Du mir versprichst, Dich wie eine Freundin zu verhalten, würde ich mich freuen, bald wieder von Dir zu hören. Deine Greta[4].« Ein paar Monate später schleicht sich quasi in die Korrespondenz ein, was später der meistzitierte Ausspruch der Garbo werden sollte. »Immer wenn ich mir selbst überlassen bin, sehne ich mich so schrecklich nach dem Theater, denn dort ist letztlich all das, Eva, was ich will.« »Immer wenn ich mir selbst überlassen bin«, schreibt sie, nicht direkt »ich will allein sein«, aber sie scheint sich doch damit abzufinden, wenn nicht sogar Gefallen daran zu haben. Es geht die Sage, daß Greta eine begeisterte Verehrerin von Carl Brisson war, dem dänischen Boxer, der zum Liebling der Theaterbesucherinnen wurde, und daß er ihr einmal sogar ein Ständchen brachte, während ein Scheinwerfer sie anstrahlte. Wenn das stimmt, steht das in selt-

LINKS: Während ihres letzten Schuljahres; bald darauf begann sie ihre Familie zu ernähren.

UNTEN: Bei ihrer Konfirmation 1920. Greta Gustafsson steht oben in der Mitte.

RECHTE SEITE: In ihrem Konfirmationskleid, zwölf Tage nach dem Tod ihres Vaters. Gefühle wurden bereits verinnerlicht.

samem Kontrast zu der bleichen, davonhastenden Frau, die wie ein Pestopfer der publicityverseuchten Welt wirkte.

Typischer war da schon etwas, das zwischen dem Sommer 1920 und dem darauffolgenden geschah. Sie litt unter einer nervösen Krankheit, die ein paar Wochen Erholung auf dem Land nötig machte, soviel ist gewiß, aber über die Natur dieser Krankheit lassen sich nur Vermutungen anstellen. Vielleicht gewann Gretas Anämie, der Kontrapunkt zu ihrer überhitzten Phantasie, die Oberhand. In späteren Jahren bebte sie nie mehr in banger Erwartung eines Ereignisses; erst wenn es eintrat, freute sie sich, mitunter nicht einmal dann. Es schmerzte sie zu sehr festzustellen, daß man zuviel erwartet hatte. In der Filmindustrie, wo viele Dinge , die man erhofft, nicht eintreten oder anders als erwartet, können die äußeren Umstände und eine gewisse Veranlagung eine solche Einstellung noch verstärken. Ein Brief an eine enge Freundin zeigt eine Spur von Melancholie. »Um ganz ehrlich zu sein, ich habe nicht an Dich gedacht, aus dem einfachen Grunde, weil ich an gar nichts denke. Mir ist alles ziemlich gleichgültig geworden.«

Das stimmt nicht ganz. Am 26. Juli 1920 hatte Greta als Anlernling in der Modewarenabteilung des Paul-U.-Bergstrom-Warenhauses begonnen. Sie mußte sechs Tage in der Woche arbeiten und verdiente 125 Kronen (etwa 50 Mark) – damals ein respektables Gehalt für eine Verkäuferin. Und ein paar Monate später, Anfang 1921, hatte sie erstmals beruflich vor der Kamera gestanden – als Modell für Filz- und Strohhüte für den Frühjahrskatalog des Warenhauses. Schon bald darauf bekam sie ihre erste Chance vor einer Filmkamera, und zwar in einem für das Kaufhaus gedrehten Werbefilm von Captain Ragnar Ring, dem Leiter der Kinowerbung, der sie für eine »Wie-man-sich-nicht-kleiden-sollte«-Klamotte ausgesucht hatte. Sie führte darin spaßige Kleidungsstücke vor und produzierte sich mit jener gutmütigen Albernheit, die heutzutage dem Heimkino vorbehalten ist. Ein paar Monate später spielte sie wieder auf Ragnar Rings Wunsch und unter seiner Regie eine komische Rolle, diesmal in einem Werbefilm für Backwaren, in dem sie an einem Kaffeehaustisch ein Cremetörtchen nach dem anderen in sich hineinstopft, mit der Gier einer Frau, die gerade eine strenge Diät hinter sich hat. Sie sieht auch recht fraulich aus, ein paar Jahre älter als die fünfzehn Lenze, die sie damals zählte, und ein paar Pfund schwerer, das Gesicht so rundlich, daß sie Grübchen in den Wangen hatte, wenn sie zwischen zwei Bissen selig lächelte.

Ein Teil des Films spielte auf dem Dachgarten des Strand-Hotels, und während die Garbo an ihrer Kaffeetasse nippt, macht die Kamera einen Schwenk zu einem der berühmtesten jungen Schauspieler Schwedens, der anscheinend ganz zufällig in ihrer Nähe saß und speiste: Lars Hanson. Ein paar Jahre später sollte die Garbo eine Hauptrolle neben ihm spielen, zuerst in Schweden, dann in Amerika. Die Kamera zeigt nicht das Königliche Schauspielhaus, das nur ein paar hundert Meter entfernt lag, dem Hotel gegenüber am anderen Ende der Nybroviken-Bucht in Stockholm: Schon bald sollte sie dort Schauspielschülerin sein.

Von jetzt an sind die glücklichen Zufallsbegegnungen der Garbo von ausgesprochener Schicksalhaftigkeit. Wäre sie nicht aus der Modewaren- in die Oberbekleidungsabteilung versetzt worden, bevor Erik Petschler, der Produzent und Regisseur einiger mittelmäßiger Lustspiele, in das Warenhaus kam, um Kleider für seinen neuen Film zu kaufen, hätte sie vermutlich nie die Schauspielerinnen in seinem Gefolge kennengelernt und hätte nie – von ihnen ermutigt, nachdem sie schüchtern ihr eigenes Film-»Debüt« erwähnt hatte – am nächsten Tag in der Mittagspause Petschler zur Probe vorgesprochen. Er machte ihr ein Angebot, mehr wegen ihrer üppigen Rundungen als wegen ihres rührenden, aber kaum beeindruckenden Vortrags eines Schulgedichts. Sie kündigte daraufhin umgehend ihre Stellung;

als Grund gab sie an, sie wolle »zum Film gehen« – Worte einer entschlossenen Phantastin.

In *Luffar-Petter* (Peter, der Vagabund) hatte die Garbo ihre erste größere Filmrolle. Sie spielt darin neben Petschler – der nicht nur Drehbuchautor, Produzent und Regisseur des Films war, sondern auch der Hauptdarsteller in der Doppelrolle als Vagabund und Kleinstadt-Dandy – eine Badeschönheit, die einer Slapstick-Komödie von Mack Sennett hätte entsprungen sein können. Sie braucht kaum mehr zu zeigen als ihren pummeligen Körper, indem sie in einer seidenen Turnhose Gymnastikübungen macht und eine humorlose Lehrerin dabei zur Verzweiflung treibt. Petschler sagte später: »Sie hatte Ehrgeiz.« Das ist eigentlich alles, was dazu zu sagen ist oder gesagt werden muß, obwohl der Film ihr ein paar sardonische Zeilen in einem Magazin, *Swing*, einbrachte, das anläßlich der Filmpremiere am zweiten Weihnachtsfeiertag 1922 das Foto des Filmneulings mit folgender Bildlegende veröffentlichte: »Greta Gustafsson. Wird vielleicht ein schwedischer Filmstar. Grund: ihr angelsächsisches Aussehen.«

Die ironische Bemerkung brachte Gretas Ehrgeiz nicht zum Verlöschen, sie bekam allerdings daraufhin auch keine neuen

LINKE SEITE, OBEN: Der erste berufliche Auftritt vor einer Kamera als Mannequin für Modeartikel.

LINKE SEITE, UNTEN: »Hüte für Damen und Mädchen«: Eines der Modelle war Greta Gustafsson. Aus dem PUB-Kaufhaus-Katalog vom Frühjahr 1921.

OBEN: Hinter der Kuchenplatte, als eine überraschend reife (und mollige) Sechzehnjährige in dem Werbefilm, der auf dem Dachgarten des Strand-Hotels gedreht wurde.

RECHTS: Bei fröhlicher »Verkleidung« in dem Werbefilm »Wie man sich nicht kleiden sollte«.

 Filmangebote; dennoch spielte sie in noch mindestens einem weiteren Film – ohne namentliche Erwähnung und nicht einmal erkennbar – eine kleine Komparsenrolle. Petschler sagte ihr, daß sie eine schauspielerische Ausbildung brauche; und genau ein Jahr, nachdem sie ihre Stelle als Verkäuferin aufgegeben hatte, bewarb sie sich um einen der etwa zwölf jährlich vergebenen Stipendienplätze an der Königlichen Schauspielakademie. Es war schon Juli. Die Jury hörte sich die Bewerber im August an. Hätte die Garbo diese Schauspielprüfung verpaßt, hätte sie ein weiteres Jahr warten müssen, und ihr Leben und ihre Karriere wären dann vielleicht anders verlaufen. Ein Freund Petschlers, ein Schauspiellehrer, verwies sie für eine Art Schnelltraining an seine Tochter. Signe Enwall probte mit ihr zwei von der Akademie ausgewählte Auszüge aus Stücken von Ibsen und Selma Lagerlöf; in dem einen hatte sie eine Frau von großer Willenskraft zu spielen, in dem anderen ein schüchternes Mädchen. Außerdem wählte sie noch eine Passage aus Victorien Sardous Schauspiel *Madame Sans-Gêne* aus. Wie über so viele wesentliche Momente in Greta Garbos Laufbahn gehen auch hierüber die Berichte auseinander. Aber all ihre bisherigen schauspielerischen Erfahrungen hatte sie in eindeutig komischen Rollen erworben; sie schien eine natürliche komische Begabung zu haben. Laut John Bainbridge hat Signe Enwall gesagt: »Daß ihre schauspielerischen Kenntnisse nicht groß waren, spielte keine Rolle. Was bei einer Schauspielerin wirklich zählt, ist Kontakt zum wirklichen, täglichen Leben und Fähigkeit, diese zu erfüllen und zu verstehen. Dafür war [sie] wahrscheinlich außerordentlich gut gerüstet. Sie war für ihr Alter sehr reif[5].« Die Rolle von Sardous Wäscherin, die zur Marschallin aufsteigt und den eingebildeten Damen an Napoleons Hof eine herbe Lektion in Sachen Manieren erteilt, wird die Garbo auf Grund ihrer eigenen Erlebnisse auf der Schattenseite des Lebens durchaus begriffen haben. Sie spielte den Jurymitgliedern erst den Lagerlöf-Monolog vor, dann den Sardou-Part. Zur Ibsen-Rolle kam sie gar nicht mehr, die Jury hatte das Gefühl, genug gehört zu haben. Drei Tage später erhielt sie die Mitteilung, daß sie bestanden hatte – eine von sieben.

Selbst als Schülerin an der Schauspielschule zeigte die Garbo bereits einige jener Eigenheiten, durch die sie später auffiel. Schüchternheit, die mangelhafte Bildung eines Mädchens, das mit vierzehn die Schule verlassen hatte, sowie Geldmangel sorgten dafür, daß sie sich von Klassenkameraden absonderte, die gebildeter und reicher waren. Genügsamkeit und wenige Habseligkeiten, das Los vieler bedürftiger Studenten, wurden später das zwanghafte Markenzeichen der Garbo. Ihr Lieblingskleidungsstück damals war ein schwarzes Samtcape. Wenn man sich tagsüber damit umhüllte, ließen sich darunter viele Flick- und Stopfstellen an alten Sachen verbergen; und abends, wenn sie es zu öffentlichen Vorstellungen des Königlichen Schauspielhauses trug, »dramatisierte« es ihre Erscheinung – sonderte sie noch stärker ab. Die Umstände prägten ihr Temperament: Sie erforschte die dem »Alleinsein« innewohnenden dramatischen Möglichkeiten und fand vermutlich Gefallen daran. Die Garbo führte Kleider vor, erschien in einer Werbeanzeige für Lancia-Automobile, und nach Aussage von Mimi Pollak, einer ihrer engsten Freundinnen, blieb sie in Gesellschaft ihrer Klassenkameradinnen reserviert still, bis sie Vertrauen gewonnen hatte, und verteidigte auch danach noch fast zwanghaft ihre Unabhängigkeit. Sie lud kaum jemanden zu sich in ihr ärmliches Zuhause ein und liebte es, wie jemand ohne »Vergangenheit« aufzutreten – so wie es viele der Vamps, die sie in ihren frühen Filmen spielte, in herzzerreißender Weise taten. Einige Bekannte erinnern sich auch, daß sie sich angewöhnte, zu spät zu kommen – wenn die anderen Schüler ihre Frühstückspause hatten. An der Akademie wurde großer Wert auf Disziplin gelegt: Die Schüler wurden gedrillt in gutem Benehmen und dazu, pünktlich zu sein, und ein Verhalten, wie die Garbo es an den Tag legte, war eine Demonstration ihrer Unabhängigkeit, wohl aber noch nicht von Gehorsamsverweigerung wie später Louis B. Mayer gegenüber.

Die Garbo hat ihren zweijährigen Schauspielkurs nie beendet, aber in den rund fünfzehn Monaten, bevor der Film sie für immer beanspruchte, wurde ihre Einfühlungsgabe, der sie ihre bemerkenswerte Ausstrahlungskraft auf der Leinwand verdankt, durch diese Ausbildung sehr verfeinert. Der Unterricht an der Akademie war so angelegt, daß er die Schüler zu Höchstleistungen bringen sollte, indem sie Körper, Geist und Instinkt einsetzten: Sie arbeiteten mit »Körpersprache«, ihrem Körperbewußtsein, um gefühlsmäßig in eine Rolle hineinzuwachsen. Was daran auffällt, ist die verblüffende Ähnlichkeit mit Stanislawskijs Methode – was die Ziele anbelangt auf jeden Fall, möglicherweise weniger bei der komplizierten Ausarbeitung. Wenn man Stanislawskijs Bücher über die Schauspielkunst liest, nachdem man einen Garbo-Film gesehen hat, findet man dort eine

OBEN: Sommer 1922: in ihrer ersten Charakterrolle, als kräftige Badeschönheit *(vorne)* in Erik Petschlers *Peter, der Vagabund.* Ein schwedischer Kritiker bezeichnete ihre Darstellung als ein »zweifelhaftes Vergnügen«.

RECHTE SEITE: Bei Dreharbeiten am See in einer Szene wie aus einer Mack-Sennett-Komödie. »Sie hatte Ehrgeiz«, bescheinigte ihr der Filmregisseur.

Analyse der Art und Weise, wie sie etwas darstellt; was nicht heißen soll, daß die Garbo die Stanislawskij-Methode bewußt anwandte. Das war instinktiv ihre Methode, in der Akademie wurde sie nur gefördert.

Ihre Freundin und Kollegin Mercedes de Acosta sagte viele Jahre später über sie: »Wie die Duse ist sie sozusagen von einer vibrierenden Intuition. Greta bekam praktisch nie Regieanweisungen. Sie betrat die Szene, kannte die Rolle und verwandelte sich einfach und vollkommen in die Persönlichkeit der Rolle[6].« Fast alle Augenzeugen, die bei Dreharbeiten der Garbo zugegen waren – es wurden immer weniger, als ihre Macht, sie auszuschließen, absolut wurde – betonen das gleiche: die Plötzlichkeit, mit der sie sich veränderte, sobald sie zu spielen begann. Edmund Goulding, ihr Regisseur in der Stummfilmversion von *Anna Karenina* (später in *Love* umbetitelt), hat dazu bemerkt: »Im Studio ist sie nervös. Fast wie ein Rennpferd am Start – sie zittert regelrecht, haßt Zuschauer. Aber beim ersten Klicken der Kamera beginnt sich die Garbo in die Kamera zu verströmen.« Am Ende eines Drehtages war sie immer todmüde, alle Energie aufgebraucht, der Körper schwer. Man sollte nie vergessen, wie bewußt sich die Garbo ihres Körpers war. Sie war schon völlig ausgewachsen, als sie gerade zwölf war. »Wo ich auch hinging als Kind, überall zeigte man auf mich, weil ich so groß war für mein Alter – so sehr groß.« Vielleicht war es das, was Mauritz Stiller mit Sympathie für sie erfüllte, als er – selbst überdurchschnittlich groß, sogar an skandinavischen Maßstäben gemessen – diese langgliedrige Frau in sein Büro kommen sah, wo sie sich um eine Rolle in seinem neuen Film bewerben wollte. Es war ein schicksalhaftes Treffen.

Sicherlich war das nicht das erste Mal, daß sich die beiden begegneten. Jeder Filmemacher, der so erfolgreich und ausgesprochen gesellig war wie Stiller in Stockholm, die Taschen voller kleiner Rollen, mußte auf die Akademiestudenten notgedrungen anziehend wirken. Greta war schon von Petschler mit ihm bekannt gemacht worden, und vielleicht war es gut, daß sie noch nicht zuviel Filmerfahrung hatte, denn der Mann, der die Garbo des Films stärker prägen sollte als irgendwelche anderen äußeren Einflüsse, zog es vor, mit unerfahrenen, um nicht zu sagen naiven Schauspielern zu arbeiten. Filmschauspielerei war für ihn eine Frage des »Erfühlens« einer Rolle – was ein begabter Laiendarsteller manchmal besser konnte als ein ausgebildeter Berufsschauspieler. In dieser Hinsicht ähnelte Stiller der autokratischen Elinor Glyn, er war ein »Star-Macher« wie sie, die schon damals ihre prophetischen Gaben in den Dienst von Studioleitern in Hollywood stellte. Man sagte dieser enorm populären Autorin »skandalöser« historischer Romane magische Kräfte

LINKE SEITE, OBEN: Die Garbo *(links)* mit einer unbekannten Freundin *(Mitte)* und ihrer älteren Schwester Alva, deren eigene Karriere als Filmschauspielerin abrupt auf tragische Weise endete, als sie 1926 an Tuberkulose starb.

LINKE SEITE, UNTEN: Mit Klassenkameraden der Königlichen Schauspielschule, 1923: *(von links)* Mona Martenson, Arnold Sjöstrand, Barbro Sjöstrand, Tore Lindwall, Vera Schmiterlöw, Georg Funkquist, Alf Sjöberg, Lena Cedarström, Carl-Magnus Thulstrup, Laurin, Mimi Pollak und Greta.

RECHTS: Bei Modellaufnahmen zur Aufbesserung ihres Taschengeldes während ihrer Ausbildung an der Schauspielschule.

UNTEN: Mit ihrer Klassenkameradin Vera Schmiterlöw auf einem Werbefoto für das neueste Lancia-Modell

nach, mit denen sie erspüren könne, welche Schauspieler auf der Leinwand romantische Liebe glaubhaft machen konnten. Rudolph Valentino gehörte zu den von ihr auserwählten Persönlichkeiten, ebenso Clara Bow, für die sie die Bezeichnung des »It Girl« – des Mädchens mit dem »gewissen Etwas« – erfand. Stiller wußte wie Elinor Glyn, daß die Augen in der Filmschauspielerei das zentrale Element waren: Schauspieler und Schauspielerinnen, die den Blick der Kamera mit einem Gefühl erwidern konnten, das mit keiner Brennschärfeneinstellung zu messen war, waren am seltensten zu finden.

Die Garbo hat berichtet, daß er ihr direkt und lange in die Augen blickte, wie eine Kamera. Sie war linkisch und nervös; wie gewohnt hatte er sie warten lassen, eine Taktik, die er bei geschäftlichen Verhandlungen anwandte, um seine Unabhängigkeit zu demonstrieren. Die Garbo hatte ihre Schuhe mit den niedrigsten Absätzen angezogen, um kleiner zu wirken. Stiller schien mürrisch und ungeduldig über ihr unbeholfenes Wesen; er forderte sie auf, Hut und Mantel abzulegen, als hätte sie ihn beim ersten Mal nicht gehört. Er musterte sie von Kopf bis Fuß und erkundigte sich dann beiläufig nach ihrer Telefonnummer. Die Garbo erzählte später: »›Er ist nicht interessiert‹, dachte ich. Wenn sie nicht interessiert sind, fragen sie immer nach der Telefonnummer. Also nahm ich wieder Hut und Mantel, zog mich an und ging.« Stiller versprach ihr jedoch, sie für Probeaufnahmen ins Studio zu bitten; und als sie gegangen war, meinte Stiller zu seinen Mitarbeitern: »An diesem Mädchen ist irgend etwas Besonderes. Ich muß herausfinden, was es ist.«

Als die Garbo zu den Probeaufnahmen kam, ließ Stiller sie wieder ein paar Stunden warten, um ihre Nervosität zu steigern und sie so für seine Regieanweisungen zugänglicher zu machen. Als er kam, bat er sie, ihm eine Ohnmacht vorzuspielen. Stellte er bei dieser Gelegenheit fest, daß ihr Ausdruck von Langeweile in Momenten der Anspannung und in Streßsituationen, durch die Kamera gesehen, den Eindruck liebeshungriger Leidenschaft vermittelte? Sie legte sich auf ein Sofa und zeigte sich verzagt. »Spielen Sie, Fräulein Gustafsson, spielen Sie!« befahl Stiller. »Waren Sie niemals auf einer Schauspielschule?« Was Stiller beeindruckte, war, wie sich die Garbo bewegte. Ihre Art, sich zu bewegen, und ihr Gesicht – »Ein solches Gesicht bekommt man in hundert Jahren nur einmal vor die Kamera«, sagte er den Geschäftsführern von Svensk Filmindustrie – veranlaßten ihn, der Garbo ihre erste größere Filmrolle anzubieten. Ihre *Gefühle?* Die konnte *er* liefern.

Um zu verstehen, was für Begabungen sich miteinander verbanden, als der Vertrag zustande kam, muß man mehr über Mauritz Stiller wissen. Er war zweiundzwanzig Jahre älter als die Garbo, nicht ganz vierzig. Er wurde im jüdischen Getto in Helsinki geboren, als Moses Katzmann, und war somit nach den damaligen politischen Verhältnissen ein Untertan des Zaren. Seine Mutter beging Selbstmord, und sein Vater starb, als er noch ein Kind war. Gemäß der unter jüdischen Glaubensbrüdern traditionell gepflegten Nächstenliebe wurde Moses von einem Freund der Familie, einem Hutmacher, großgezogen. Wohl auf Grund der Tatsache, daß er ständig prächtige, dekorative und kostbare Stoffe in Reichweite hatte, ohne sie sich selbst leisten zu können, entwickelte sich bei dem jugendlichen Stiller schon früh eine Vorliebe für weltmännisches Auftreten und die damit einhergehenden hohen Ansprüche. Er war ein Dandy, ein Narziß und ein Phantast, und wahrscheinlich war er auch homosexuell. Schon früh dem Überlebenskampf überantwortet, entwickelte er eine Gerissenheit, die von Selbstsicherheit nicht zu unterscheiden war. Er besaß einen jüdischen Instinkt fürs Geschäftemachen, die Fähigkeit, das Beste für sich aus einer Sache herauszuschlagen, und beherrschte alle Taktiken, die dazu nötig waren. Eitelkeit, Ehrgeiz, eine gewisse Neigung zu Großspurigkeit, das Talent, Leute durch Überredung oder Einschüchterung dazu zu bringen, nach seiner Pfeife zu tanzen, und eine oftmals übersteigerte Dreistigkeit, so zu tun, als verfüge er über die Mittel, seine Versprechen zu halten, um sich diese später durch Intrigen zu beschaffen: Mit diesen Eigenschaften hätte Mauritz Stiller eigentlich in Hollywood Erfolg haben müssen. Unglücklicherweise hatte er aber auch einige Schwächen, die seine Stellung in der kleinen, aber künstlerisch florierenden Filmindustrie Schwedens sogar noch stärkten, sich in dem hochkomplizierten Räderwerk der Filmfabriken Hollywoods aber fatal auf seine Karriere auswirken sollten. Er war ein unverbesserlicher Dickkopf, neigte dazu, sich zu übernehmen, und legte eine Arroganz an den Tag, mit der er sich überall Schwierigkeiten einhandelte.

Stiller kam wahrscheinlich nach Schweden, um sich der Wehrpflicht in Finnland zu entziehen, als Rußland und seine Satelliten 1905 Truppen in das umstrittene Port-Arthur-Gebiet entsandten. Er wurde schnell der Protegé eines schwedischen Opernstars, versagte als Schauspieler aber bei mehreren kleinen Bühnen und landete schließlich beim Film. In dieser Scheinwelt, wo die Wirklichkeit nach dem Wunsch und den Vorstellungen des Filmschaffenden gestaltet werden konnte, fand Stiller sein Metier. Zwischen 1911 und 1923, dem Jahr, als er die Garbo für eine Rolle in *Gösta Berling* testete, hatte er beinahe vierzig Filme fertiggestellt, von Melodramen bis hin zu Filmadaptationen von literarischen Vorlagen oder Bühnenwerken, von denen einige dem schwedischen Kino zu seinem Ruhm verhalfen, komplizierte menschliche Verhaltensweisen gekonnt und psychologisch realistisch aufzuzeigen. Stillers Komödie *Erotikon* aus dem Jahre 1920 nahm auf witzige Weise die nachkriegsbedingte Emanzipation in Gesellschaft und Sexualität aufs Korn – ähnlich wie Cecil B. DeMilles Ehekomödien mit Gloria Swanson in Amerika –; der Film zeigt eine rebellische junge Ehefrau, die mit einem Bildhauer durchbrennt, während ihr Mann wiederum mit seiner Nichte davonläuft.

Die weibliche Hauptrolle in *Erotikon* übte auf Stiller eine Faszination aus. Seiner Natur gemäß mochte er es lieber, wenn Frauen von seinem Geist statt von seinem Bett Besitz ergriffen. Solange sich weibliche Natur mit männlichem Willen paarte, waren Frauen für ihn mehr als Staffage für seine Eitelkeit: Sie vervollständigten das Idealbild, das er von sich selbst hatte. Er liebte es, Macht über sie zu haben. Er krittelte ständig an anderen Leuten herum, änderte ihr Aussehen und ihre Art, sich zu kleiden, zu sprechen und zu bewegen, damit sie einem Ideal entsprachen, das auf Aspekte seiner eigenen Persönlichkeit zurückwirkte und sie künstlerisch verwandelte. Die Heldin in *Erotikon* hatte ihn geistig verführt. Er befahl seinem Drehbuchautor, Arthur Norden, eine neue Geschichte dieser Art zu ersinnen. Einer anderen Quelle zufolge hat er dann noch hinzugefügt: »Aber erst müssen wir für die Frau darin einen Namen finden, einen, der modern, elegant, international ist« – wie Mauritz Stillers Ruhm –, »der in London, Paris, Budapest und New York den gleichen Klang hat und klar zum Ausdruck bringt, wer sie ist« – ein erstrebenswertes Ziel für jeden Filmregisseur. Auf der Suche nach einer Inspiration verfiel Norden, Geschichtsexperte, auf einen ungarischen König aus dem 17. Jahrhundert mit dem exotisch klingenden Namen Bethlen Gabor, den Stiller genüßlich auf der Zunge rollte. Er und die Garbo waren für den *Klang* von Worten sehr empfänglich. Mercedes de Acosta erinnert sich, daß sie einmal ein russisches Wort fallen ließ, »toscar«, das die Garbo »viele Male wiederholte, mit satter Stimme, und es auf der Zunge hin und her rollte, wie jemand es bei der Aussprache eines geliebten Namens vielleicht täte[7].« Stiller tat offenbar das gleiche, er probier-

Der berühmte Name wird »amtlich«. Am 9. November 1923 bittet Gretas Mutter höflich um die Genehmigung für ihre Tochter, den Nachnamen Garbo annehmen zu dürfen.

223/1923 St. D.

N. 1053
Finns ej

Inkom i
Överståth. Åmb. Kansli
den 13 NOV. 1923

ÖÄ
med ansökning om godkännande
av släktnamn. (Garbo)

JUSTITIEDEPARTEMENTET
Inkom d. 4 DEC. 1923

Till överståthållarämbetet.

44

SVERIGES RIKSARKIV

Garbo finnes i [illegible]

21 DEC 1923
i und. anm.

i försl (ej [illegible])

Undertecknad får härmed vördsamt anhålla om tillstånd för min omyndiga dotter fröken Greta Gustafsson att få antaga släktnamnet Garbo.
Prästbevis bifogas.

Stockholm den 9 november 1923.
Anna Gustafsson.

Bevittnas:
Monica Mårtensson
Ragnar [illegible]

Min moders förestående ansökan biträdes av mig.
Stockholm den 9 november 1923.
Greta Gustafsson.

Bevittnas:
Monica Mårtensson
Ragnar [illegible]

te verschiedene Betonungen und Schreibweisen von Gabor aus, bis er durch Zufall auf »Garbo« kam.

Aber es gibt auch andere Versionen. Mimi Pollak behauptet, sie habe zusammen mit ihrer Freundin aus einem Personenstandsregister im Justizministerium (wo sie einen Freund hatte, der ihnen dabei behilflich sein wollte, einen Konflikt mit dem Namen einer lebenden Person auszuschließen) die erste Silbe »Gar-« herausgesucht und das »-bo« von einem anderen Nachnamen angehängt. Stiller gefiel der Name, und die Garbo meinte, ein Vorteil sei, daß sie dann nicht die Initialen auf ihrer Wäsche ändern müsse. Vermutlich hat es sich eher so zugetragen; die nüchterne Bemerkung, die praktische Aspekte über den schönen Schein stellt, klingt für die sich erst noch entpuppende Garbo typischer. Stillers Erzählung von königlichen Prämissen hört sich so an, als wäre sie im nachhinein erfunden – es »klang besser«, eine königliche Verbindung herzustellen, als den Namen seines Stars der Erfindung eines Mädchens zuzuschreiben. Noch heute ist Garbo ein höchst seltener Name in Schweden. Für die Wahrscheinlichkeit dieses Ursprungs spricht aber noch etwas: Als sich die Garbo 1923 entschloß, eine Eingabe beim Justizministerium zu machen und darum zu ersuchen, ihren Namen offiziell zu ändern, hätte man Mauritz Stiller als Zeugen erwartet, wenn er wirklich »der einzige wahre Urheber« gewesen wäre. Sein Name taucht in dem Dokument jedoch nicht auf. Als Zeugin hat eine Klassenkameradin der Garbo, Monica Martenson, unterschrieben. In den Augen von Greta Gustafsson war Garbo vermutlich ein *Bühnen*-Name – und bei Aufführungen der Akademieschüler im Jahre 1924 benutzte sie ihn entsprechend. Erst im März dieses Jahres tauchte er erstmals dort auf, wo er der ganzen Welt bekannt werden sollte: auf der Leinwand, unter den Darstellern in *Gösta Berling.*

Die Rolle der jungen Gräfin Elisabeth Dohna zu spielen, die sich in einen seines Amtes enthobenen Lehrer verliebt (Lars Hanson), war für die Garbo eine Qual. Stiller war auf eine schon neurotische Weise Perfektionist und setzte ihr hart zu, kontrollierte selbst ihre Posen, die Beleuchtung und ihr Make-up. Mal unendlich geduldig, stoppte er das nächste Mal die Kamera und schrie sie an. Er kümmerte sich weniger darum, ihre Figur, die er pummelig fand, in ein günstiges Licht zu rücken (*das* konnte die Kamera besorgen), er formte ihre »Seele« um, nach seinen Idealvorstellungen. Einen schwedischen Journalisten, der die Garbo während der Dreharbeiten interviewte, flehte sie ängstlich an: »Bitte schreiben Sie nicht alles auf, was ich daherplappere. Ich gehöre zu den Menschen, die nicht denken – ich spreche erst und denke später. [. . .] Stiller formt Menschen nach seinem Willen. [. .] Ich gehöre zu diesen netten, normalen Leuten, die schrecklich leiden, wenn man gemein zu ihnen ist.« Vier Jahre später in Hollywood, als sie bereits Macht genug hatte, dafür zu sorgen, daß Außenstehende vom Drehort verbannt wurden, taucht in einem amerikanischen Interview der gleiche nervöse Ton auf: »Ich kann es nicht ändern [ich bin nun einmal ruhelos]. Darum will ich nie Leute sehen, wenn ich spiele. [. . .] Wenn ich einen Film mache, bleibe ich allein, soweit es geht. Ich setze mich allein in eine Ecke oder gehe in meine Garderobe« – wie das Kind, als das sie sich einmal beschrieb, das sich in eine Ecke

OBEN: Das Gesicht nimmt Star-Konturen an: die Garbo in *Gösta Berling.*

LINKS: Mit ihrer Star-Kollegin Gerda Lundeqvist, die ihr in mancher Hinsicht Vorbild war. »So viel Seele und so müde, immer«, sagte sie von ihr.

RECHTE SEITE, OBEN: Bei Außenaufnahmen im Sommer 1923: *(von links)* Kameramann Julius Jaenzon, Regisseur Mauritz Stiller, Beleuchtungstechniker Barascutti, Perückenmacher Ramsten, Mona Martenson, Lars Hanson und die Garbo.

RECHTE SEITE, UNTEN: In einer Liebesszene mit Lars Hanson in *Gösta Berling.*

verkroch, um nachzudenken. Außenstehende wurden daher ferngehalten, damit ihr Inneres zum Vorschein kommen konnte – das Gefühl hinter den Augen –, dessen privilegierter Zeuge nur die Kamera war.

Gösta Berling, am 10. und 17. März 1924 in zwei Teilen uraufgeführt und beinahe vier Stunden lang, wurde ein Publikumserfolg, obwohl einige Kritiker kühl reagierten. Sie fanden, daß Stiller den Lagerlöf-Roman auf seine Glanzlichter hin ausgeschlachtet und einen Unterhaltungsschinken daraus gemacht habe, teils Abenteuerfilm (eine Schlittenfahrt mit Wölfen im Gefolge), teils Spektakel (eine Feuersbrunst in einem Herrenhaus) und teils Liebesgeschichte. In letzterer beweist die Garbo erstmals ihre schlafwandlerische Fähigkeit, eine Unzahl von Gefühlen zu vermitteln, selbst während sie tatsächlich geistesabwesend ist. Einige schwedische Kritiker waren irritiert, ja sogar ratlos, ihre »Stilleben-Methode« verwirrte sie. Sie stellt vielleicht nicht erzählerisch dar, aber wo es um geistige, seelische Vorgänge geht, da ist sie in ihrem Metier: wie sie durch einen Garten wandelt und Blumen pflückt, mit einer Leuchte nachts leise durchs Schloß geht und wie sie (in der ersten wirklichen Nahaufnahme ihrer Karriere) vor Erregung zittert, während sie und Lars Hanson vor den Wölfen fliehen.

Man fragt sich, ob irgendein Kritiker in Lars Hanson eine Stillersche Figur sah, die zu dramatisch-leidenschaftlichen Übertreibungen neigte (»Ich bin Herr über zehntausend Küsse und dreizehntausend Liebesbriefe«, keucht der Untertitel an einer Stelle) und auf der Leinwand einer idealisierten Liebe nachjagte, was Ähnlichkeiten aufwies mit den an Pygmalion erinnernden Bemühungen seines Regisseurs außerhalb der auf Zelluloid gebannten Vorgänge. »Sie ist noch unerfahren«, sagte Stiller zu Kollegen. »Aber ich bin gnadenlos mit ihr. Wartet nur, bis ich sie abgerichtet habe.«

Für den Film bekam die Garbo $ 600, dann kehrte sie auf Stillers Rat an die Schauspielschule zurück. Stiller selbst begann für einen deutschen Verleih, der die stolze Summe von 100 000 Mark für die Rechte bezahlt hatte, den Film stark zu kürzen und eine einteilige Version herzustellen. Diese neue Fassung scheint die Rolle der Garbo noch stärker herausgestellt zu haben.

Außer wenn das Drehbuch Schnee verlangte, wurde in Schweden nur im Sommer gefilmt, und Stiller legte der Garbo nahe, für diese Monate keine Pläne zu machen. Vielleicht befürchtete er, daß andere Produzenten oder Regisseure seiner »Entdeckung« Rollen in ihren Filmen anbieten könnten. Er machte die Anwesenheit der Garbo bei der Berlin-Premiere zur Bedingung und überredete die Deutschen, ihr die Reise und ein Premierenkleid zu bezahlen.

Während Stiller die Garbo für die Leinwand dressierte, übertrug er zwangsläufig auch einige eigene Persönlichkeitsmerkmale auf sie. Das Paar wies schon rein äußerlich Ähnlichkeiten auf: Den großen Füßen der Garbo entsprachen Stillers kräftige Hände, die er nach Möglichkeit immer in seinen Taschen verbarg, wenn Pressefotografen in der Nähe waren. Er mochte die Presse nicht. Interviews lehnte er ab. Es lag nicht in seinem Interesse, seine buntscheckige Vergangenheit zu enthüllen. Wenn er es doch einmal tat, verbrämte er sie phantastisch. Die Garbo verstand das als Wink: In einem langen, 1928 in drei Fortsetzungen in *Photoplay* erschienenen Interview schaffte sie es, jeglichen Hinweis auf ihre Arbeit als Verkäuferin und Modell in einem Kaufhaus zu vermeiden, ja sie erwähnte nicht einmal *Peter, der Vagabund.* Ferner: Wenn Stiller mit Filmleuten über Geschäfte sprach, eröffnete er die Verhandlungen gewöhnlich damit, daß er sich desinteressiert zeigte. Dieser Schachzug sollte seinem Protegé in Fleisch und Blut übergehen.

Zu Stillers Begleitern, die im September 1924 mit ihm und der Garbo zu der Premiere von *Gösta Berling* nach Berlin reisten, gehörte auch die berühmte schwedische Schauspielerin Gerda Lundeqvist, die in dem Film ebenfalls mitgespielt hatte. Diese Frau beeindruckte die Garbo zutiefst, und es ist zu vermuten, daß sie einige Aspekte ihrer Persönlichkeit nach dem Lundeqvist-Vorbild formte. »Sie hat die wundervollsten Augen, die ich je bei einem Menschen gesehen habe«, sagte die Garbo später. »So viel Seele und so müde immer.« Deren »bleiches und interessantes« phlegmatisches Aussehen ähnelte ihrer eigenen anämischen Verfassung stark: Daß die Lundqvist sie ebenfalls hatte, schien diese Eigenschaft zu »adeln«. Und als man dann 1930 die Stimme der Garbo im Film hörte, glaubte man in Schweden, sie habe ihren Sprechstil der ziemlich altmodischen, bewußt theatralischen Redeweise der Gerda Lundeqvist nachempfunden und nachgestaltet – obwohl als stimmliches Vorbild der Garbo in englischer Sprache mindestens noch eine weitere Kandidatin galt, von der noch in anderem Zusammenhang die Rede sein wird. Der Berlinbesuch brachte aber auch die übersinnlichen Beziehungen der Garbo zu Orten und Menschen zum Vorschein. In dem *Photoplay*-Interview gestand sie, daß es nicht die Sehenswürdigkeiten oder Geräusche von Berlin waren, die sie faszinierten und gefangennahmen, sondern der *Geruch* der Stadt. »Ich konnte den Geruch spüren (*sic*), lange bevor wir wirklich in der Stadt waren – es war, als hätte ich ihn früher schon einmal gerochen ... als wäre ich schon einmal dagewesen[8].« Im Laufe der Jahre erlebten Freunde immer wieder, daß die Garbo, wenn sie zu ihnen kam, sich gegen die Wände preßte und den Wohngeruch einer Wohnung oder eines Hauses zu erschnuppern suchte. Waren die Düfte angenehm, war das ein gutes Omen. Die Garbo lebte, wie sie arbeitete: alle Sinne weit geöffnet.

Der Besuch in Deutschland war die erste Auslandsreise der Garbo; Deutsch verstand sie einigermaßen. In Berlin wurde sie auch erstmals als »Star« präsentiert, und die Berliner Kritiker gaben ihr, beeindruckt von ihrem Weltüberdruß auf der Leinwand und die Reaktion der Amerikaner auf ihre »quecksilbrigen Bewegungen« vorausahnend, eine bessere Presse, als sie in Schweden bekommen hatte. Der Film war eine Sensation: Innerhalb einer Woche schon hatte der Verleih sein investiertes Geld eingespielt. Ein solcher Kassenerfolg entging dem Berliner Reprä-

sentanten von Metro-Goldwyn-Mayer nicht; und in diesem Stadium taucht in Stillers typisch unausgegorenen Zukunftsplänen für sich und die Garbo plötzlich der Name Amerika auf. Aber als man ihm eine Hollywood-Karriere in Aussicht stellte, antwortete er wieder mit »Mal sehen«. Er hatte für seinen nächsten Film schon einen Koproduktionsvertrag zwischen dem deutschen Verleih Trianon und Svensk Filmindustrie in der Tasche, wobei Trianon das Geld zur Verfügung stellen sollte und Svensk Filmindustrie das Filmmaterial und die Gerätschaft. Die Geschichte hieß *Die Odaliske von Smolny* und handelte von einem adeligen russischen Mädchen, das aus einem Kloster flieht, um ihren Liebhaber zu suchen, und in einem türkischen Harem landet, bevor sie ihn findet. Die Hauptrolle sollte die Garbo spielen.

Wäre dieser Film gedreht worden, hätte die Garbo Hollywood vermutlich nie zu Gesicht bekommen. Stiller hatte mit Trianon einen Fünf-Jahres-Vertrag für sie ausgehandelt, dem zu entnehmen war, daß er bereit war, Schweden zu verlassen und ein »europäischer« Regisseur zu werden. Er bekam etwa $40000 für den Film, die Garbo $100 pro Woche. Zehn Tage vor Weihnachten 1924 machte er sich mit seinen Schauspielern und seinem Filmteam auf den Weg nach Konstantinopel, wo sie sich in einem teuren Hotel einmieteten. Aber mit dem Eintauchen in die byzantinische Welt zeigte sich Stillers Schwäche, leichtfertig mit anderer Leute Geld umzugehen; bald schon benahm er sich wie ein Peer Gynt der Filmbranche. Viele tausend Mark wurden bei der Suche nach geeigneten Drehorten verschwendet ebenso wie für den Einkauf überteuerter »Requisiten« für die Innenaufnahmen, die nach der Rückkehr in Berlin gemacht werden sollten. Die Garbo ritt der gleiche Übermut wie Stiller, und sie trug die orientalischen Gewänder, die er für ihre Filmrolle gekauft hatte, zu Dinnerparties und Tanzveranstaltungen. Einmal erschien sie sogar in einem mandarinroten Gewand mit chinesischen Blumenstickereien in der schwedischen Gesandtschaft und tanzte wirbelnd einen wilden Volkstanz. Kein Wunder, daß sie auffiel, unter anderem einer Frau, die in späteren Jahren erheblichen Einfluß auf ihre Karriere haben sollte. »Eines Tages sah ich in der Empfangshalle [des Pera-Palace-Hotels]«, schrieb Mercedes de Acosta in ihren Memoiren, »eine der erregendsten, schönsten Frauen, die ich je gesehen habe.«

Stillers Film kam nie zustande. Kurz nach Weihnachten eilte er, da weitere Trianon-Gelder nicht eintrafen, zurück nach Berlin und mußte feststellen, daß die Firma bankrott war. »Es war ein Schock, diesen Film nicht drehen zu können«, gab die Garbo zu. Aber dann fügte sie noch eine Bemerkung hinzu, die ein interessantes Licht auf ihre Beziehung zu Stiller angesichts dieses glücklosen Endes wirft: »Aber das war nicht meine Schuld. Ich war zwar beunruhigt, aber warum hätte ich mir Sorgen machen sollen? Es gab noch andere Filmgesellschaften, und ich war jung – und allein in einer großen, wunderbaren Stadt.« Nicht lange. Stiller forderte sie zurück. Der Vernunft gehorchend, blieb er in Berlin. Nach Stockholm zurückzukehren wäre zu demütigend gewesen, und außerdem hatte er bei den Film-Finanziers dort persönliche Schulden. Er und die Garbo quartierten sich mit dem letzten Geld im luxuriösen Hotel Esplanade ein und warteten wie Mr. Micawber in Dickens' *David Copperfield* auf den rettenden Engel.

Einer kam tatsächlich auch bald. Es wurde allgemein angenommen, daß die Garbo und Stiller zu »irgendeinem« späteren Zeitpunkt im Frühjahr 1925 mit Louis B. Mayer zusammentrafen und dieser sie auf der Stelle für Hollywood unter Vertrag nahm. Das kann nicht stimmen. Das erste Dokument in den MGM-Akten ist eine »Absichtserklärung« der Garbo, daß sie gerne MGM-Schauspielerin würde, deren Datumszeile »Berlin, 30. Januar 1925« lautet. Ihr Entschluß war viel früher gefallen – oder war für sie gefällt worden –, als immer vermutet worden ist. Es sieht so aus, als hätte sie und Stiller in Hollywood einen attraktiven Ausweg aus dem Debakel gesehen, in dem sie steckten, *bevor* der deutsche Regisseur G.W. Pabst sie aus ihrer Misere befreite, indem er der Garbo eine Rolle in *Die freudlose Gasse* anbot.

»Sehr geehrte Herren«, begann der Brief der Garbo an MGM, »sofern Sie mir eine Dampfer- und Eisenbahnfahrt erster Klasse von Berlin nach Culver City bezahlen« – in diesem Sonderwunsch nach Luxus ist Stillers Handschrift zu erkennen –, »bin ich bereit, mit Ihnen einen Vertrag zu unterschreiben, daß ich als Filmschauspielerin in Ihre Dienste trete ...« Es ging dabei um einen Fünfjahresvertrag mit einer Anfangsgage von $400 pro Woche, die MGM »bei Erfolg« jeweils nach Beendigung eines Jahres auf freiwilliger Basis anheben konnte auf $600, 750, 1000 und schließlich 1250 die Woche. Der Vertrag sollte nach ihrer Ankunft in Culver City aufgesetzt werden. Und der Brief endete: »Es ist selbstverständlich, daß Sie mir für die Filme, in denen ich spielen soll, kostenlos die dafür nötigen Kostüme zur Verfügung stellen.« Damit war die Karriere der Garbo entschieden. Sie verpflichtete sich noch, »spätestens am 15. April 1925« nach Amerika aufzubrechen. Man darf annehmen, daß – wenn die Garbo sich im Januar für Hollywood entschieden hatte – Stiller dies noch früher getan hatte: Er war nicht der Mann, der seinen »Schützling« in diesem Stadium aus dem Auge ließ.

»Die geschäftlichen Dinge wurden alle mit Herrn Stiller geregelt«, erinnerte die Garbo sich später. »Egal, was Herr Stiller mir riet, ich wußte, daß es das beste war. › Ist das gut? ‹ pflegte ich ihn zu fragen. Und wenn er sagte, › Ja, es ist gut ‹, tat ich es.«

Wann die beiden Louis B. Mayer tatsächlich persönlich kennenlernten, läßt sich nicht mehr genau feststellen. Mayer war ziemlich überstürzt nach Europa gekommen, um die gewaltige finanzielle Katastrophe abzuwenden, die sich bei den Dreharbeiten zu *Ben Hur* in den römischen Filmstudios ankündigte. Er befahl seinem Team sofortige Rückkehr nach Hollywood und reiste dann weiter nach Deutschland. Er hatte *Gösta Berling* be-

Ein seltenes Foto von der deutschen Premiere von *Gösta Berling* in Berlin, September 1924. Die Garbo links von Stiller.

reits in Hollywood gesehen, wo Lillian Gish ihm für den Fall, daß er Lars Hanson, den männlichen Hauptdarsteller aus dem Film, als ihren Partner für *The Scarlet Letter (Der scharlachrote Buchstabe)* verpflichtete, versprochen hatte, ihren makellosen Ruf als moralische Instanz in die Waagschale zu werfen, um bei der amerikanischen Zensur die Erlaubnis zu den Dreharbeiten für diese kontroverse Ehebruchsgeschichte zu erwirken. (Für Hanson bedeutete das, von der Rolle eines exkommunizierten Pfarrers in die eines Sünders im Priesterrock überzuwechseln.) Mayer begegnete der Garbo erstmals, als er auf jiddisch und deutsch mit Stiller in einer Suite im Hotel Adlon konferierte, wohin Stiller umgezogen war, um mehr Eindruck auf Mayer zu machen. »Ich glaube, er beobachtete mich aus den Augenwinkeln«, erinnerte sich die Garbo, »aber ich sah ihn nicht an.« Scheinbar desinteressiert, wie man es ihr beigebracht hatte, nahm sie an den Verhandlungen teil. Mayer lud Stiller ein, nach Hollywood zu kommen. Vorher hatte er an den Regisseur Victor Sjöström gekabelt, der auch erst kürzlich aus Schweden »importiert« worden war und den MGM bei der Fusion mit Goldwyn und Metro 1924 geerbt hatte, ob es sich lohne, Stiller einzukaufen. Seastrom (wie die Amerikaner Sjöström nannten) hatte sofort zurücktelegraphiert: »Ja. Mitbringen.« Stiller, der im November des Vorjahres alles zu überdenken versprochen hatte, willigte schließlich ein, und die beiden Männer besiegelten das mit einem Handschlag.

Mayer war für Stiller kein leichter Verhandlungspartner: Er war hart, aber nicht kleinlich. Stiller wurde ein Anfangsgehalt von $ 1000 pro Woche zugesagt und »ebensoviel Werbung und Publicity, wie Victor Sjöström und unsere anderen erstklassigen Regisseure bekommen«. Sein Vertrag enthielt zwei Optionsklauseln: eine für ein weiteres Jahr zu $ 1250 pro Woche plus Gewinnbeteiligung an den Filmen und $ 25 000 Garantie pro Film in Anrechnung auf 25% aus dem Nettogewinn. Die zweite Option sicherte ihm $ 30 000 pro Film plus 25% Gewinnbeteiligung zu. Jeder Film sollte als »Eine Mauritz Stiller Produktion« propagiert werden, und Stiller sollte ein Mitspracherecht bei der Besetzung der Rollen haben. Er mußte sich verpflichten, »in der amerikanischen Öffentlichkeit nicht in schlechten Ruf zu geraten« – eine »Moralklausel«, die seit dem Fatty-Arbuckle-Skandal ein paar Jahre zuvor in den Verträgen aller größeren Filmgesellschaften auftauchte. (Diese Klausel sollte in Stillers Karriere bei MGM noch eine Rolle spielen.) Mayer ging, nachdem er einen flüchtigen Blick auf die Garbo geworfen und, so heißt es, ihr geraten hatte, sich einer Diät zu unterziehen: Die Amerikaner hätten lieber schlankere Frauen. Vertragsverhandlungen sind ziemlich unromantisch.

Es dauerte nicht lange, und Stiller und die Garbo begannen diesen Vertragsabschluß zu bedauern. Einer der Gründe war vielleicht, daß plötzlich und unerwartet G.W. Pabst im Esplanade auftauchte und sich erkundigte, ob die Garbo in seinem Film mitwirken könne – in der Rolle eines jungen Mädchens, das seiner verarmten Familie zu helfen versucht, ohne die eigene Tugend zu opfern. *Die freudlose Gasse* war eine düstere expressionistische Studie über die Nachkriegsgesellschaft im Zustand moralischer Aushöhlung, voller Pessimismus und auf Gnade und Ungnade den »Schiebern« und Kupplern ausgeliefert. »Sie können sie haben, wenn Sie das Risiko eingehen wollen«, lautete Stillers Antwort. »Aber ich muß Sie warnen, das ist keine leichte Aufgabe, die Sie sich da vornehmen. Man kann von Greta Garbo wunderbare Bilder machen, wenn man etwas vom Filmen versteht: aber sie kann nicht spielen.« Pabst ließ sich nicht abschrecken. Stiller verlangte 4000 Dollar für Garbos Mitwirkung und bekam sie auch. Daß bei der ständig steigenden Inflation in der Weimarer Republik dieser beeindruckende Vertrag in harter Währung zustande kam, läßt erahnen, was aus der Garbo hätte werden können, wenn sie in Europa geblieben wäre.

Bezeichnenderweise galt Stillers nächste Sorge der Frage, wie Pabst die Garbo zu filmen gedachte. Damals war Agfa die gebräuchlichste Filmmarke. Stiller verlangte von Pabst, daß er für alle Garbo-Szenen die teureren und besseren Kodak-Filme nahm. Beim ersten Filmtest stellte der Kameramann Guido Seeber voller Entsetzen fest, daß die Garbo, wenn Stiller nicht in der Nähe war und nicht das Sagen hatte, anscheinend ihr Selbstvertrauen einbüßte und nervös zu blinzeln begann. Von den hundert Metern Film waren siebenundneunzig nicht zu gebrauchen. Mehr oder weniger zufällig stieß man darauf, wie dem abzuhelfen war. In einer Szene des Films sollte gezeigt werden, wie ein Buch vom Tisch fiel, aber es fiel so schnell, daß eine Kamera bei normaler Drehgeschwindigkeit diesen Vorgang kaum festhalten konnte. Man ließ die Kamera schneller laufen, und der Fall des Buches wurde in Zeitlupe festgehalten. Ein Techniker schlug vor, das gleiche bei der Garbo zu versuchen. Tatsächlich ließ sich in der Zeitlupe das nervöse Zittern in ihrem Gesicht eliminieren, und als Pabst ihr schließlich erlaubte, die Testaufnahmen zu sehen, kehrte ihr Selbstvertrauen zurück. (In späteren Jahren machte sie es zur eisernen Regel, sich nie die täglichen Muster anzusehen, um sich nicht selbst zu verunsichern).

Die enge Zusammenarbeit mit einem Regisseur, der viel methodischer vorging als Stiller – Pabst drehte seinen Film in vierunddreißig Tagen, Stiller hatte für seinen sechs Monate gebraucht –, mag den beruflichen Ehrgeiz der Garbo noch gestärkt haben. Pabst ging auch viel mehr auf die Schauspieler ein, voller Geduld darum bemüht, einer intuitiven Schauspielerin wie der Garbo dabei zu helfen, sich in die Rolle einzufühlen. Für die Garbo bedeutete es einen wesentlichen Fortschritt, ihre Rolle geistig-seelisch zu durchdringen und nicht nur körperlich darzustellen. Und ohne Zweifel half ihr auch ihre Nervosität, ein zauderndes, verängstigtes, gefühlsbetontes Mädchen zu spielen. Aber als die Garbo – ihr blasses Gesicht noch nicht gezeichnet vom Laster der Straße – den herrlichen Pelzmantel betastet, mit dem die Kupplerin sie in Versuchung bringen will, bringt sie mit zartester Andeutung all die Sehnsüchte zum Ausdruck, für die der Pelz in seiner schimmernden Beschaffenheit stellvertretend steht. Stanislawskij-Schüler würden das als »Objektivierung« bezeichnen oder als gefühlsmäßige Beziehung zu Gegenständen. (Es ist vielleicht kein Zufall, daß die Garbo sich in späteren Jahren von leblosen Gegenständen und Haustieren umgeben wohler fühlte als mit Freunden, die sie für lange Beziehungen auserkor, die etwas Zwanghaftes an sich hatten und die den Betroffenen unentwegte Rücksichtnahme abverlangten.) Die Intensität ihres Mienenspiels wird auch kaum durch das Wissen geschmälert, daß Pabst auf Stillers listigen Rat hin ihre Liebe zu Konfekt ausnutzte und ihr welches entgegenhielt, während die Kamera ihre Reaktionen auf die schlimmeren Versuchungen der Welt aufzeichnete.

Aber mit zwei so verschiedenen Regisseuren gleichzeitig zu arbeiten brachte Belastungen, denen sie sich nicht gewachsen fühlte. Wenigstens einmal entzweite sie sich kurzfristig mit Stiller, und aus dieser Zeit rühren auch die Anfälle von Ruhe- und Schlaflosigkeit her, die sie ihr Leben lang quälten. Die Berlin-Erfahrung verstärkte auch noch einen weiteren ihrer Charakterzüge: ihr sorgsames Haushalten mit kleinen Geldbeträgen inmitten des großen Geldes im Filmgeschäft. Als der Film abgedreht war, kaufte ein Pabst-Mitarbeiter ihr eine Fahrkarte erster Klasse nach Stockholm und setzte sie in den Zug. »Oh, ich habe vergessen, diese Rechnung zu bezahlen«, fiel ihr ein, als der Zug sich schon in Bewegung setzte. »Würden Sie das bitte für mich erledigen?« Während er die Rechnung auseinanderfaltete, be-

Die Garbo, schon eine anmutige und verlockende Schönheit, auf einem Porträtfoto, das – vermutlich vor der Premiere von *Die freudlose Gasse* – in Stockholm aufgenommen wurde.

fürchtete er, es gehe um irgendeinen extravaganten Artikel. Es war nur eine Schuhreparatur - ein paar Mark.

Die Garbo war für Mauritz Stiller in jenen Wochen in Berlin, als er sich um neue Filmaufträge bemühte, u.a. von der UFA, finanziell eine große Stütze. Er ließ seine Unterhaltskosten in ihren Vertrag mit Pabst aufnehmen. Verstohlen, aber spürbar verschob sich die Bedeutung, die sie füreinander hatten.

Als die Garbo und Stiller nach Stockholm zurückgekehrt waren, ließen sie von einem Berufsfotografen eine Reihe von Porträts anfertigen, die jenes anmutige, verlockende und schon geheimnisvolle Wesen offenbaren, das sie im Laufe des letzten Jahres geworden war. Als Beweis dafür werden normalerweise die Porträtaufnahmen von Arnold Genthe angeführt, die er machte, als die Garbo nach New York kam; und es heißt auch, daß diese Fotos die skeptischen MGM-Leute für sie einnahmen, da sie sahen, was Licht und Schatten, richtig eingesetzt, aus dem Neuankömmling zu machen vermochten. Aber die »ganze Garbo« zeigt sich auch schon in diesen skandinavischen Fotos. Wahrscheinlich wurden sie für die Premiere von *Die freudlose Gasse* angefertigt und dann in Berlin zurückgelassen, oder sie blieben zum Andenken bei ihrer Familie, als Pfand für eine baldige Rückkehr.

Stiller sah erfolgreiche Geschäftsabschlüsse so zum Greifen nahe, daß er ihre Abreise nach Amerika hinausschob. Als sie beide am 18. Mai 1925 an der Premiere teilnahmen, war der vereinbarte Zeitpunkt für Greta Garbos Reise nach Hollywood bereits um vier Wochen überschritten. Stiller suchte noch immer nach Gründen, seinen eigenen Vertrag brechen zu können. Er verlangte jetzt plötzlich, daß seine MGM-Produktionen in Europa von Svensk Filmindustri vertrieben würden. Er kann nur wenig Hoffnung gehabt haben, daß die Filmgewaltigen von Hollywood seiner Forderung nachkamen, aber vielleicht hoffte er, sie wäre ein Grund, den Vertrag zu lösen. Doch Mayer pochte auf die Abmachungen. Etwa eine Woche nach der Berliner Premiere erhielt Stiller eine wütende Kabelnachricht von dem MGM-Mogul: »Wir haben einen Vertrag mit Ihnen und erwarten, daß Sie ihn erfüllen. Er war nicht an die Bedingung geknüpft, daß wir den Vertrieb unserer Filme Filmindustri überlassen, da unsere eigenen Verleihfirmen die Interessen unserer Gesellschaft am besten vertreten und wir unseren Vertrag nicht mit Angelegenheiten, die die Filmindustri betreffen, komplizieren wollen. Wenn Sie Filmindustri gegenüber Verpflichtungen haben, müssen Sie diese erfüllen. Sie hatten keinerlei Bedenken [nach] Amerika zu kommen, als Sie mit mir sprachen, und Seastrom geht es sehr gut in Amerika. All diese Dinge sind allein Ihre Angelegenheit. Wir können unsere ursprüngliche Vereinbarung nicht ändern. Teilen Sie mir ihr Abreisedatum mit. Grüße. Loumayer.« Stiller erkannte, daß er drauf und dran war, sich mit der zähen Maschinerie anzulegen, die ein Hollywoodstudio nun einmal war. Er fügte sich ins Unvermeidliche. Auf jeden Fall mußte die Garbo nach Hollywood, und er wollte sie nicht verlieren.

Ende Juni 1925 nahm die Garbo also in Begleitung Stillers, der sich von seinem englischen Schneider extra einen Anzug für diese Gelegenheit hatte anfertigen lassen, unter Tränen von ihrer Mutter, ihrem Bruder Sven und ihrer Schwester Alva (die sie nicht lebend wiedersehen sollte) Abschied, um nach Amerika zu reisen. »Mutter, in einem Jahr bin ich wieder da«, versprach sie.

OBEN: Die Garbo in *Die freudlose Gasse;* in diesem Film zeigte sich erstmals ihre Sinnlichkeit.

RECHTE SEITE, OBEN: Pabst beginnt mit der Garbo die lange Szenenfolge mit Spiegeln.

RECHTE SEITE, LINKS: Mit Valeska Gert als Kupplerin

RECHTE SEITE, RECHTS: Im Programmheft, mit an erster Stelle genannt.

GRÄFIN AGNES ESTERHAZY
ASTA NIELSEN
GRETA GARBO
WERNER KRAUSS
Die freudlose Gasse
Nach dem Roman von Hugo Bettauer / Manuskript: Willi Haas
REGIE: G. W. PABST
Photographie: Seeber, Oertel, Lach / Architekten: Sohnle und Erdmann
Regie-Assistent: M. Sorkin
Personen:
Hofrat Rumfort . . . Jaro Fürth
Grete Rumfort . . . Greta Garbo
Mariandl . . . Loni Nest
Maria Lechner . . . Asta Nielsen
Ihre Eltern . . . Max Kohlhase, Silvia Torf
Generaldirektor Rosenow . . . Karl Etlinger
Seine Frau . . . Ilka Grüning
Regina Rosenow . . . Gräfin Agnes Esterhazy
Rechtsanwalt Dr. Leid . . . Alexander Mursky
Lia Leid . . . Tamara
Egon Stirner . . . Henry Stuart
Ganez . . . Robert Garrison
Leutnant Davy, U.S.A. . . . Einar Hanson
Colonel Irving, U.S.A. . . . Mario Cusmich
Frau Greifer . . . Valesca Gert
Fräulein Henriette . . . Gräfin Tolstoi
Frau Merkl . . . Frau Markstein
Fleischermeister . . . Werner Krauss
Else . . . Herta von Walther
Ihr Mann . . . Otto Reinwald
Der Kellner . . . Grigori Chmara
Trebitsch . . . Raskatoff
Ein amerikanischer Soldat . . . Kraft Raschig
HIRSCHEL-SOFAR-FILM-VERLEIH G.m.b.H.
BERLIN SW 48
Friedrichstrasse 23
HAMBURG
Colonnaden 70-74
LEIPZIG
Taucharrstrasse 9
DÜSSELDORF
Graf-Adolf-Strasse 29
FRANKFURT a. M.
Neckarstrasse 9
HENRY STUART
EINAR HANSON
GRIGORI CHMARA
KARL ETTLINGER
ILKA GRÜNING
JARO FÜRTH
TAMARA
VALESCA GERT
HERTA VON WALTHER
ROBERT GARRISON

Die Garbo in *Love (Anna Karenina)*, 1927: »Ich bin gerne allein.«

DIE MGM-JAHRE 1925–1941

Die Zehn-Tage-Reise auf der *Drottningholm* über den Atlantik stellte Stillers Gesundheit wieder einigermaßen her (bei ihm zeigten sich die ersten Symptome der Elephantiasis, die seine ohnehin kräftigen Gliedmaßen auftreiben und ihn ein paar Jahre später umwerfen sollte); aber zuversichtlicher wurde er nicht. Hatte er zu der Zeit vielleicht bereits erkannt, daß das Produktionssystem Hollywoods sehr wohl ihn und die Garbo zwingen konnte, getrennt zu arbeiten? Daß ihre »ideale Verbindung«, wie er ihre Beziehung Freunden gegenüber bezeichnete, von Managern zerstört werden könnte, die, bei MGM jedenfalls, für Pygmalions und Galateas kein Verständnis hatten?

Was ihn und die Garbo verletzte, als sie sich am 6. Juli 1925 ausschifften, war, daß Sie kein Empfangskomitee erwartete; hinzu kam noch, daß New York gerade eine der schlimmsten Hitzewellen seiner Geschichte erlebte, die ihnen sehr zu schaffen machte. Unlustig posierten sie an der Schiffsreling, wobei die Garbo, wie man es ihr beigebracht hatte, den Oberkörper zurückbog, um die Hüften schlanker erscheinen zu lassen. Ihre modische europäische Kleidung paßte ebensowenig zu der sengenden Hitze wie sie in diese fremde Stadt. Zum erstenmal isolierte ihre Sprache sie von den Menschen um sie herum, und durch dieses Abgeschnittensein fühlten sie sich verlassen. Das MGM-Büro, das über die Ankunft des neu unter Vertrag genommenen Paares offenbar nicht informiert war, schickte einen jüngeren Angestellten, den schwedischsprechenden Hubert Voight, der die improvisierte Begrüßung dadurch aufzuwerten versuchte, daß er den freiberuflichen Fotografen Jimmy Sileo mitbrachte, der (für ein Pauschalhonorar von $ 25) die Garbo fotografierte, wie sie zum erstenmal amerikanischen Boden betrat.

Die nächsten Wochen waren ereignislos und frustierend. Vielleicht war das die Taktik, Stiller den Kopf zurechtzurücken; seine in letzter Minute vorgebrachte Forderung, daß die schwedische Firma die MGM-Filme vertreiben sollte, hatte Mayer erbost. Wenn man ihn warten ließ und kaltstellte, kam er vielleicht wieder zur Vernunft. Gegen etwas Abkühlung anderer Art hatten Stiller und die Garbo in dieser Zeit nichts einzuwenden; sich Kühlung zu verschaffen war tatsächlich mehr oder weniger ihre Hauptbeschäftigung. Die Garbo saß stundenlang in ihrer kalten Wanne im Hotel Commodore, während draußen eine glühende Hitze von über dreißig Grad herrschte. Er kämpfte gegen die Sprachbarriere an und mit den Angestellten im

MGM-Büro am Broadway, die ein beinahe ebenso unüberwindliches Hindernis darstellten, wenn er dort mit Mayer an der Westküste verbunden zu werden wünschte. Er behauptete, Mayer habe zugesagt, die Kosten ihres New-York-Aufenthaltes für vierzehn Tage zu übernehmen. Es dauerte Wochen, das zu klären. Und fast ebenso lange dauerte es, die MGM-Leute dazu zu bringen, Probeaufnahmen von der Garbo zu machen; und als man endlich murrend daran ging, sah Stiller sofort, daß der Fotograf nicht wußte, wie er sie ausleuchten mußte. Stiller verlangte, daß ein weiterer Versuch gemacht würde. Man lehnte ihm das schlichtweg ab und nannte ihn einen lästigen Störenfried. »Alles ist verpfuscht«, sagte die Garbo.

Als Stiller eingesehen hatte, daß er mit seinen Vertriebsforderungen nicht durchkam, unterzeichnete er am 9. Juli 1925 seinen MGM-Vertrag; er sollte am 12. September in Hollywood mit der Arbeit beginnen und vom gleichen Tag an Gehalt beziehen. Er weigerte sich aber hinzufahren, solange die Angelegenheiten der Garbo nicht geklärt waren. Die MGM-Anwälte stellten fest, daß sie es mit einem zweiköpfigen Monster zu tun hatten. Stiller verlangte, daß ihr Anfangsgehalt verdoppelt und die Laufzeit ihres Vertrages – in Angleichung an seinen eigenen – von fünf Jahren auf maximal drei Jahre verkürzt würde. Man weigerte sich, was die Geldforderung anging, gab aber bei der Vertragsdauer nach – schließlich war Zeit nicht Geld, wenn jährliche Optionen das Abkommen schnell beenden konnten – und beschwor so, ohne es zu wissen, die erste große Garbo-Mayer-Pattsituation herauf, die schon wenige Monate später eintrat.

Das Broadway-Büro arbeitete in jenem heißen Sommer nicht mit gewohnter Genauigkeit. Zwar unterzeichnete die Garbo am 26. August 1925 in New York ihren Drei-Jahres-Vertrag mit MGM, aber in dem Dokument war irrtümlicherweise Los Angeles als Unterzeichnungsort angegeben. Weitaus wachsamere Augen in Culver City entdeckten dies einen Monat später. Würde der Vertrag deswegen ungültig erklärt werden können? Wahrscheinlich nicht, war die Meinung der Juristen. Doch erst recht konsterniert war man, als man feststellte, daß die Garbo bei Vertragsunterschrift noch nicht einundzwanzig gewesen war. Unglaublich, niemand bei MGM hatte daran gedacht, sie nach ihrem Alter zu fragen! Die Rechtsabteilung des Studios drängte darauf, daß die Garbo bei ihrer Ankunft in Culver City den New Yorker Vertrag »mit der Einwilligung ihrer Mutter« »ratifizierte«. Man atmete erst auf, als sie dieser Forderung entsprach und das Dokument am 18. September 1925 erneut unterzeichnete.

Als die einzige glückliche Schicksalsfügung während ihres irritierenden New-York-Aufenthaltes erwiesen sich für die beiden Schweden die Studiofotos, die Arnold Genthe, den sie durch Zufall kennengelernt hatten, von der Garbo machte. Der in Wien geborene Fotograf betonte die Sinnlichkeit ihrer leicht geöffneten Lippen, ihre schweren Augenlider, die breiten geschwungenen Brauen und die weiche Haarfülle, die wie eine auseinanderfächernde Krone wirkte. Ein herausforderndes, aufreizendes Wesen und Innerlichkeit waren hier in ein und derselben Person vereint – und bei Genthes Bildauswahl schien es sich nicht nur um *eine* Frau zu handeln, sondern um ein halbes Dutzend. Als seine Fotos nach Culver City gelangten, riefen sie in der Geschäftsleitung so viel Aufregung hervor, daß man das Bildobjekt auf der Stelle zur Verfügung haben und mit ihm zu arbeiten anfangen wollte. Ein sich hartnäckig haltendes Gerücht behauptet, als Genthes Lieblingsfotostudie von der Garbo in der Novembernummer von *Vanity Fair* erschien, und zwar mit der Bildlegende »Ein neuer Star aus dem Norden – Greta Garbo«, hätten Talentscouts der Filmstudios sich beeilt herauszufinden, wo und wer diese göttliche Frau war, um ihr einen Vertrag anzubieten. Falls das stimmt, geschah das jedenfalls nicht in den sorgfältig geführten MGM-Studios; aber »nicht zu wissen,

was man hatte« gehörte paradoxerweise zum Hollywood-Starrummel. (Eine viel traurigere und nachprüfbare Tatsache ist hingegen, daß Mauritz Stiller das Genthe-Bild von der Garbo in Händen hielt, als er starb).

Die MGM-Buchhaltung zeigt, daß nichts dem Zufall überlassen wurde. Selbst die kleinen Geldbeträge für den kommenden Star wurden zweimal kontrolliert. Die Seereise nach Amerika kostete für Stiller und die Garbo zusammen $ 1463.11. Die Dienste eines Kay Kynt in New York (vermutlich eines Dolmetschers) wurden mit $ 100 in Rechnung gestellt und zur Hälfte Stiller, zur Hälfte der Garbo belastet. Die Rechnung für die fünftägige Zugfahrt nach Culver City – in Begleitung eines »Sekretärs«, Olaf Rolf, von Stiller auf etwas mysteriöse Weise in New York akquiriert – belief sich auf $ 976.95. »Wir bezahlten je ein Schlafabteil für Stiller und die Garbo«, vermerkte der MGM-Buchhalter Charles Green gewissenhaft, »und eine billigere Schlafkoje für den Sekretär. Da wir zwei Abteile zur Verfügung stellen mußten, waren wir gezwungen, drei Tickets statt zwei zu kaufen. In Anbetracht ihrer Bedeutung und der langen Reise hielt ich das für gerechtfertigt.« Trotzdem wurden die Kosten zu zwei Dritteln Stiller und zu einem Drittel der Garbo belastet. All das hätte Stiller warnen müssen. Sparsamkeit war bei MGM Vorschrift. Extravagante Unternehmerallüren (auf Kosten anderer) wurden streng mißbilligt.

Diesmal wurden sie erfreulicherweise von einem größeren Empfangskomitee am Bahnhof erwartet, wobei die Studioangestellten gegenüber den schwedischen und dänischen Freunden in der Minderheit waren. So wie sie in ihrem sommerlich eleganten West-Coast-Staat Stiller und die Garbo umringen, denen von Kindern in skandinavischer Tracht Blumensträuße überreicht wurden, wirken sie eher wie eine Hochzeitsgesellschaft. Stiller, der alle um einige Zentimeter überragt, steht mit einem Lächeln für die Kamera, aber müden Augen neben einer Garbo, die schüchtern zur Seite schaut. »Wie sehen Ihre Pläne für die nächste Zukunft aus?« wurde sie gefragt. Und mit Hilfe eines Dolmetschers antwortete sie (sehr zum Kummer der Publicityabteilung von MGM): »Ein Zimmer bei einer netten Familie finden.« Ihr fiel auf, daß einige Leute des Empfangskomitees Päckchen in der Hand hielten. »Sind das Geschenke für mich?« fragte sie den »Sekretär« Olaf Rolf. »Sozusagen«, antwortete er. (In Los Angeles angekommen, verschwindet Olaf Rolf ebenso plötzlich von der Bildfläche, wie er aufgetaucht war.) Dann fuhren alle in ein Hotel in der Stadt, wo die Neuankömmlinge sich frisch machten und die »Geschenke« öffneten. Diese entpuppten sich als Schnapsflaschen, die zum Schutz vor den Prohibitionskontrolleuren in einfaches Packpapier eingewickelt waren.

Das Studio mietete für Stiller einen Strandbungalow in Santa Monica und für die Garbo Zimmer im nahegelegenen Miramar-Hotel, das von einem Norweger geleitet wurde. Die meisten von der schwedischen Kolonie in Hollywood zogen es vor, in der feuchteren Küstenregion zu leben. Obwohl der graue Pazifik nur ein schlechter Ersatz für Stockholms glitzernde Inselwelt war, wurde das Heimweh dadurch erträglicher, daß man es mit anderen teilen konnte. Schnappschüsse aus dieser Zeit strahlen eine trügerische Ruhe aus. Da faulenzen Stiller und die Garbo zum

Oben Links: Mit Stiller in New York bei der Ankunft aus Schweden. Fotos aus dieser frühen Zeit zeigen noch die »Star«-Posen, die sie bald aufgab, als sie diese nicht mehr nötig hatte.

Oben Rechts: Eines der Porträts, die Arnold Genthe im August 1925 aufnahm und die MGM auf die »Garbo-Qualitäten« aufmerksam machten.

Links: »Willkommen« in Los Angeles. Die schwedisch-amerikanische Filmkolonie hatte bei der Begrüßung Stillers und der Garbo mehr Ähnlichkeit mit einer Hochzeitsgesellschaft als einem Empfangskomitee.

Beispiel am Strand; er bemüht sich ungeschickt, seine kräftigen Beine zu verbergen, wodurch er den Eindruck einer zusammengesunkenen bäurischen Marionette erweckt, während sie unbeteiligt unter der neuen, weicheren Frisur hervorschaut, die das Studio für sie kreiert hat. Man begradigte und überkronte auch ihre Zähne und riet ihr zu einer Diät: Das Umformen der Garbo für den Hollywood-Geschmack hatte begonnen. Innerlich fühlten sich beide erbärmlich. Ausländer zu sein, war schon schlimm genug; aber zu Tatenlosigkeit verdammt zu sein, war noch schlimmer. Man hatte ihnen beiden noch keine neue Aufgabe angeboten. Françoise Rosay, die Frau des belgischen Regisseurs Jacques Feyder, der einige Jahre später nach Hollywood kam, meinte in ihren Memoiren, daß die Studios absichtlich sogar ihre teuren »Importe« ein paar Wochen lang tatenlos herumhängen ließen; sie sollten sich umstellen auf das schnellere Tempo einer »company town«. Aber Stiller wurde ungeduldig – und er hatte es sich gleich zu Anfang mit Irving Thalberg, dem Produktionschef des Studios, verdorben, einem Mann, der sechzehn Jahre jünger war als er. Thalbergs Kleinwüchsigkeit erklärt, wie unbehaglich und gereizt er sich in Anwesenheit dieses lauten schwedischen Giganten gefühlt haben muß.

Die Mitarbeiter der Publicityabteilung arbeiteten mit wenig Einfallsreichtum an dem neuen Image der Garbo. Sie hatten beschlossen, daß sie der sportliche Freiluft-Typ amerikanischer Vorstellung sei, und fotografierten sie, wie sie Löwenbabys hätschelt, wie sie mit muskulösen Athleten der University of Southern California posiert oder als Sprinterin »in ihren Startlöchern«. (Ein paar Jahre später schrieb David Selznick aus Sorge, daß es seiner Entdeckung Ingrid Bergman ähnlich ergehen könnte, warnend in einer Aktennotiz, daß die Garbo aufgrund ihrer Behandlung, »alles Vertrauen in die Urteilskraft und den Geschmack der Publicityabteilung verloren hat, und das mit Recht[9]«. Die Garbo hatte Hemmungen, in der Öffentlichkeit

LINKS: Kalt-Wetter-Mode inmitten kalifornischer Palmen.

UNTEN: Die Garbo und Stiller schlagen in Santa Monica die Zeit tot – hier flankiert von ihren Landsleuten Lars Hanson und Karin Molander.

RECHTE SEITE: »Oh, wie ich diese ewige Sonne hasse«, schrieb sie nach Hause. Auch das Barfußlaufen am Strand machte das Klima kaum erträglicher.

über private Dinge zu sprechen. Zu Lillian Gish sah sie u.a. deswegen auf, weil »sie ein Star ist, der nicht Boxern die Hände schütteln muß«. Tatsächlich war die Gish die erste einflußreiche Persönlichkeit Hollywoods, die Greta Garbo einigermaßen sympathisch fand. Sie bewunderte deren entschlossene Haltung ihren Arbeitgebern gegenüber, ihre Weigerung, irgend etwas Zweitklassiges anzunehmen. Als Lillian Gish ein paar Jahre später bei MGM in Ungnade fiel, war es, als ob sie ihre Eigenschaften an die Garbo weitergegeben hätte. Stiller ließ die Garbo Lillian Gish häufig bei ihren Dreharbeiten für *The Scarlet Letter (Der scharlachrote Buchstabe)* beobachten, während er Thalbergs Büro belagerte, um eine Regieaufgabe zu verlangen. Der Regisseur des Gish-Films war Seastrom, der Gish-Partner Lars Hanson; es tat der Garbo schon gut, ihren Landsleuten bei der Arbeit zuzusehen.

Zu diesem Zeitpunkt wurde ihr vom Schicksal noch etwas viel Wertvolleres beschert. Für ihren Film *Hearts of the World* (Herzen der Welt), den die Gish 1918 unter der Regie von D. W. Griffith drehte, hatte diese den holländischen Kameramann Hendrik Sartov entdeckt, der ein Genie in Weichzeichnereffekten war. Jetzt erlaubte ihm die amerikanische Filmschauspielerin, Probeaufnahmen von der Garbo zu machen, zu denen Thalberg, von Stillers Drängen ermüdet, endlich seine Zustimmung gegeben hatte. Diese Probeaufnahmen entfachten die Begeisterung eines anderen MGM-Vertragsregisseurs, Monta Bell, der sie mehr oder weniger zufällig zu sehen bekam, während er für seine geplante Produktion *The Torrent* (Fluten der Leidenschaft) altes Wochenschaumaterial über Flutkatastrophen durchforste-

te. Er forderte die Garbo sofort an. Sie zögerte. Stiller redete ihr zu. Zwar würde er nicht Regie führen, wie gehofft, aber sie hatte die Chance, neben Ricardo Cortez die Hauptrolle zu spielen, der zu jener Zeit Rudolph Valentino als südländischer Liebhaber Konkurenz machte und bald nach Valentions Tod dessen Nachfolger wurde. »Das ist ein bedeutender Fortschritt«, meinte Stiller.

Das war es auch, obwohl *The Torrent* im übrigen ein bedauerlich glanzloser Film war. Er beruhte auf einem Bestseller von Blasco-Ibãnez über ein Bauernmädchen, das eine Primadonna wird und sich abwechselnd aufreizend und frömmelnd gibt; ein Kunstwerk hätte nie daraus werden können. Der Film diente aber praktisch als Schaukasten für eine Garbo, deren Persönlichkeit und äußere Erscheinung sich ständig wandeln, je nachdem welche Wendung das Schicksal der Heldin gerade nimmt. Sie ist in schneller Folge ein rührseliges Liebchen, ein verachtungsvoller Vamp, eine eifersüchtige Geliebte, eine große Sängerin, die

LINKE SEITE, OBEN: Ein Publicity-Standfoto von 1925, das die nordischen Eigenschaften betonen sollte, die eine ratlose Studio-Presseabteilung in ihr zu entdecken hoffte.

LINKE SEITE, UNTEN: Die Rituale, die zum »Produzieren« eines Stars gehören – wie hier der Wettkampftrainer der University of Southern California beim Versuch, die Garbo als einen sportlichen »Freiluft-Typ« zu propagieren –, erzeugten in ihr schon sehr früh eine Abneigung gegen jede Publicity.

UNTEN: Ein Schnappschuß während der Dreharbeiten zu ihrem ersten MGM-Film, *The Torrent* (Fluten der Leidenschaft).

RECHTS: Die Garbo besucht die von ihr bewunderte Lillian Gish und deren Regisseur Victor Seastrom während der Aufnahmen zu *The Wind (Der Wind)*.

sich huldvoll zu einem kleinen Kabarettisten herabläßt, eine Frau von Welt, die überlegen mit einer Zigarettenspitze hantiert, während sie bei gekrönten Häuptern aus und ein geht, und schließlich eine einsame fatalistische Schönheit, die nur mit ihrem Beruf verheiratet ist. (Manchmal hat man das unheimliche Gefühl, alle künftigen Rollen der Garbo in einem einzigen Film vereint geweissagt zu sehen.) Bei jedem neuen Wesensaspekt wird sie etwas anders fotografiert, als ob der Kameramann ihre Schicksalskarten mischte.

Das tat er auch tatsächlich. Es war der Beginn ihrer Beziehung zu William Daniels, die vierzehn Jahre und neunzehn Filme lang dauerte. Daniels fürchtete keinen Star; viele standen in seiner Schuld, da sein inneres Auge ihre Erscheinung registrierte und neu zur Geltung brachte. Wie viele Hollywoodpioniere war er ein unkompliziertes Genie. Er war sehr direkt, auf erfrischende Weise praktisch. Im Laufe der Jahre entwickelte er ein vielleicht engeres - auf jeden Fall aber dauerhafteres - Verhältnis zur Garbo als alle Regisseure, mit denen sie gearbeitet hat. Er mochte sie sowohl privat als auch beruflich. An arbeitsfreien Sonntagen flog er mit seinem Doppeldecker regelmäßig über das Haus, in dem sie gerade lebte, und wippte freundlich grüßend mit den Tragflächen.

Sie und Daniels warfen einander bald englische Brocken zu. Belauschte er sie, wenn sie - eine Lektion wiederholend - »Garbo, wichtig« vor sich hinmurmelte, stimmte Daniels ein: »Natürlich sind Sie wichtig - die wichtigste Person bei den Dreharbeiten.« (Beide mochten den aufgeblasenen Cortez nicht, den die Garbo einen »Tölpel« nannte.)

Die Kritiker von *The Torrent* vermerkten besonders die intensive fremdländische Ausstrahlung, die die Garbo auf die Leinwand brachte. Obwohl man noch keine amerikanische Schauspielerin gesehen hatte, die so war wie sie, verglich man sie in Kritiken doch mit einem halben Dutzend Hollywood-Stars wie Carol Dempster, Norma Talmadge, ZaSu Pitts oder Gloria Swanson, wie es der Kritiker Richard Watts Jr. in der *Herald Tribune* tat. »Das heißt jedoch nicht, daß sie eine eigene Note entbehrt«, fügte er hinzu. In *Motion Pictures* blies Laurence Hall in das gleiche Horn: »Sie kommt einem vor wie eine Mischung aus unseren zwölf bekanntesten Stars.« Nun ist es ein todsicheres Zeichen, daß man es mit einem neuen Filmstar zu tun hat, sobald die Kritiker sich gezwungen sehen, diesen mit den etablierten Stars zu vergleichen. Und genau das taten die aufgeregten Kritiker hier, während sie nach treffenden Worten suchten. Daß überhaupt solche Vergleiche gezogen werden, ist schon Beweis genug dafür, daß die Neuentdeckung ankommt; etwas später werden sich dann Beweise für ihre Individualität und schließlich sogar für ihre Einzigartigkeit einstellen. Das Phänomen beim Debüt der Garbo war, daß sie nicht zu warten brauchte: Alle drei Stadien schienen in einem einzigen zusammengedrängt.

Ihre kritischen schwedischen Landsleute suchten nach Anzeichen künstlerischer Vollendung in Monta Bells zusammenhanglosem Film und prophezeiten, als sie keine fanden, der Garbo das Ende ihrer Karriere. Stiller hatte einen Tobsuchtsanfall, als er sah, »was sie ihr angetan« hatten. Doch die Schweden mochten zwar gute Kritiker sein, sie waren aber schlechte Propheten: Was sie übersahen, war die Ausstrahlung ihrer »Persönlichkeit«. Es war schon überraschend genug, daß eine Skandinavierin südländische Leidenschaft so körperlich - wenn auch nur zeitweilig - zu spielen verstand. Normalerweise werden besonders die horizontalen Liebesszenen in ihrem dritten Film, *Flesh and the Devil (Es war)*, die das erotische Gütezeichen der Garbo werden sollten, der lobenden Erwähnung für wert befunden, aber in *The Torrent* gibt es einen Moment starker sinnlicher Spannung, in dem die Garbo von Cortez in einer stark nach rückwärts lehnenden Haltung von artistischer Perfektion umarmt wird. Auch wie sie ihren Körper einsetzte, hatte für die amerikanischen Zuschauer den Reiz des Ungewohnten. Die Art, wie sie ihre linkischen Glieder in der Bewegung in sinnlich-fließende Harmonie brachte, hatte etwas ungezügelt Tierhaftes. »Sie haben hier niemanden, der so ist wie ich; wenn ich also die Schauspielerei nicht lerne, werden sie mich bald leid werden, schätze ich«, schrieb sie verzagt an einen Freund zu Hause und erklärte damit ganz naiv ihre eigene *Ausstrahlung.*

Bei den Dreharbeiten zu *The Torrent* ereigneten sich aufgrund der mangelhaften Sprachkenntnisse der Garbo einige Zwischenfälle von unbeabsichtigter Komik. Diese zeigen auch, wie dünn die Trennungslinie war zwischen ihrer zunehmend schwermütigen Grundhaltung und dem Amüsement, das sie verursachte, wenn diese nicht zu den Situationen paßte. (Auf diesem Widerspruch beruhte später eine ganze Serie komischer Situationen in der Komödie *Ninotschka.*) In einer dramatischen Szene sollte sie am Klavier sitzen und ein paar Zeilen aus einem beliebten Schlager singen: »I want to be happy, / But I can't be happy / Till I make you happy, too«. Ihre Stimmung

LINKE SEITE, OBEN LINKS: Kein Spielraum für Eigeninterpretation: Monta Bell demonstriert der Garbo, wie er sich eine Verführungsszene in *The Torrent* vorstellt.

LINKE SEITE, OBEN RECHTS: Eine Publicity-Aufnahme von 1926, die noch eine kätzchenhafte Garbo darzustellen versucht.

LINKE SEITE, UNTEN: Mit Ricardo Cortez in *The Torrent.* Von nun an spielt der Mann in den Liebesszenen die passive Rolle.

UNTEN: Die wirkliche Garbo-Persönlichkeit entzieht sich den Fotografen noch; hier bei Kostümproben für *The Torrent.*

sollte beim Singen umschlagen, vom Traurigen ins Fröhliche. Da sie die Worte nicht verstand, sang die Garbo die Zeilen in Tönen tiefster Melancholie, bis das ganze Filmteam das Lachen nicht mehr unterdrücken konnte. Als man ihr erklärte, was so witzig war, stimmte die Garbo in das Lachen ein.

Die Garbo behauptet, daß Mayer bereits in der ersten Woche nach Drehbeginn zu *The Torrent* in sie gedrungen sei, ihren Drei-Jahres-Vertrag in einen Fünf-Jahres-Vertrag umzuwandeln. Es gab wohl kein sichereres Anzeichen dafür, daß MGM jetzt wußte, welch guten Fang man gemacht hatte – die täglich vorgeführten Muster bewiesen das –, und daß sie diesen festhalten wollten. Mayer war lediglich vorsichtig. Er könne es sich nicht leisten, ihre Filme zu finanzieren und werblich herauszustellen, schrieb er ihr in einem Brief, wenn er nicht sicher sein könne, ihre Dienste länger als drei Jahre in Anspruch nehmen zu können. Ein Fünf-Jahres-Vertrag, erklärte er ihr geduldig, sei zeitlich auf die kommerzielle Lebensdauer eines Filmes abgestimmt. Ein Filmerfolg, den sie produziere, würde noch zwei Jahre laufen, nachdem sie womöglich schon zu einer anderen Filmgesellschaft übergewechselt sei. MGM müßte dann weiter für den Film werben, während ihr Star der Konkurrenz Gewinn brächte. Aber die Garbo konnte nie wirtschaftliche Notwendigkeiten begreifen, wenn sie ihrer eigenen gefühlsmäßigen Logik widersprachen. »Warum wollen sie, daß ich einen Fünf-Jahres-Vertrag unterzeichne, wenn ich noch nicht einmal meinen ersten Film zu Ende gedreht habe?« Außerdem hatte Stiller einen Drei-Jahres-Vertrag, und sie wollte die Freiheit haben, zu gehen, wenn er ging.

Erpicht darauf, aus ihrem sensationellen Debüt Profit zu schlagen, legte MGM die vertraglichen Forderungen erst einmal ad acta und hetzte sie gleich in einen neuen Film, *The Temptress (Totentanz der Liebe)* – bei dem Stiller Regie führen sollte. Er war froh, endlich wieder arbeiten zu können, sie überglücklich, wieder mit ihm zusammen zu sein. Ganze zehn Tage waren sie zusammen, dann wurde Stiller plötzlich suspendiert. Mißtrauische Deuter der Studiopolitik haben darin eine beabsichtigte Demütigung gesehen. In den MGM-Akten ist kein Beweis dafür zu finden. Sie bestätigen vielmehr Augenzeugenberichte, nach denen der Schwede sich noch nicht an die amerikanische Studiodisziplin gewöhnt hatte und weder Anweisungen zu erteilen noch welche entgegenzunehmen verstand. Zweifellos waren seine mangelhaften Englischkenntnisse schuld an seinen verwirrenden Anordnungen bei den Dreharbeiten (Seastrom, der als Junge in Amerika gewesen war, hatte dieses Problem nie). Aber Stillers zeitweilige Unfähigkeit, sich verständlich zu machen, dämpfte nicht im mindesten seine Arroganz, wenn die Leute ihn anstarrten oder zu arbeiten aufhörten, weil sie nicht verstanden, was er von ihnen wollte. Hingegen vermochte er deutlich zum Ausdruck zu bringen, daß er Antonio Moreno, den männlichen Hauptdarsteller, für einen eitlen Geck hielt. Er befahl ihm, die Haare im Pompadourstil hochzukämmen, damit er neben der Garbo größer aussah, und Stiefel zu tragen, damit ihre Füße kleiner wirkten. Kein männlicher Star ist empfindlicher als einer, der merkt, daß die Filmgunst der Dame gilt. Trotzdem hätte MGM vielleicht einen Kompromiß gefunden,

OBEN: »Dieses scheue nordische Mädchen«, schrieb ein französischer Kritiker, »schlug mit ihrem ersten Augenaufschlag die Babbitts von Amerika in ihren Bann.« Die Garbo als Primadonna in *The Torrent*.

LINKS: Dolmetscher oder Überredungskünstler? Wahrscheinlich beides; Sven-Hugo Borg wich auf dem MGM-Gelände kaum jemals von Greta Garbos Seite; er behauptete später, er habe ähnlich starken Einfluß auf sie gehabt wie vordem Mauritz Stiller.

RECHTE SEITE: Kostümiert für *The Torrent*. Exotische Verkleidungen dieser Art riefen in ihr eine lebenslange Aversion gegen »große Garderobe« hervor.

DOOR
254-X-11

OBEN: In den wenigen Tagen, die er in *The Temptress (Totentanz der Liebe)* Regie führte, drehte Stiller einige der eindrucksvollsten Szenen.

LINKS: Das Pferd, das die Garbo ritt, war ein speziell für Filmaufnahmen dressiertes Tier.

RECHTE SEITE, OBEN: Stiller noch einmal als Alleinherrscher – im April 1926 bei Proben mit der Garbo und Antonio Moreno für *Totentanz der Liebe.* Ein paar Tage später wurde er suspendiert.

EINGEFÜGTES BILD: Mit der berühmten Garbo-Umarmung hat sie ihren Geliebten zunehmend in der Hand.

RECHTE SEITE, UNTEN: Trickaufnahmen des Standfoto-Experten von *Totentanz der Liebe:* die Garbo leuchtet sich selbst aus; und (*unten*) Stiller, wie er sich scheinbar selbst Anweisungen erteilt.

MGM.

wenn Stiller nicht eine unverzeihliche Sünde begangen hätte – er vergeudete Zeit und Geld. Hollywood-Regisseure planten jede Szene sorgfältig im voraus, bevor sie zu filmen begannen; Stiller zog es vor, sie an Ort und Stelle zu proben und überließ dem Zufall eine kreative Rolle in der Erarbeitung der endgültigen Fassung. Das Hollywood-System war für diesen exzentrischen Künstler einfach nicht geeignet. Außerdem hatte MGM erst kürzlich eine Auseinandersetzung mit Erich von Stroheim gehabt, einem extravaganten Alleinherrscher, dessen Produktion von *The Merry Widow (Die lustige Witwe)* Mayer und Thalberg noch so frisch im Gedächtnis war, daß sie sich schworen, nicht noch einmal einen streitsüchtigen Regisseur, der ohne Rücksicht auf die Interessen der Gesellschaft seine eigenen künstlerischen Ziele verfolgte, den Ton in ihrem Studio angeben zu lassen.

»Als man Moje das antat«, schrieb die Garbo an einen schwedischen Freund, »dachte ich, die Sonne würde nie wieder aufgehen.« Noch schlimmer als Stillers Entlassung war die Nachricht, die ein paar Tage nach Beginn der Dreharbeiten eingetroffen war: Ihre Schwester Alva, ein herzliches, extrovertiertes Mädchen, die in Schweden selbst Filmkarriere machte, war an Tuberkulose gestorben. Wie Stiller sich in diesem Falle verhielt, vermittelt eine Vorstellung davon, wie skrupellos er in der Wahl seiner Mittel sein konnte, damit die Garbo ihm die Effekte lieferte, die er beabsichtigte. Er hielt das Telegramm vierundzwanzig Stunden zurück und tat dann so, als ob er es ihr trotz der gerade laufenden Dreharbeiten zustellen ließ, mitten im Maskenball, der die Eingangsszenen des Filmes bildet. Ein Augenzeuge namens Sven-Hugo Borg, der Greta Garbos Dolmetscher war, erinnerte sich: »Die ganze Filmtruppe verstummte voller Mitgefühl, als sich die Nachricht herumsprach. Ein paar Minuten lang saß die Garbo, den Kopf in die Hände gestützt, stumm da, dann erhob sie sich. › Komm, Mauritz, laß uns weitermachen ‹, sagte sie und nahm mit einem Lächeln ihren Platz in der Szenerie wieder ein.« Hatte das den gewünschten Ausdruck von Verzweiflung erzielt, den die Garbo in den Filmsequenzen zeigt, in denen Stiller Regie führte?

In der kurzen Phase, während Stiller an *Totentanz der Liebe* arbeitete, schaffte er es, eine bezwingende Garbo von ganz eigenem Gepräge hervorzubringen. Sein Teil des Filmes beginnt mit dem vornehmen Maskenball und zeigt die Garbo in dramatischer Folge als unglücklich verheiratete Frau, die ihren letzten Liebhaber verächtlich abweist und dann wie ein weißes Ausrufungszeichen durch das Meer der Zecher flieht. Ihr schlanker, hoch aufgeschossener Körper und die raschen Bewegungen ihrer Beine erfüllen ihre Flucht mit einer Spannung, die deren erregende Wirkung noch erhöht. Plötzlich gibt es ein Handgemenge mit Moreno. Und dann ist man beeindruckt von einem seltsamen Gesichtsausdruck – einem müden, angestrengten Zug in ihrem bleichen Gesicht, über dem sie eine weiße Halbmaske trägt. Bei jeder anderen Schauspielerin würde eine solche Miene der Ermattung den Anschein von Schlaffheit erwecken. Bei der Garbo jedoch ist es eine sehnsüchtig erwartungsvolle Spannung, die sich dramatisch gegen die Verzweiflung einer Frau abhebt, deren Unglück es ist, daß alle Männer, denen sie

OBEN: Die Garbo war eine »innerliche« Schauspielerin und in ruhigen Szenen am besten: *Totentanz der Liebe* lieferte den Beweis dafür.

RECHTS: Nachtschwärmer vom Maskenball der Eingangsszene in *Totentanz der Liebe* bringen der Garbo bei einer Probe im Sonnenschein ein Ständchen.

RECHTE SEITE, OBEN: Mit Antonio Moreno.

SEITE 48/49: Eine Serie anscheinend sehr widerstrebend eingenommener Vamp-Posen für die Werbung von *Totentanz der Liebe* mit H. B. Warner (mit Monokel), Roy D'Arcy und Armand Kaliz (mit Schnurrbart).

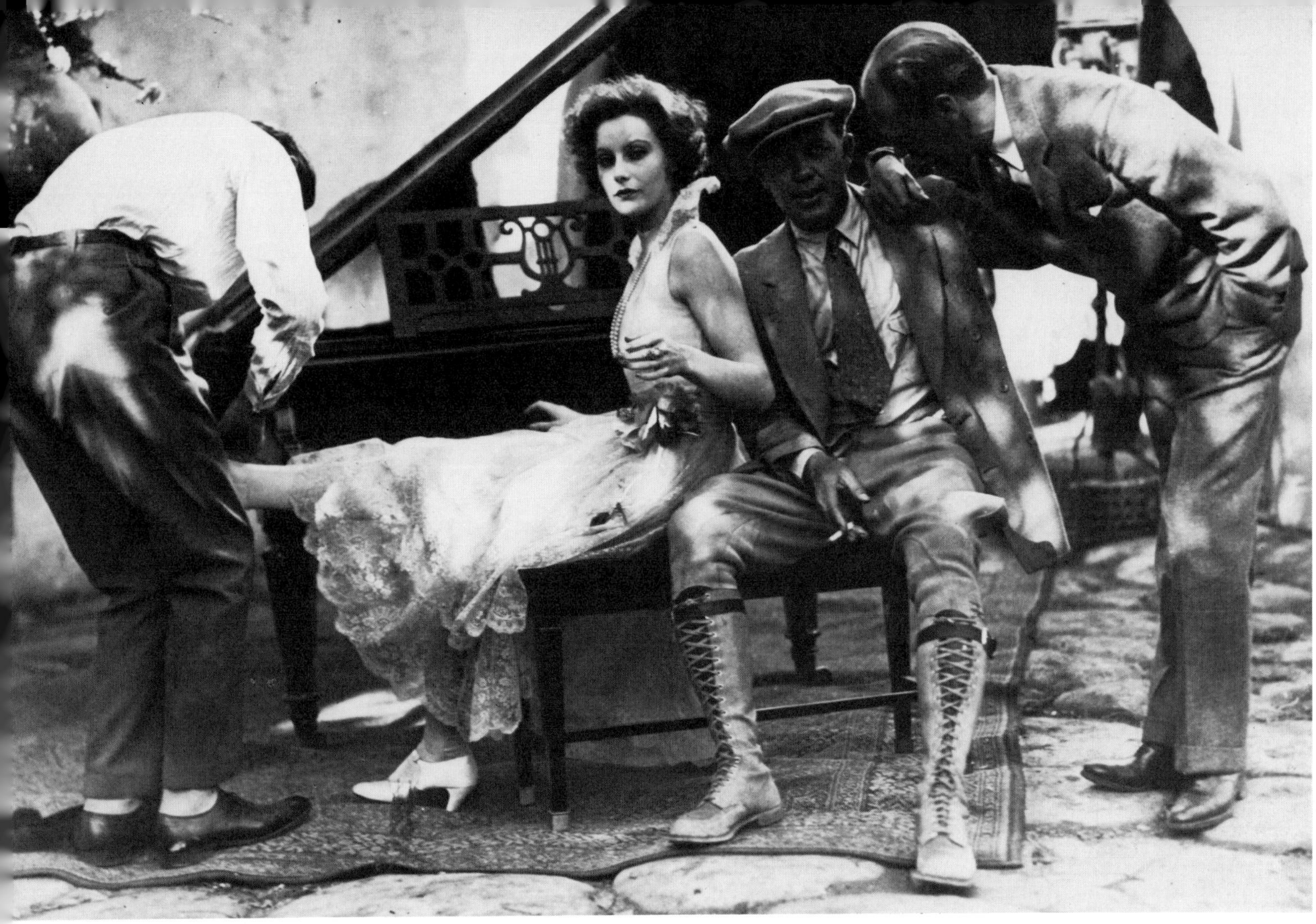

begegnet, in Liebe zu ihr entbrennen, manche ihr sogar schicksalhaft verfallen, während sie in hoffnungslos nymphomanischer Zwanghaftigkeit darauf reagiert. Sie umschlingt Moreno. Hier hat man es nicht mit einem zart rankenden Gewächs zu tun, sondern die Umarmung läßt erkennen, daß sie bald die Herrschaft über die Wirtspflanze erlangen wird. Hier erscheint erstmals der berühmte Garbogriff der begehrenden Frau, die als erste den Arm ausstreckt. Für sie war Liebe von Anfang an immer intensiv, wenn auch nicht immer unbedingt eine verzehrende Leidenschaft. Sie überrascht uns, wenn sie plötzlich einen leichten Schauer von Küssen regentropfengleich auf Morenos Wangen haucht. Ihm mit der Hand die Sicht verdeckend, drückt sie ihm einen längeren Kuß auf die Lippen, dann ist sie auf und davon – fliegt phosphoreszierend durch sich prismatisch zersplitternde Mondlichtflecken im Wald. Das Vakuum, das sie zurückläßt, füllt sich mit immenser Erotik. »Die Garbo«, sagte George Cukor Jahre später, »hatte diesen Kontakt mit den Zuschauern. Sie konnte sie spüren lassen, daß sie bestimmte Dinge dachte, und zwar ohne Zensur dachte[10].« In *Totentanz der Liebe* demonstriert sie diese Fähigkeit zum ersten Mal.

Der Rest des Films, in dem Niblo Regie führte, zeigt sofort ein gröberes Raster; die Garbo wird in ein billiges, klischeehaftes Vamp-Verhalten hineingezwängt, das die gleiche Handschrift verrät, wie die Regieanweisungen, die er Nita Naldi vier Jahre zuvor in *Blood and Sand (Blut und Sand)* gegeben hatte. Sie wird zu gymnastischen Reaktionen, nicht zur Darstellung psychologischer Wahrheiten angespornt.

Garbo drohte damit, auszusteigen, als man Stiller absetzte. In seiner Niedergeschlagenheit ermutigte Stiller sie zu diesem Schritt. Sven-Hugo Borg behauptet, *er* habe ihr das ausgeredet. Borg war als ihr Dolmetscher engagiert, aber man spürt, daß er ihr auch wegen seiner Überredungskünste zugeteilt war. »Das war, glaube ich«, notierte er, als sie wieder zu den Dreharbeiten erschien, »das erste Mal, daß sie selbständig handelte, gegen Stillers Wunsch. Es war das Ende seines Einflusses auf sie.« Der große, gutaussehende Borg hat wertvolle Schilderungen der Frau hinterlassen, der er nun in Stillers Abwesenheit immer öfter Gesellschaft leisten sollte. Selbst wenn man ein gewisses Maß an verständlicher Einbildung in Rechnung stellt, klingen seine Einblicke in ihr Innenleben während dieser frühen prägenden Tage doch glaubhaft. »Sie war müde, verängstigt und verloren« ohne Stiller. »Als sie nach einer anstrengenden Szene an meine Seite zurückkehrte, sank sie neben mir nieder und sagte so leise, daß es fast ein Flüstern war: »Borg, ich glaube, ich gehe jetzt nach Hause. Es ist die Sache nicht wert, nicht wahr?« Dieser Ausspruch, verkürzt zu »Ich glaube, ich gehe nach Hause«, sollte bald in das Repertoire einer Legion von Garbo-Imitatoren Aufnahme finden und mit dazu beitragen, ihre Eigenwilligkeit publik zu machen.

Totentanz der Liebe bewirkte auch ihre früh zutage tretende Abneigung dagegen, im Privatleben eine große Garderobe zu besitzen, denn beim Filmen verlangte fast jede Szene eine Unzahl ausgefallener Kleidungstücke. »Mehr als zwanzig Kostüme immer wieder an- und auszuziehen«, stöhnte sie. »Darum

OBEN: Nach Stillers Suspendierung fügt sich die Garbo der rauheren Hand des neuen Regisseurs Fred Niblo (*sitzend*) mit stoischer Gelassenheit.

RECHTE SEITE: In *Totentanz der Liebe* trug die Garbo mehr als zwanzig ausgefallene Kostüme. »Ich wünschte, sie wären alle Säcke und alle gleich, so daß man schnell hineinschlüpfen kann«, sagte die Garbo.

SEITE 52/53: Die verschwenderische Kleiderpracht in *Totentanz der Liebe* vermochte den Sex-Appeal der Garbo nicht zu verhüllen.

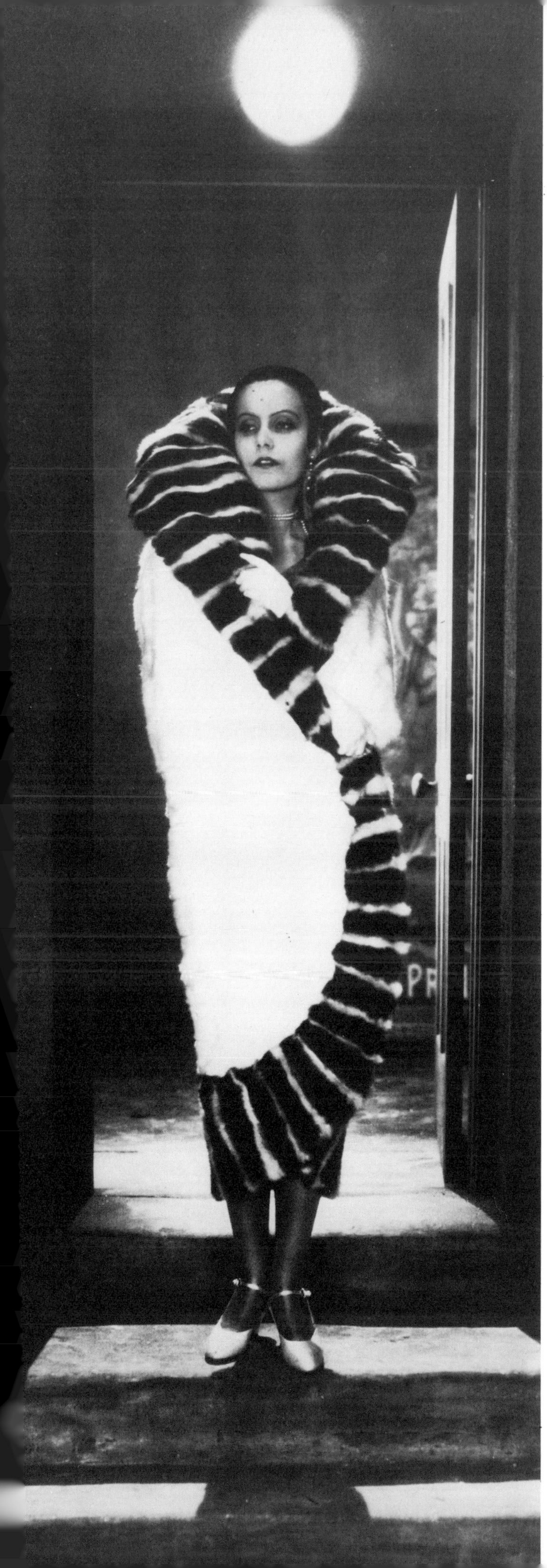

265-X 123

mache ich mir nichts aus Kleidern. Diese *Entscheidungen!* Da sind so viele Sachen ... Ich mag einfach nicht daran denken, wenn ich nicht filme.« André Ani, der Chefkostümbildner von MGM sagte: »Sie brachte die Kostümabteilung zur Verzweiflung. ›Kleider, – ich wünschte, sie wären alle Säcke und alle gleich, so daß man schnell hineinschlüpfen kann.‹ « Rilla Page Palmborg, eine bekannte Journalistin, die mit einem Schweden verheiratet war, bestätigt diesen Eindruck in einem der frühesten amerikanischen Interviews mit der Garbo – das entscheidend dazu beitrug, das Bild der Garbo zu fixieren, und zwar sowohl in deren eigener konfusen Vorstellung als auch in der des Publikums. Sie schien »groß, linkisch und unsicher. [...] Sie trug ein schlichtes kleines Kostüm, das mal hätte gebügelt werden müssen. Ihre Augen waren von einem grünen Blendschutz überschattet. [...] Sie sagte, daß die kalifornische Sonne ihren Augen weh tue.« Die Garbo gab zu, daß sie nach Stillers Entlassung »außer sich« gewesen sei, verweigerte aber jeden weiteren Kommentar dazu. Mrs. Palmborg schloß: »Greta Carbo wird die Leute faszinieren, aber ich vermute, daß sie immer mehr oder weniger geheimnisvoll bleiben wird.« Wie um die schwer erfaßbare Ausstrahlung der Garbo mit einem Etikett zu versehen, trug der Artikel die Überschrift »Die geheimnisvolle Fremde«. Die Positionen von Stiller und der Garbo waren nun tatsächlich vertauscht: Er wurde mürrisch, teilnahmslos und pessimistisch – alles Eigenschaften der Garbo. Sie hingegen wurde gleich zu neuen Filmaufnahmen gedrängt, kaum daß *Totentanz der Liebe* abgedreht war, der in der unglaublichen Zeit von achtzehn Wochen gedreht wurde, in einem Studio, wo fünf Wochen eher die Regel waren. Das Studio begann nun die eine Kapitalanlage zu protegieren und gleichzeitig die Bindungen an die andere zu lösen. Die Garbo hatte ursprünglich eine sechsmonatige Arbeitsgenehmigung für Amerika bekommen. Im Januar 1926 beantragte MGM eine Verlängerung von sechs Monaten – im Juli desselben Jahres für ein Jahr, das für Ausländer zulässige Maximum. Was Stiller betraf, schrieb die Rechtsanwaltsfirma Loeb, Walker, Loeb in Los Angeles, die das Studio vertrat, im Mai 1926 an MGM: »Wir sind nicht der Ansicht, daß Sie für Stiller eine Verlängerung beantragen sollten, es sei denn, Sie wollen seine Dienste auch noch nach dem 6. Juli 1926 in Anspruch nehmen « – zu dem Zeitpunkt wäre er ein Jahr in Amerika gewesen. Stiller kümmerte, in Ungnade gefallen, frustriert dahin. Er war gezwungen, bei *Totentanz der Liebe* auf eine Erwähnung im Vorspann zu verzichten – nur Fred Niblo wurde genannt. Mayer verfügte außerdem, Stillers Gehalt plus einem 25%igen Aufschlag vom Beginn seiner Studiotätigkeit an bis zum Beginn seiner nächsten Beschäftigung auf das Konto von *Totentanz der Liebe* zu verbuchen. Stiller wurde von seiner Schwermut erst erlöst, als der damals bei Paramount beschäftigte deutsche Produzent Erich Pommer den Produktionsleiter seines Studios, Jesse Lasky, bat, den Versuch zu unternehmen, Stiller bei MGM als Regisseur für den neuen Pola-Negri-Film *Hotel Imperial (Hotel Stadt Lemberg)* auszuborgen. MGM bemühte sich erst, die für Stiller nötige Arbeitsgenehmigung für weitere sechs Monate zu beschaffen, als er bei Lasky unterschrieben hatte. Wenn er schon in Amerika blieb, wollten sie sicher gehen, daß er *fern* ihrem Studio und der Garbo arbeitete. Am 12. Juli 1926 – drei Tage, nachdem die Verlängerung für Stiller durchgekommen war – schrieb William A. Orr vom New Yorker MGM-Büro eine ominöse Aktennotiz an Louis B. Mayer, die so begann: »Ich glaube, ich sollte Ihnen mitteilen, daß es in diesem Stiller-Fall noch etwas gibt im Hintergrund. Ich meine damit, daß dem Arbeitsministerium etwas Ungünstiges über Stiller zu Ohren gekommen sein muß. Ich konnte nicht herausfinden, was es ist, und ich kann nur vermuten, daß irgend jemand, der Stiller außer Landes sehen wollte, dem Ministerium einen anonymen Brief geschickt hat. Sie verstehen wohl, daß ich für diesen Verdacht keine Beweise anführen kann, aber ich bin überzeugt, daß da in dieser Stiller-Angelegenheit etwas gegen mich arbeitet, und wenn Sie eine weitere Verlängerung von sechs Monaten für ihn wollen, werde ich vermutlich auf ebensoviel, wenn nicht sogar auf mehr Ablehnung stoßen.« Nun ist in einer Aktennotiz vertraulicher Natur eine solche Diskretion wie in der Erwähnung »etwas Ungünstiges« und dem Hinweis auf einen »anonymen Brief« ungewöhnlich: Sie wird gewöhnlich dann angewandt, wenn man moralische Dinge, vor allem sexueller Natur, mutmaßt. Hollywood reagierte zu dieser Zeit äußerst empfindlich auf Vorwürfe »moralischer Verkommenheit«: Das Hays-Büro, die freiwillige Selbstkontrolle, machte Schwierigkeiten bei Drehbüchern mit unkonventionellen Szenen, Themen oder Charakteren, und die Furcht vor der staatlichen Zensur war nicht abzuschütteln. Schon der Verdacht, daß Stiller sich als öffentliches Ärgernis erweisen könnte, muß die Abneigung gegen eine Weiterbeschäftigung Stillers erhöht haben, ob Orr mit seiner Vermutung recht hatte oder nicht. In einer Hinsicht mutmaßte er jedoch sicherlich richtig: »Ich nehme an, daß Sie die Garbo so lange wie möglich behalten wollen«, fügte er hinzu.

Das stimmte, aber man war auf der Hut. Als die Garbo das Drehbuch zu *Flesh and the Devil (Es war)* bekommen hatte, ging sie zu Mayer. » ›Mister Mayer ‹, sagte ich, › ich bin todmüde, ich bin krank. Ich kann nicht gleich wieder einen Film machen. Auch bin ich über diesen Film unglücklich.‹ « Sie sagte, sie könne keinen Sinn darin sehen, sich herauszuputzen und im Film einen Mann nach dem anderen zu verführen. »Und er sagte: ›Wie schade. Und jetzt gehen Sie und probieren Ihre Kleider an und bereiten sich vor.‹ « Als sie auf Stillers Drängen hin versuchte, sich selber eine weniger vamphafte Garderobe auszusuchen, erteilte Mayer ihr schnellstens einen scharfen Verweis und drohte vertragliche »Suspensionen« an. Die Garbo befolgte die Anweisungen – und lernte so John Gilbert kennen.

John Gilbert war damals der begehrteste romantische Held Hollywoods und wahrscheinlich der höchstbezahlte männliche Star. Rudolph Valentinos Nachfolge als der »Große Liebhaber« trat – als er zwei Wochen nach Drehbeginn von *Es war* am 9. August 1926 starb – Gilbert an. Er war seines Vorgängers würdig. Er war neunundzwanzig – acht Jahre älter als die Garbo – und hatte zwei Ehen hinter sich. Und er war ein unverbesserlicher, zwanghafter Schwärmer, im Leben wie in der Kunst. »Welche Rolle er auch spielte«, sagte der Regisseur King Vidor, in dessen größtem Verkaufsschlager *The Big Parade (Die große Parade)* er einen verliebten Infantristen spielte, »er brachte es fertig, sie fern der Leinwand buchstäblich nachzuleben.« Verliebtheit war für Gilbert wie Alkohol: Sie gab ihm das Gefühl, ständig »berauscht« zu sein. Bei normalen Menschen hätte man das als Charakterschwäche gedeutet; bei einem Filmstar war es ein Mittel der Projektion und ein Schutzschild.

Für die Garbo hätte diese Begegnung mit einem echten Großen Liebhaber zeitlich gar nicht passender kommen können. Schon seine Sicherheit, wer und was er war, und seine Neigung, auch zu leben, was er spielte, wirkten sich beruhigend auf sie aus in diesem einsamen Moment ihrer Karriere, als ihr Mentor gezwungenermaßen anderswo arbeiten mußte und sie sich weder an ihrem Gehalt noch an dem Rollenangebot freuen konnte. Außerdem war Gilbert der erste echte Amerikaner, mit dem sie in Berührung kam. Schon in jenen bangen, deprimierenden Wochen nervösen Wartens in New York hatte sie ein wenig Trost aus ihren flüchtigen Beobachtungen von Amerikanern

RECHTE SEITE: In einem einsamen Moment ihrer Karriere, losgelöst von ihrem Mentor Mauritz Stiller, lernt die Garbo den Großen Liebhaber des damaligen Films kennen: John Gilbert. Auch im Privatleben entspann sich eine Liebesbeziehung. Im Szenenaufbau von *Flesh and the Devil (Es war).*

SEITE 56/57: Eine Liebesszene aus *Es war.*

1 Die Liebenden treffen sich in Abwesenheit ihres Gatten

2 Der Ehemann kehrt heim

5 Die Garbo: »Noch einen Tag, Leo ...

6 Wie kann ich dich gehen lassen?«

9 Gilbert: »Dich vergessen?

10 ... Niemals, solange ich lebe ... bis ich sterbe.«

3

4

8 Garbo: »Damit du mich nicht vergißt . . .«

1

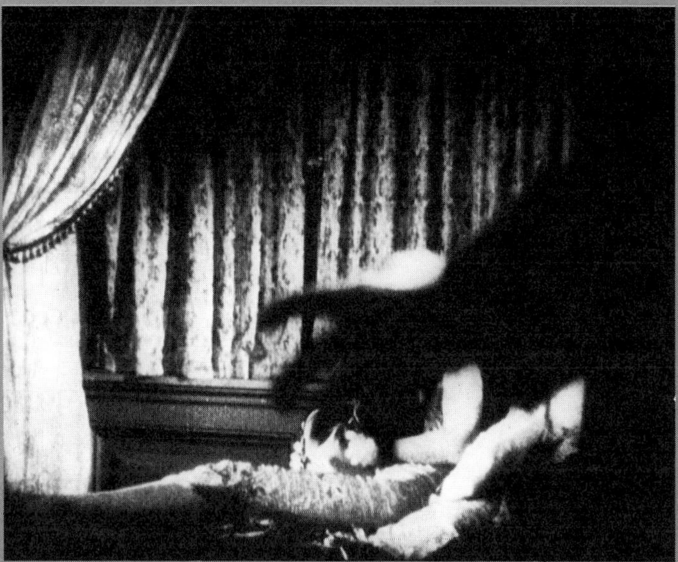
12

geschöpft; diese fremde Rasse faszinierte sie und Stiller, wenn notgedrungen auch aus der Entfernung. Jetzt arbeitete sie mit einem Amerikaner in Großaufnahmen. Alle ihre bisherigen Partner in den Hauptrollen waren entweder Schweden oder Amerikaner wie Moreno und Cortez gewesen, die leidenschaftliche Südländer verkörperten. Er hatte das Feuer und den Elan des Echten. Seine unerschöpfliche Energie wirkte mitreißend auf eine Frau, deren eigene Batterien schnell leer liefen. Sie und Gilbert hatten sich nur grüßend zugenickt, bis der Regisseur Clarence Brown sie in den Kulissen von *Es war* miteinander bekannt machte. Aber sie war sofort voller Lob für all die Eigenschaften, die er besaß, die ihr abgingen: »Er ist so vital, energiegeladen, voller Eifer! Jeden Morgen um neun trat er mir gegenüber zur Arbeit an. Er war so nett, daß ich mich gleich besser fühlte – einem fremden Amerika näher war.«

Ihre gemeinsamen Liebesszenen waren der Stoff, von dem Publicity-Experten träumen – aber es wäre falsch, sie lediglich als solche abzutun. Man kann sich leicht vorstellen, wie dieser draufgängerische Gefühlsschwärmer und die intuitive *Passionara* sich gegenseitig zu Höchstleistungen anspornten. »Er ist ein so guter Schauspieler«, sagte sie, »daß er mich hochreißt und mitzieht. Ich spiele nicht nur irgendeine Szene – ich lebe.« Und sie tat das in einem so abenteuerlichen Tempo, daß der nicht mehr ganz junge Stiller in Atemnot gekommen wäre, hätte er mithalten wollen. In ihren Liebesszenen wird ihr bereits das zugestanden, was sie später mit Recht ihr eigen nennen konnte: die dominierende Pose; Gilberts Kopf liegt in ihrem Schoß, ihr Arm umschlingt ihn – die körperliche Stellung deutet an, daß der Mann der Sklave seiner Leidenschaften ist. Die Leidenschaft der Garbo kommt mit einem Schmirgelpapiereffekt zum Ausbruch, den ihr feminines Aussehen nicht erwarten läßt: Sie reibt ihre Wange an Gilberts, wie um ein elektrostatisches Feld zwischen ihnen zu schaffen. Es gibt nur wenige Szenen in amerikanischen Stumm- oder Tonfilmen, in denen zwei vollständig bekleidete Menschen so viel sexuelles Verlangen durch eine bloße Körperberührung vermittelten. Sie wirkten derart sinnenerregend, daß MGM sich ein glückliches – d.h. »moralisches« – Ende einfallen lassen mußte. Clarence Brown wollte den Film mit einer Szene enden lassen, in der die Garbo im Eis einbricht, so daß Gilbert und Hanson ihre platonische Freundschaft wieder aufleben lassen konnten, welche die Garbo mit ihrer dämonischen Liebe zerstört hatte. MGM hängte noch einen unnötig heiteren Schluß an, in dem ein vergnügter Gilbert einem neuen Mädchen nachstellt.

Aber im Studio war man verblüfft und glücklich über eine schauspielerische Leistung der Garbo, mit der sie das Zeugnis ihres Talentes lieferte. In der Szene, als sie den Abendmahlskelch herumdreht, um von der Stelle zu trinken, die ihr Liebster gerade mit den Lippen berührt hat, schafft es die Garbo auf magische Weise, eine heilige Zeremonie in einen sinnlichen Akt zu verwandeln und *gleichzeitig* mögliche Einwände der Zensur abzuwenden, indem sie die »Sünde« fast undefinierbar macht. Eine Frau, die im selben Moment sündigen und Buße tun konnte, war ein Geschenk des Himmels in einer zensierten Welt, wo Vergehen gegen die Moral entweder durch gesetzlich verordnete Reue oder den unausweichlichen Untergang zu sühnen waren.

Der Kamermann William Daniels trug seinen Teil dazu bei, die von Greta Garbo und John Gilbert hervorgerufene Illusion zu erwecken, indem er die Gartenszenerie bei ihrer frühen Be-

Die Garbo und Gilbert posieren vor der »Eisenbahn« in *Es war* für ein Juxfoto. Der Regisseur Clarence Brown mimt den Lokführer.

SEITE 60/61: Die Abendmahlsszene in *Es war*.

1 Der Abendmahlskelch wandert

2 die Reihe der Gläubigen entlang;

3 auch Gilbert trinkt daraus.

4 Als die Garbo an die Reihe kommt,

5 dreht sie den Kelch herum und trinkt von der Stelle,

6 welche die Lippen ihres Liebhabers berührt haben.

7 So wird aus einem heiligen Ritual

8 ein sinnlicher Akt, der sich der Zensur entzieht.

gegnung so ausleuchtete, daß jedes Blatt diffus Zustimmung wisperte. Als Gilbert ein Streichholz anreißt, um die Zigarette anzuzünden, die er von seinen trockenen Lippen in ihren verlangenden Mund gesteckt hat, pulsiert die glühende Spitze wie ein Gradmesser ihrer Gefühle. Daniels hatte tatsächlich eine winzige Glühbirne in Gilberts Hand versteckt. Im Hinblick darauf, wie manche Schriftsteller über die »Göttlichkeit« der Garbo schreiben, ist es heilsam daran zu erinnern, wie oft sie ihre Wirkung menschlicher Raffinesse und sogar Glühbirnen zu verdanken hatte.

Auch außerhalb der Dreharbeiten benahm sich das Gespann Garbo–Gilbert wie ein Paar. Sie gingen zusammen essen, picknickten in den Bergen oberhalb Hollywoods, er nannte sie »Flikka« (was schwedisch Mädchen heißt) und taufte seine Yacht *The Temptress* nach ihrer letzten Rolle; sie nannte ihn »Yacky« und hörte sich beschrieben als »das verführerischste Wesen, das man je gesehen hat. Kapriziös wie der Teufel, launisch, eigenwillig und faszinierend«. Wie sehr die Garbo wirklich in ihn verliebt war, ist eine andere Sache. Er machte ihr Freude und gab ihr Sicherheit, machte sie mit einem Amerika bekannt, das sie bis dahin nicht verstanden hatte, und vervollkommnete sogar ihre Englischkenntnisse. Aber sie war mehr von der Rolle, die er als Star spielte, fasziniert als vom Mann selbst. Er war vom Temperament her so veranlagt, daß sie sich bei ihm sicher fühlen konnte; im Grunde genommen war er jedoch unreif, ja sogar kindisch. Die Fans wollten, daß sich ihre Stars nicht nur im Film verliebten, sondern auch im Leben: Man brachte der Garbo bei, eine Berühmtheit nach amerikanischem Muster zu sein. Wenn Stiller ihr stahlharter Mentor in der Welt europäischer Kunstfilme war, dann war Gilbert ihr Förderer in der Welt der Hollywood-Stars. Man könnte sie eher als leidenschaftliche Freunde denn als gute Liebende bezeichnen. Gilbert erzählte der Presse oftmals impulsiv, daß er sie heiraten werde. John Bainbridges Biographie zitiert hierzu einen Brief der Garbo an einen Freund in Schweden: »Ich nehme an, Du hast in den Zeitungen von mir und einem gewissen Schauspieler gelesen, aber ich denke nicht

OBEN: In einer Filmpause demonstriert die Garbo ihren Star-Partnern Lars Hanson und John Gilbert, wie man im Unterschied zu Amerika in Europa einen Ehering trägt. Fans glaubten, sie und Gilbert würden tatsächlich bald Ringe tauschen.

RECHTE SEITE: Sanft glühende Erotik in *Es war* – ausgelöst durch die winzige Glühbirne, die der findige Kameramann William Daniels in Gilberts Hand versteckte.

daran, › Going to get married ‹, wie sie es nennen. Sie sind wild nach Neuigkeiten. Deshalb fielen sie über mich her[11].«

Gilberts Zuneigung zu ihr veranlaßte ihn zuzustimmen, daß ihrer beider Namen auf den Plakaten für *Es war* gleich groß herausgestellt wurden. Aber die meisten Dinge in Hollywood hatten ihren Preis, auch die Liebe und besonders die Eigenliebe; der große Widerspruch zwischen ihrem »gleichen« Star-Status und ihrer bei weitem nicht gleichen Bezahlung blieb der Garbo nicht verborgen. Gilbert besaß in beneidenswertem Maße die Macht und Unabhängigkeit, die die Garbo so stark entbehrte. Er hatte einen eigenen Manager, Harry Edington, dessen Frau, Barbara Kent, in dem Film eine kleinere Rolle spielte. Gilbert konnte ein Drehbuch ablehnen, das ihm nicht gefiel; die Garbo mußte nehmen, was man ihr gab. Beide teilten eine Abneigung gegen Louis B. Mayer. Gilbert wußte, wie man mit dem Phänomen eines zwangsgemästeten, Hollywood-gezüchteten Stardaseins umzugehen hatte, das der Garbo so fremd war. Und an diesem entscheidenden Punkt ihrer Karriere brachte er ihr bei, wie man seinen eigenen Willen durchsetzt.

Mauritz Stiller arbeitete inzwischen wie ein Wahnsinniger, um sich freizukaufen. Er hatte die Vereinbarung mit Paramount am 16. Juni 1926 unterzeichnet, und dank Erich Pommers vorzüglicher Planung gab es während seiner Arbeit an *Hotel Imperial (Hotel Stadt Lemberg)* keine zeitraubenden Wutanfälle wie bei *The Temptress (Totentanz der Liebe)*. Er beendete die Dreharbeiten fristgerecht am 25. September 1926, woraufhin Jesse Lasky an Louis B. Mayer für Stillers Dienste einen Scheck über $ 1500 pro Woche schickte – von denen Stiller nur $ 500 abbekam –, und die MGM-Anwälte notierten: »Damit ist unser Vertrag mit Lasky und auch unser Vertrag mit Stiller beendet.« Am 17. November 1926 akzeptierte Stiller eine Abfindung in Höhe von $ 2166,66, die MGM »aller Ansprüche und Forderungen« enthob, die sich aus seinem ursprünglichen Vertrag ergeben könnten. Nachdem sein seelisches Gleichgewicht durch den Erfolg von *Hotel Stadt Lemberg* bei Presse und Publikum wiederhergestellt war, unterdrückte er seinen Stolz und bereitete sich darauf vor, bei einem weiteren Paramount-Film Regie zu führen, den er schon im voraus voller Zynismus als »Schund« bezeichnete – aber wenigstens würde er mit gefüllter Brieftasche nach Hause zurückkehren.

Auch die Garbo nahm ihr eigenes Schicksal in die Hand, unbeeindruckt von der Gehaltserhöhung auf lumpige $ 600 die Woche, die sie vertragsgemäß am 18. September 1926 bekam. Gilbert bestärkte sie in ihrem Widerstand; Harry Edington gab ihr inoffiziell Ratschläge, wie sie ihren Marktwert erhöhen könne. Niedergedrückt durch die Trennung von Stiller, das anstrengende Klima, die Tretmühle des Starrummels und ihre eigene physische Erschöpfung, entdeckte sie ihre mächtigste Waffe: *die Waffe der Gleichgültigkeit*. Bei den meisten Stars mit einer Blitzkarriere wie die der Garbo und ähnlich großer Begabung hätte das Ego im Mittelpunkt gestanden. Es wäre vielleicht etwas ramponiert gewesen durch die unvermeidliche Fron des Hollywood-Systems, aber Ehrgeiz, vielleicht sogar Habsucht, hätte es rasch wieder aufgepäppelt. Bei der Garbo war das umgekehrt. Gleichgültigkeit war ein Nebenprodukt ihres kometenhaften Aufstiegs. Keinem Star vor ihr oder nach ihr war es so ehrlich egal, ob sie den Siegespreis errang oder nicht. Sie wollte ihn zu ihren Bedingungen oder überhaupt nicht; und wenn es auf »überhaupt nicht« hinauslief, na und? Daß sie triumphierte, war der Sieg ihrer Apathie. Es ist verbürgte Tatsache – und noch heute irritierend –, daß sie fünfzehn Jahre später, als sie erst Mitte dreißig und auf der Höhe ihrer Macht war, alles aufgab. Aber was beinahe völlig übersehen wird, ist ihre Bereitschaft, schon innerhalb desselben Jahres, in dem sie es erreicht hatte, alles aufzugeben.

Sie forderte $ 5000 pro Woche, ging nach Hause und wartete ab. Und wartete. Es war ein Nervenkrieg: Während MGM die letzten Vorbereitungen traf, um *Es war* zur Aufführung freizugeben – für ein Publikum übrigens, das es nicht abwarten konnte, die beiden großen Liebenden zu sehen, von denen es in den Zeitungen gelesen hatte, daß sie tatsächlich miteinander liiert waren –, machte sich das Studio Sorgen, daß kein neuer Film mit ihr in Produktion war. Sie boten der Garbo *Anna Karenina* an; aber nicht einmal Tolstojs Autorenschaft konnte sie erweichen. Mayer beschwor Sven-Hugo Borg, diesen Dickschädel zu überreden, vernünftig zu sein. »Neulich, als ich mal bei ihm im Büro war, haben wir über dich gesprochen«, sagte Borg zu Garbo, »und weißt du, was er gesagt hat: ›Borg, dieses Mädchen denkt, daß ich ein harter, unvernünftiger Mann bin und daß ich ihr viel weniger bezahle, als was sie wert ist. Sie vergißt dabei, daß ich das ganze Risiko auf mich genommen habe. Es ist dumm, wie sie sich verhält, und man sollte ihr den Hintern versohlen, [und] wenn sie nicht Vernunft annimmt, wird es ihr noch leid tun.‹ « So kam man wohl kaum weiter. Borgs Rolle als Mittelsmann ist zwielichtig. Zur gleichen Zeit, als er der Garbo Mayers Worte wiederholte, antwortete er Joseph S. Buhler, dem New Yorker Antwalt der Garbo: »Die Schwierigkeiten zwischen Miss Garbo und dem Studio sind meiner Meinung nach von Miss Garbo verschuldet, aber da Mr. Louis B. Mayer [...] Miss Garbo sehr schätzt, bin ich sicher, daß alles zu einem guten Ende kommt.« In einem Brief vom 1. Dezember 1926 erstattete Buhler der Garbo darüber Bericht und riet ihr, diesen Brief Stiller zu zeigen und Borg zu entlassen. »Wäre ich bei ihr angestell gewesen und nicht beim Studio«, hielt Borg schriftlich fest, »hätte sie es getan.«

Daraufhin setzte sich Stiller am 18. Dezember 1926 hin und schrieb – sicher bei Paramount aufgehoben – einen der erstaunlichsten Briefe, die im MGM-Archiv zum Vorschein gekommen sind:

»Bestimmt ist Ihnen bekannt, Mr. Mayer, daß Miss Garbo mit der UFA einen viel besseren Vertrag hatte als jetzt mit Ihrer Firma [Stiller nahm es nicht allzu genau: Greta Garbos Vertrag mit der UFA war mit Trianon verknüpft und überlebte den Bankrott der Produktionsfirma nicht],

LINKE SEITE UND UNTEN: Die von William Daniels für die frühen Stummfilme der Garbo ersonnene Beleuchtung ließen sie verführerischer erscheinen, als jeder Dialog es vermocht hätte.

SEITE 66/67: Studio-Porträt, ca. 1927, aus der Sammlung von Sven Gustafsson, dem Neffen der Garbo, der dieses Foto zu seinen Lieblingsbildern zählt.

und ich war es, der sie überredet hat, das niedrigere Gehalt bei Metro-Goldwyn-Mayer zu akzeptieren, denn ich war direkt dafür verantwortlich, daß sie in dieses Land kam, und ich war überzeugt, daß sie gleich bei ihrem ersten Erscheinen auf der Leinwand in Amerika einen großartigen Erfolg haben würde. Daß Miss Garbo hier trotz ihres Erfolges so unglücklich ist, liegt an den Vamp-Rollen, die sie gezwungenermaßen spielen mußte und die, wie sie in aller Deutlichkeit sagt, ihr nicht liegen. Sie haben sie in *Gösta Berling* gesehen und wissen, daß Sie ihr wegen ihres Erfolges in diesem Film einen Vertrag gegeben haben. In dem Film hat sie eine ganz andere Rolle gespielt - ein unschuldiges Mädchen - keinen Vamp. Ob Sie mir glauben oder nicht, Mr. Mayer, ich allein habe sie getröstet und ihr klargemacht, daß es überhaupt keinen Unterschied mache, ob sie in ihren ersten Produktionen bei Ihnen Vamps spiele oder andere Rollen, die ihr mehr gemäß wären. Ich habe ihr auch gesagt, daß ich mit Mr. Thalberg gesprochen hätte und daß er mir persönlich versichert habe, daß sich das ändern werde und Miss Garbo nicht zu befürchten brauche, daß sie in Zukunft nur noch Vamp-Rollen spielen müsse [...]. Kürzlich, als Sie ihren Vertragszeitraum verlängern wollten, war auch ich es, der Miss Garbo geraten hat, nicht schwierig zu sein, sondern ernsthaft einen längerfristigeren Vertrag in Erwägung zu ziehen. Zu der Zeit war ich sehr mit meiner Produktion beschäftigt und hatte keinen Moment Zeit übrig, deswegen riet ich ihr, einen Anwalt zu nehmen. Alles Übrige ist Ihnen bekannt. Ich persönlich bin davon überzeugt, daß Miss Garbo, wenn man ihr die richtigen Rollen gibt, eine der größten Attraktionen ist, die eine Filmgesellschaft überhaupt besitzen kann, und ich selbst würde nicht einen Moment zögern, ihr die von ihrem Anwalt verlangte Summe zu bezahlen, vor allem wenn es eine jährliche Option gibt und die Gesellschaft den Vertrag praktisch jederzeit auslaufen lassen kann. Ich habe mit Miss Garbo gesprochen, und sie ist bereit, zu folgenden Bedingungen einen Fünf-Jahres-Vertrag abzuschließen: in den ersten beiden Jahren $ 500 weniger pro Woche und in den restlichen drei Jahren $ 1000 weniger pro Woche als ihr Anwalt verlangt hat. Das ist alles, was ich zu diesem Fall zu sagen habe, und auch alles, was ich erreichen konnte. Ich würde es wirklich begrüßen, wenn Miss Garbo bei der Firma bliebe, die ihr als erste die Möglichkeit gab, vor amerikanischem Publikum zu erscheinen. Ich hoffe ehrlich, daß - wenn sie die Rolle der *Anna Karenina* annimmt - für Metro-Goldwyn-Mayer und für Miss Garbo eine bessere Zeit anbricht - und daß Sie in Zukunft keine weiteren Mißverständnisse in Rollenfragen mehr zu befürchten brauchen. Hochachtungsvoll, Mauritz Stiller.«

Die Garbo ging nicht von ihrer Forderung nach einer sofortigen Gehaltserhöhung auf $ 5000 ab. »Das ist das dritte Mal, daß ich zu Weihnachten nicht in Schweden bin«, schrieb sie nach Hause, »und ich fühle mich so unglücklich und stiefmütterlich behandelt. Kannst Du das verstehen? Es ist kindisch, so zu sein, wenn man doch nicht nach Hause fahren kann und eigentlich zufrieden mit einer Position sein sollte, für die Millionen Menschen Gott danken würden. Doch so ist es[12].« Am 26. Februar 1927 beurlaubte Mayer sie offiziell, ohne Bezahlung. Am 2. März schickte die Garbo eine Notiz, in der es hieß, man habe sie nicht aufgefordert, zur Arbeit zu erscheinen; aber das brachte ihr von Mayer die strenge Zurechtweisung ein, daß sie eine solche Entschuldigung »nicht in gutem Glauben« vorbringen könne. Vielleicht auf Gilberts Drängen und gemäß einer von Edington entworfenen Strategie antwortete die Garbo am 6. März ausführlich und leidenschaftlich in einem sechs Seiten lan-

gen Telegramm an J. Robert Rubin, den Chef aller Rechtsabteilungen von MGM, in sein New Yorker Büro. Sie schilderte ihm ihre Befürchtungen, wobei sie behauptete, Mayer habe ihr für die restliche Zeit ihres Drei-Jahres-Vertrages »schlechte Rollen« angedroht, wenn sie den von ihm angebotenen Fünf-Jahres-Vertrag nicht unterzeichne – einen »wie der der anderen Metro-Stars«. »Aber«, fügte die Garbo hinzu, »ich überlasse es Ihnen zu entscheiden, ob Sie jemals einen derartigen Star-Vertrag gesehen haben. Als der neue Vertrag aufgesetzt wurde, spielte ich drei Rollen pro Jahr. Ich habe keine starke Konstitution, und wenn ich so viele Rollen spielen müßte, wie sie es für richtig halten, würde ich vor Überanstrengung zusammenbrechen, das weiß ich.« Sie klagte, Mayer habe ihr mündlich eine bessere Behandlung zugesagt – aber das sei nicht in den Vertrag aufgenommen worden. Bis alles nach ihren Wünschen sei, werde sie nicht unterzeichnen.

Beendet wurde diese ausweglose Situation sehr wahrscheinlich durch den Kassenerfolg von *Es war*, der sich am 9. Januar 1927 abzuzeichnen begann. Die Einspielergebnisse waren so sensationell, daß man im Studio zu der Überzeugung gelangte, es sei besser, der Garbo nachzugeben und ein Vermögen zu gewinnen als eines zu verlieren, indem man sich ihren Forderungen widersetzte. Folglich wurde am 1. Juni 1927 ein neuer zwölf Seiten langer Vertrag unterschrieben, der sehr bemerkenswert war für eine Schauspielerin, die erst drei Filme gedreht hatte, noch nicht einmal zwei Jahre in Hollywood war und die mächtigste Filmgesellschaft dort praktisch erpreßt hatte. Er war auf den 1. Januar 1927 zurückdatiert und hob das Gehalt der Garbo von $ 600 auf $ 2000 pro Woche an. Er sah vor, daß zwei Wochen lang keine Gage gezahlt würde; aber Charles A. Green schrieb in einer Notiz: »Das Gehalt wird fortgezahlt, bis wir von Mayer Anweisung zum Zahlungsstop erhalten.« (mit Bleistift ist hinzugesetzt: »Genehmigt, Louis B. Mayer«). Andere Verbesserungen lauteten: $ 4000 pro Woche im zweiten Jahr, $ 5000 pro Woche im dritten und $ 6000 im vierten. Überhaupt keine Zahlungsstops mehr. Nur der »Millionen«-Vertrag, den Edington für John Gilbert ausgehandelt hatte, enthielt noch bessere Bedingungen. Er verlangte kein Entgelt dafür, daß er die Interessen der Garbo vertreten hatte, aber es gibt Hinweise, daß MGM ihn in anderer Weise entschädigte, und mindestens in einer Aktennotiz ist von $ 20 000 die Rede, die Edington für jeden Garbo Film gezahlt werden sollten. Aber sein Prestigegewinn war immens und enorm wichtig dafür, wie sich die Aura der Garbo entwickelte.

Um ihre Exklusivität zu unterstreichen und sein eigenes Prestige zu festigen, unterband Edington gleich jedwede Publicity, die er als herabsetzend für sie empfand. Keine weiteren Interviews mehr, außer wenn er seinen Segen dazu gab und die Garbo zustimmte. Da das ihrer Abneigung gegen Publicity sehr entgegenkam (und sie mit der Presse sehr ungeschickt umging), gab sie gerne ihr Einverständnis. Stiller und Edington waren nicht die einzigen, die ihr rieten, sich bei Presse und Publikum rar zu machen. Lon Chaney, der »Mann mit den tausend Gesichtern«, wußte, daß es sich auszahlte, das Publikum raten zu lassen, welches der vielen Gesichter in seinen MGM-Melodramen wirklich sein eigenes war. Er riet ihr, das Publikum im ungewissen darüber zu lassen, was sich hinter ihrem Gesicht verberge. Auch Sven-Hugo Borg nimmt für sich in Anspruch, daß er ihr eingab, aus ihrer persönlichen Vorliebe, zurückgezogen zu leben, beruflich Nutzen zu schlagen. »Eines Tages, als wir am Strand von Santa Monica lagen, sagte ich zu ihr: ›Ich weiß, daß das nicht gespielt ist, Greta, wenn du dich vor den Leuten versteckst; aber egal, es paßt zu deiner Persönlichkeit, geheimnisvoll und verschlossen zu sein... So hast du dein Eigenleben, und die Leute reden über dich.‹ ›Meinst du, Borg?‹ sagte sie langsam. ›Ja, vielleicht ist es eine gute Idee.‹« Jetzt

wurde Hary Edington ihr Mittler zur Außenwelt; und dessen Frau, die Schauspielerin Barbara Kent, wurde allmählich die inoffizielle Sekretärin der Garbo, erledigte ihre ganze Korrespondenz und schirmte sie vor der Zudringlichkeit der Umwelt ab. In dem Bemühen, jetzt aus ihr das zu machen, was man heute einen Superstar nennen würde, verfügte Edington noch eine weitere Statusänderung. In Zukunft sollte sie im Programm, wann immer möglich, nur noch als [die] »Garbo« erscheinen. Wie die »Duse« oder die »Bernhardt« sollte die Göttin nicht ein so gewöhnliches Attribut wie einen Vornamen haben: Wozu sie noch näher benennen? Sie war einzigartig.

Die Premiere von *Anna Karenina* fand am 29. November 1927 statt, nachdem der [amerikanische] Titel in *Love* umgeändert worden war, damit man mit der Schlagzeile werben konnte: »John Gilbert and Greta Garbo in Love«. Während der Dreharbeiten versuchte Gilbert mit der Garbo durchzubrennen, aber die große Leidenschaft geriet fern der Leinwand zu der Art von verrückter Komödie, die im nächsten Jahrzehnt auf der Leinwand belacht werden sollte. Als sie sich dem Haus eines Friedensrichters in Long Beach näherten, bekam die Garbo es mit der Angst zu tun, verkrümelte sich in eine Damentoilette und bestieg den nächsten Zug nach Hause.

Viel aufschlußreicher als die Liebesszenen zwischen den Erwachsenen in dem Film sind die außerordentlich »erotischen« Szenen zwischen Garbos Anna und dem zehnjährigen Philippe de Lacy, der ihren Sohn spielt. Das hatten die Dietrich und die Garbo gemeinsam: In ihren Filmen waren sie *femmes fatales*, Lebedamen, die in ihren Verehrern den kleinen Jungen zum Vorschein brachten, während sie in Szenen mit Kindern

LINKE SEITE: Freundlicher Rat von Lon Chaney, dem »Mann mit den tausend Gesichtern«, hier kostümiert für *The Road to Mandalay*. Er besuchte Stiller, die Garbo, Niblo und Moreno bei Dreharbeiten zu *Totentanz der Liebe*.

OBEN: Mit Philippe de Lacy, dem Ersatz-Liebesobjekt einer liebeshungrigen Mutter in *Love (Anna Karenina)*.

SEITE 70/71: Ein Stelldichein im Wald – aus *Anna Karenina*

310-16

mit ihrer Weiblichkeit an die latente Männlichkeit ihrer Leinwandsprößlinge appellierten. Der kokette de Lacy, ein bemerkenswerter Kinderstar, ein männliches Gegenstück zu Shirley Temple, benimmt sich wie ein kleiner Erwachsener - und die liebeshungrige Anna macht ihn zu einem Ersatz-Liebesobjekt. Die Garbo hat sich immer, auf der Leinwand und im Leben, in der Gesellschaft von Kindern am wohlsten gefühlt. »Sie treten einem nicht zu nahe«, sagte sie - d. h., sie sind keine Gefahr für die eigene Gefühlswelt. »Sie verhalten sich vernünftig und verständig« - d. h. anders als viele der lästigen Erwachsenen, mit denen sie zu tun hatte. »Wenn man dummes Zeug redet, sehen sie einen nur an, und man fühlt, daß sie denken: ›Warum redest du nur so einen Unsinn?‹ « - d. h., Kinder behielten, wie die Garbo, ihre Gedanken für sich. Fast alle Männer, mit denen sich die Garbo in späteren Jahren in der Öffentlichkeit zeigte, hatten etwas Kindliches an sich.

Nachdem man sie nun in den Schutzmantel der »Exklusivität« gehüllt hatte, fiel bei MGM die Entscheidung bei der Wahl ihrer nächsten Rolle auf einen Film, der erkennen ließ, wie die Kunst jetzt beim Leben Anleihen zu machen begann oder zumindest bei der Vorstellung, die das Publikum von ihrem Leben hatte: *The Divine Woman (Das Göttliche Weib)*, ein Film, der tragischerweise verlorengegangen ist. Sämtliche Kopien und sogar das Negativ sind bis heute verschollen. Das ist mehr als bedauerlich. Zeitgenössische Kritiker bemerkten, daß sich ihre Ausdrucksfähigkeit in diesem Film gesteigert habe. Der Kritiker von *Motion Picture* schrieb: »Wenn man ihr eine Rolle gibt, in der man mehr als einen Vamp von ihr erwartet, ist sie ein ganz brauchbares Mädchen.« Diese Bemerkung erinnert daran, daß es schon 1927 eine kleine, aber hartnäckige Anti-Garbo-Lobby gab, die nicht zugeben wollte, daß die Garbo eine gute Schau-

LINKE SEITE: *Anna Karenina,* 1927. John Gilbert als Graf Vronskij - und im Spiegel sein Schicksal.

UNTEN: Das Schicksal leibhaftig: die Garbo als Anna Karenina in dem nach Tolstojs Roman gedrehten Stummfilm.

spielerin war und mehr als eine schöne Frau mit einer starken Ausstrahlung. Greta Garbos Landsmann Victor Seastrom hat nur in diesem einen Film mit ihr Regie geführt.

The Divine Woman erzählt die Geschichte eines französischen Bauernmädchens, das für kurze Zeit Frankreichs größte Schauspielerin wird, aber alles aufgibt aus Liebe zu einem Deserteur, der ihr sagt: »Es gibt da eine Ranch in Südamerika – und einen Garten, die auf dich warten.« Außer daß die Garbo und Lars Hanson mit Seastroms Hilfe den Stoff vor der Banalität retteten, ist dazu vor allem zu bemerken, daß die Anspielung im Titel auf das Attribut der Sarah Bernhardt völlig irreführend ist. Zwischen der Marah im Film (die in der Endfassung in Marianne umbenannt wurde) und der Göttlichen Sarah besteht sonst kei-

LINKS: Der Kameramann William Daniels, Regisseur Edmund Goulding, die Garbo, John Gilbert und zwei unbekannte Gäste bei einer Lunchpause während der Außenaufnahmen zu *Anna Karenina.*

UNTEN: Die Garbo als unschuldiges französisches Bauernmädchen Marah; die »Augen voller Staunen«, probiert sie in *The Divine Woman (Das Göttliche Weib)* die Juwelen ihrer Mutter, einer Kurtisane, an. Das war der einzige Film, den sie mit ihrem Landsmann Victor Seastrom (Sjöström) gedreht hat, und ist der einzige Garbo-Film, der verlorengegangen ist.

SEITE 76/77: Mit ihrem Star-Partner Lars Hanson in *Das Göttliche Weib.* Kritiker lobten die unerwartete Menschlichkeit ihrer Darstellung – sie war nicht länger ein unirdischer Vamp. Aber in den provozierend horizontalen Liebesszenen bestätigte sich einmal mehr die dominierende Rolle der Garbo in Sachen Leidenschaft.

nerlei Verbindung. Aber Dorothy Farnums Drehbuch forderte gerade all jene Eigenschaften, die die Garbo einzigartig darzustellen verstand. Man »sieht« sie im Drehbuch förmlich vor sich, wenn das Bauernmädchen das Pariser Haus ihrer Mutter, einer Kurtisane, erstmals betritt. »Ein fremdartiges Geschöpf ist in Rosines Salon vorgedrungen – ein junges Mädchen in der malerischen, aber unförmigen Tracht der Auvergne. Sie schwirrt wie ein Kolibri von einem hübschen Gegenstand zum nächsten. Sie streicht einen seidenen Vorhang glatt, sie reckt sich auf Zehenspitzen, um den glitzernden Kristall-Leuchter zu berühren. DIE KAMERA FÄHRT NÄHER HERAN. Sie geht zu einem herrlichen Spiegel. DIE KAMERA KOMMT IMMER NOCH NÄHER, bis sie in NAHAUFNAHME zu sehen ist, während sie sich im Spiegel erblickt. Zum ersten Mal sieht man ihr Gesicht. Es ist Marah, und ihre Augen sind voller Staunen.«

Mauritz Stiller hatte den Versuch unternommen, zu MGM zurückzukehren, um bei diesem Film Regie zu führen; dies wäre der ideale Stoff für eine Versöhnung gewesen, aber seine Gesundheit war zu angegriffen. Seine Karriere ging weiter bergab. Bei seinem zweiten Paramount-Film, *Barbed Wire* (Stacheldraht), hatte ihm die Hilfe des methodischen und ausgleichenden Erich Pommer sehr gefehlt; einige Tage nach Drehbeginn zu *The Street of Sin (Der König von Soho)* war er am Ende seiner Kräfte und wurde durch Lothar Mendes ersetzt, von Josef von Sternberg zeitweilig assistiert – dem Mann, der später in seinen Memoiren dreist und unrichtig behauptete, er habe Louis B. Mayer geraten, »Mauritz Stiller mit Greta Garbo im Gepäck zu importieren[13]«. Entmutigt und kränkelnd schiffte sich Stiller im November 1927 nach Schweden ein.

Die Garbo begann sich im Wesen zu verändern – langsam aber merklich. Mehr als je zuvor wurden ihre täglichen Stimmungen und Entscheidungen davon bestimmt. Obwohl sie ihren Willen durchgesetzt hatte, empfand sie keinen Triumph. In den Aktennotizen der MGM-Geschäftsleitung wird ihr Name jetzt voller Besorgnis genannt. Sie war immer eigensinnig gewesen, nun war sie unberechenbar. Mercedes de Acosta erlebte Greta Garbos Launenhaftigkeit in einem ziemlich fortgeschrittenen Stadium und schrieb: »Sie konnte fröhlich sein und gut aussehen und wirkte in den nächsten fünf Minuten schrecklich deprimiert und anscheinend ernstlich krank[14].« Sie hatte eine in den Augen des Studios gesundheitsschädliche Abmagerungskur gemacht. Einmal hatte man sie schon beurlaubt; jetzt brauchte sie dringend Erholung.

Zwischen dem Ende der Dreharbeiten zu *The Divine Woman* am 8. Mai 1928 trat eine ungewöhnlich lange Arbeitspause ein für eine Künstlerin, die ohne jegliche Auflagen ihr Gehalt voll weitererhielt. Nie wieder sah sie auf der Leinwand so müde aus wie in Fred Niblos Film über eine Geheimagentin, die ihren Vorgesetzten erschießt, um den geliebten Gegenspieler zu retten. Als sie ihre Wohnung betritt, lehnt sie sich bleiern gegen die Wand; nachdem sie ihren Geliebten hinausbegleitet hat, preßt sie sich gegen die Tür, als wäre diese sein Körper. Kein Film zeigt so deutlich, daß Leidenschaft für die Garbo eine Art tragi-

LINKE SEITE: In *Das Göttliche Weib* – Als die Tragödin der Liebling Europas wird, wird die Pose der Garbo wieder statuesker.

UNTEN: Zwei berühmte Gesichter. In *The Mysterious Lady (Der Krieg im Dunkel)* wurde die Garbo so brillant fotografiert, daß ihre Erschöpfung als sexuelles Verlangen gedeutet werden kann.

SEITE 80/81: Bei Dreharbeiten zu *Der Krieg im Dunkel* – die Garbo auf der Treppe mit Conrad Nagel. Die Musiker gehören nicht mit ins Bild, sondern sollten während der Stummfilmära die Schauspieler durch passende Melodien in bestimmte Stimmungen versetzen.

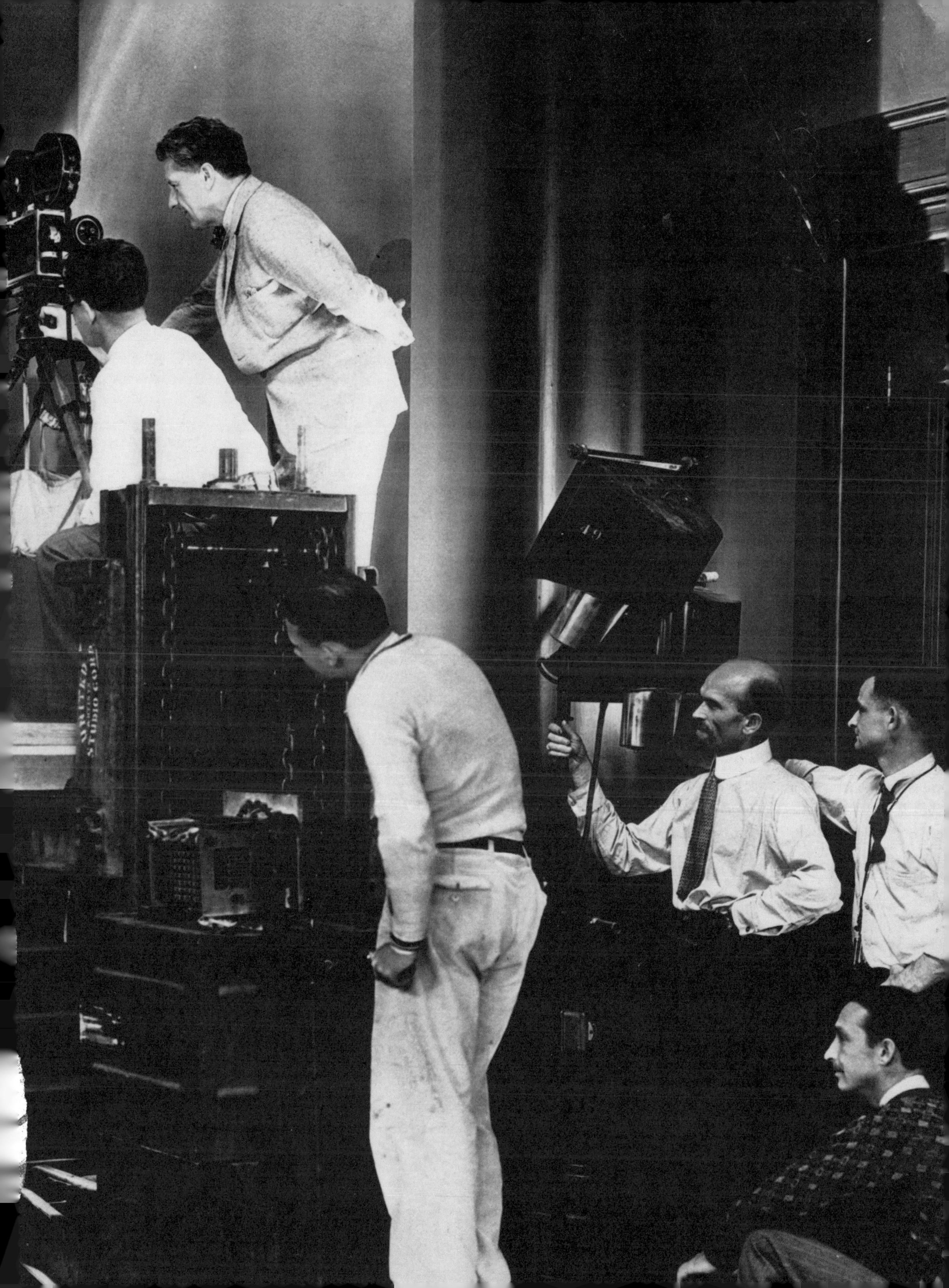
49
STUDIO CORP.

LINKE SEITE, OBEN: »Es gibt jede Menge Liebesszenen«, schrieb ein Kritiker zu *Der Krieg im Dunkel.* Mit Conrad Nagel.

LINKE SEITE, UNTEN LINKS: In der Spionagegeschichte *Der Krieg im Dunkel* wird in reich verzierten Spiegeln symbolisch auf ihr Doppelleben angespielt.

LINKS: Schon ihre Haltung, in der sie die Tür zum Büro ihres Spionagechefs Gustav von Seyfferitz öffnet, ist provozierend – vom Kleid ganz zu schweigen.

OBEN, LINKS UND RECHTS: Die Garbo konnte Einsamkeit in eine Art tragischer Melancholie umwandeln.

scher Melancholie war. Die Müdigkeit in ihrem Gesicht verwandelt sich dank William Daniels Beleuchtung in Liebesqual. So wie andere Leute Kalorien in Energie umsetzten, setzte sie deren Mangel in Liebesleid um.

Als sie in der Verfilmung von Michael Arlens Skandalroman *Der grüne Hut* die Hauptrolle der dem Untergang geweihten Halbweltdame Iris March spielte, war sie wieder bei Kräften; MGM zahlte in diesem Fall die atemberaubende Summe von $ 50 250, benannte den Film um in *A Woman of Affairs (Herrin der Liebe)* und stellte eine bereinigte Fassung her, in der das Element Syphilis entfällt und durch Unterschlagung und Selbstmord ersetzt wird. Es war ihre erste Rolle, die ganz nach dem Zeitgeschmack ausgelegt war. Anstatt poetisch-romantisch, spielt die Garbo die Rolle in moderner Stenografie. Ob sie nun Lippenstift aufträgt, Zigarettenqualm schnell paffend ausstößt oder sich hinter dem Steuer ihres Hispano-Suiza ihren glockenförmigen Hut vom Kopfe reißt, um den Wind zu spüren und direkten Kontakt zum Leben zu haben – alles muß schnell geschehen, als ob das Leben zu kurz sein könnte, irgend etwas zu vollenden.

Der Film ist allein schon wegen jener halluzinatorischen Szene im Krankenhaus ein denkwürdiges Dokument, in der John Gilbert die von einem Nervenzusammenbruch genesende Garbo besucht. Nachdem er bei ihr am Bett war, berichtet Gilbert draußen seiner Frau, daß sie ihn nicht erkannt habe. Plötzlich taucht die Garbo in der Türöffnung auf und geht auf den Blumenstrauß zu, den er mitgebracht hat; sie nimmt nur die Blumen wahr, alles andere bleibt unscharf. Sie nimmt die Blumen in den Arm und drückt sie an sich wie eine Frau ihren Liebhaber, taucht die Nase tief hinein, saugt förmlich Kraft daraus und trägt den Strauß schließlich, wie ein neugeborenes Baby eng an die Wange gepreßt, in ihr Zimmer. Das ist eine der großartigsten Verwandlungsszenen und kommt gleich nach der berühmten Szenenfolge in *Queen Christina (Königin Christine)*, in der sie die Möbel berührt. Charles Affron weist in seiner Studie *Star Acting* darauf hin, daß sie ihre linke Hand kaum merklich wie einen Taktstock benutzt, »ständig die Reaktion modulierend« und sich selbst den Rhythmus der Szene vorgebend[15].

Am Silvesterabend 1927 saß eine Journalistin namens Ruth Biery in einem kleinen Teesalon in Santa Monica und sprach mit der Garbo, die gerade einen grauen Wollmantel, »wie wir sie in Schweden tragen«, von den Schultern genommen hatte und nachdenklich aus dem Fenster starrte, als wollte sie die dunklen

LINKE SEITE: Die Auftritte der Garbo waren immer sorgfältig geplant. Das nervöse Tempo ihrer Darstellung der emanzipierten Frau der zwanziger Jahre in *A Woman of Affairs (Herrin der Liebe)* entschädigte für eine von der Zensur verwässerte Filmfassung.

UNTEN UND RECHTS: Der treu ergebene William Daniels fotografiert die Garbo und Gilbert in dem verhängnisvollen Hispano-Suiza.

SEITE 86/87: Eine Szenenfolge aus *Herrin der Liebe*.

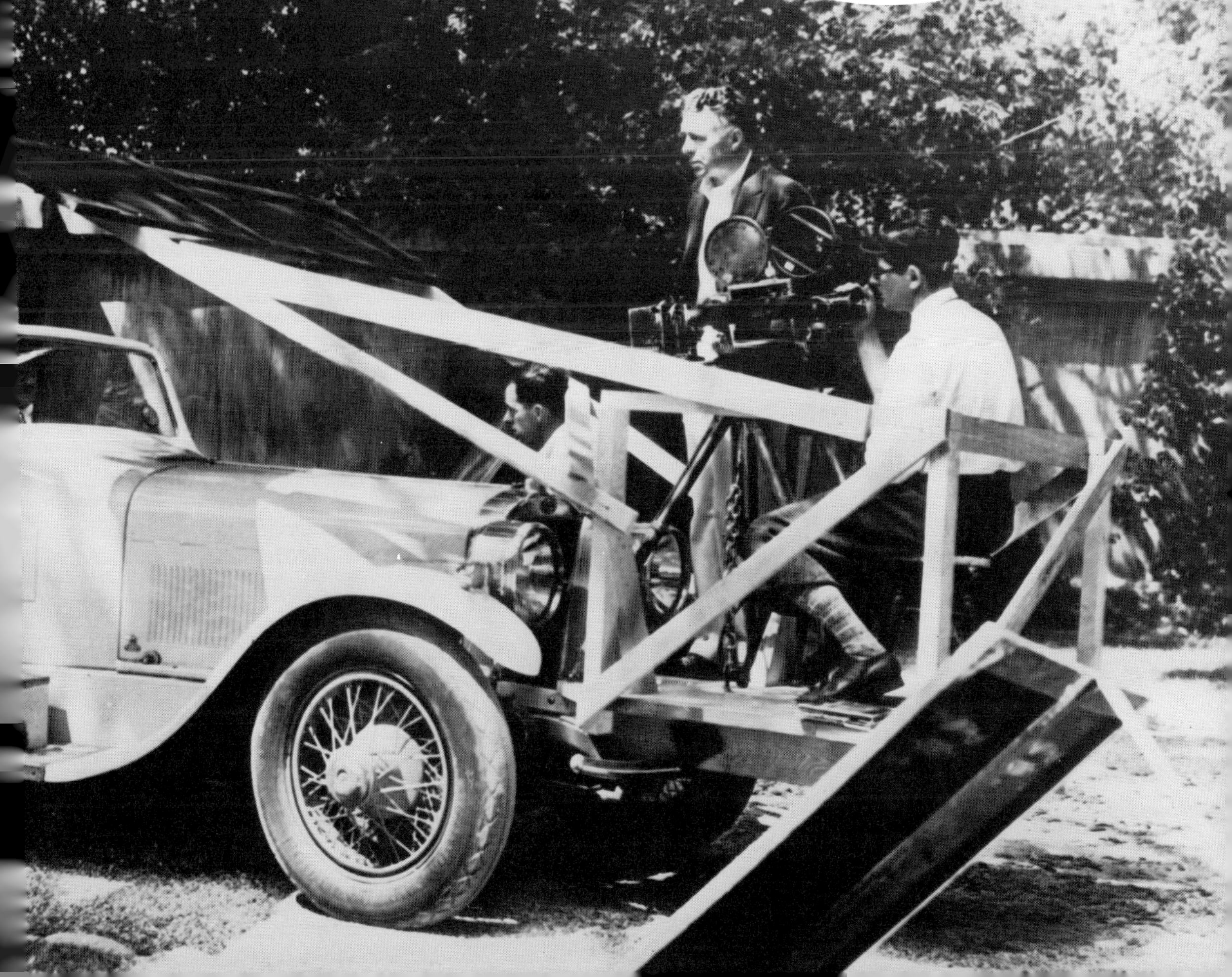

1 Die Garbo im Krankenhaus: »Wo sind meine Blumen?«

2

3 Sie nimmt nur Gilberts Blumenstrauß wahr

4 und umarmt ihn, als wäre er ihr Liebhaber,

5 überträgt ihre eigenen Gefühle auf das Objekt.

6 Der treue Lewis Stone stützt sie.

7 Dann entdeckt sie Gilbert.

8 Die Garbo »Ich will nicht viel – nur dich.«

Geheimnisse dahinter ergründen. »Wir wollen nicht über mich reden!« bat sie. Sie bat natürlich vergebens. Dies war das längste und letzte persönliche Interview, das die Garbo für viele, viele Jahre gab. Es war schon damals wegen des Seltenheitswerts eine Prestigeleistung und wurde in *Photoplay*, dem führenden Filmmagazin, in drei Folgen – April, Mai und Juni 1928 – abgedruckt. Wie in allen Garbo-Interviews konnte man auch hier zwischen den Zeilen lesen und Einblick in die Machtstruktur des Studios und die von Harry Edington geleitete imagefördernde Kampagne gewinnen. Edington hatte wahrscheinlich das Interview arrangiert, wie man aus einer peinlich wirkenden Huldigung an ihn schließen kann, die bei den Studioleitern ein zynisches Gelächter ausgelöst haben muß: »Mr. Edington sorgt dafür, daß wir uns [bei MGM] alle verstehen und alle sehr glücklich sind.« Und in ihrer Weigerung, auch nur andeutungsweise Auskunft über ihre Familie zu geben, kommt ihre zunehmende Wunderlichkeit zum Ausdruck: »Wie mein Bruder heißt? Meine Schwester? [. . .] Was spielt das für eine Rolle? Das sind *meine* Verwandten. Warum sollte ich ihre Namen anderen Leuten erzählen? Namen sind unwichtig. Wenn ich sie lesen würde – es täte mir weh.« Von Natur aus schon unzugänglich, kultivierte sie diesen Wesenszug noch bewußt, indem sie ganz unnötigerweise aus Dingen ein Geheimnis machte. In der Verweigerung ganz nebensächlicher Information fand sie eine faszinierende Art negativer Selbstbehauptung. Diese Haltung stand in scharfem Kontrast zu dem freundlich-vertraulichen Ton, in dem die meisten Hollywood-Stars damals mit der Presse umgingen. Auch andere grundverschiedene Züge zeigten sich bald. Nach Ehegerüchten befragt, antwortete sie: »Liebe? Natürlich war ich schon verliebt. Wer nicht? Ob ich heirate? Ich habe schon oft gesagt, daß ich das nicht weiß. Ich bin gerne allein: nicht immer mit demselben Menschen zusammen.« Gute Freunde ziehe sie einem ständigen Ehemann vor. Sie sprach voller Herzlichkeit von Emil Jannings, dem jüngsten Hollywood-»Import« aus Deutschland, und sagte bewundernd von Frau Jannings: »Das ist eine wahrhaftige Frau«, womit sie, wie sie erklärte, sagen wollte: »Sie meint, was sie sagt.« Die Eigenschaften, die sie bei den wenigen engen Freunden, die sie hatte, bewunderte, reflektierten offenbar ihre eigene Wesensverhärtung.

Der Artikel war illustriert mit ein paar Fotos: die Garbo allein beim Schauspielunterricht; die Garbo in Konstantinopel anläßlich des gescheiterten Films *Odaliske*, ziellos hinter einem türkischen Bettler hergehend; die Garbo am Strand von Santa Monica. Sie alle illustrieren ihre Einsamkeit und damit das Geheimnisvolle an ihr. *Warum* ist diese schöne, begehrenswerte, berühmte Frau allein? Am Ende des Interviews schaffte sie es noch, jenen Hauch des Unerforschlichen zu verbreiten, den die Drehbuchautoren immer für das tragische oder glückliche Ende ihrer Filme anstrebten. »Ich weiß nie, was ich als nächstes tun werde, wenn ich nicht gerade arbeite.« Was als Gleichgültigkeit gegenüber Konsequenzen begonnen hatte, sollte sich später merklich in Unschlüssigkeit verwandeln, irgendwelche Entscheidungen zu fällen.

Mitten in den Dreharbeiten zu ihrem nächsten Film, *Wild Orchids (Wilde Orchideen)*, erreichte sie ein Telegramm von Victor Seastrom aus Stockholm, in dem er ihr mitteilte, daß Mauritz Stiller gestorben sei – am 8. November 1928, mit fünfundvierzig Jahren. Er hinterließ kein Testament, und sein Hauptgläubiger, Svensk Filmindustri, forderte fast alle seine Geldeinlagen in Schweden und Amerika für sich. Als die Garbo die Nachricht bekam, während einer Liebesszene mit ihrem Star-Partner Nils Asther, wurde sie totenblaß, verließ den Szenenaufbau, lehnte sich gegen die Kulissen und kehrte dann zurück, um die Szene zu Ende zu spielen. Asther erinnerte sich, daß er später ein verstörtes Lachen aus ihrer Garderobe hörte. Als er auf ihre Aufforderung hin eintrat, saß die Garbo beinahe hysterisch mit einem kleinen Fläschchen Brandy, nicht größer als ein Parfümflakon, da, an dem ein Kärtchen mit den Begleitworten hing: »Liebe Greta. Herzliches Beileid. Aber die Show muß weitergehen. Louis B. Mayer.« Mayer hatte genau kalkuliert, welches Maß an Beileidsbezeugung nötig schien und welches Quantum Schnaps die Prohibition in solch einem Trauerfall erlaubte. Daß zwischen der Garbo und Mayer noch längst nicht wieder alles zum besten stand, geht aus einem Telegramm hervor, das er persönlich ein paar Wochen später, am 3. Dezember 1928, an die Adresse »Privatabteil A, Wagen 206, Zug 20 ›The Chief‹ « abschickte; darin machte er ihr Vorhaltungen, daß sie das Atelier verlassen habe, bevor die nachträglich notwendigen Neuaufnahmen gemacht waren. Sie könne ihr Pensum an diesem Tag erledigen, und zwar früh genug, um in New York noch das Schiff nach Schweden zu erreichen. »Noch ist es Zeit, nach Culver City zurückzukehren... und rechtzeitig zu Weihnachten in Schweden einzutreffen. Kehren Sie zurück, sonst entstehen uns große Verluste und enormer Schaden.« Sie kehrte nicht zurück. Und folglich wurde sie am 5. Dezember, drei Tage bevor sie zum ersten Mal nach dreieinhalb Jahren in die Heimat zurückfuhr, ohne Bezahlung suspendiert.

Während sie in Stockholm war, wo sie ihre Berühmtheit als genauso lästig wie in Hollywood empfand, sich aber mit viel weniger Erfolg vor aufdringlichen Presseleuten in Sicherheit bringen konnte, unternahm sie eine schmerzliche Exkursion. Mauritz Stillers Rechtsanwalt hat sich erinnert, wie er sie in den Lagerraum begleitete, in dem die Habseligkeiten seines verstorbenen Klienten aufbewahrt wurden. »Ich erinnere mich lebhaft, wie sie durch den Raum ging, mal dieses und mal jenes berührte. › Das war der Koffer, den er in Amerika gekauft hat ‹, sagte sie und hob ihn hoch. ›Und diese Teppiche – ich weiß noch, wie er sie in der Türkei gekauft hat.‹ Wir blieben eine ganze Weile, während der sie zwischen den Möbeln und Gemälden umherging und immer wieder trauernd verharrte[16].« Fünf Jahre später spielte sie in *Königin Christine* die berühmte Szenenfolge, in der sie die Möbel berührt. Geht die sensorische Unmittelbarkeit dieser Szene, in der die Inventur der geliebten Gegenstände den pathetischen Charakter eines *memento mori* annahm, auf ihre

LINKE SEITE, OBEN: Die Garbo *(links)* mit ihren beiden engsten Freunden, Emil Jannings und seiner Frau, ca. 1928. Als die Tonfilme aufkamen, kehrten die Jannings bald nach Europa zurück.

LINKE SEITE, UNTEN: Kurz vor Weihnachten 1928 fuhr die Garbo, inzwischen ein weltberühmter Star, heim nach Schweden. Mimi Pollak *(hinter ihr)* begrüßte ihre alte Klassenkameradin in dem Schiffszug, der sie nach Stockholm brachte.

UNTEN: Bei der triumphalen Heimfahrt im Zug mit ihrer Mutter. Dieses eine Mal ertrug die Garbo Berühmtheit mit einem Lächeln.

letzte traurige Begegnung mit dem Mann zurück, der ihr Entdecker, Freund, Mentor und vielleicht auch Liebhaber war? Man ist geneigt, das anzunehmen. Sie stattete auch seinem Grab auf dem jüdischen Friedhof einen Besuch ab; und vielleicht ist es an dieser Stelle angebracht, darauf hinzuweisen, wie viele ihrer Freunde oder Kollegen darin übereinstimmen, wie beharrlich sie ihre pro-jüdischen Sympathien pflegte. Die Fabel, daß sie Hitler um ein Interview bitten und ihn mit einer versteckten Pistole erschießen wollte, ist letztlich vielleicht doch keine ihr angedichtete Mata-Hari-Erfindung.

Wilde Orchideen war ihr erster amerikanischer Film, der sie unleugbar als »gute Frau« zeigte: Ihrem Ehevertrag gemäß steht sie zu dem alternden Lewis Stone, anstatt sich dem ziemlich gekkenhaften, von Nils Asther dargestellten orientalischen Potentaten hinzugeben. Es zeigte sich, daß Glücklichsein nicht ihre Stärke war. Und das Publikum erwartete das auch nicht von ihr. Als die Garbo zu Beginn als fröhlich lachende junge Ehefrau auftaucht, glaubten manche Filmbesucher, es handle sich um ein Double. Das Publikum wollte Leidenschaft, nicht Heiterkeit. Als Film ist *Wilde Orchideen* denkwürdig vor allem wegen

LINKE SEITE: Mit Nils Asther in der Rolle des japanischen Prinzen in *Wilde Orchideen.*

OBEN: Während der Dreharbeiten von *Wilde Orchideen* erhielt die Garbo die Nachricht von Mauritz Stillers Tod. Ihren Star-Partnern Lewis Stone und Nils Asther warnte sie: »Ihr werdet ein totes Wesen auf der Leinwand haben. Es wird ohne Leben sein.« Sie hatte nicht ganz unrecht.

LINKS: In *Wilde Orchideen* – als unleugbar tugendhafte Frau – hat die Garbo nun unter den Liebesqualen anderer Liebender zu leiden.

Daniels phantasievollen Lichteffekten und den vielen damit erzeugten Stimmungen, so etwa in dem dramatischen Augenblick, als Nils Asthers Schlafzimmertür aufgeht, die Garbo mit Licht überflutet wird und sein Schatten buchstäblich ihren Körper hinaufkriecht.

Bei ihrer Rückkehr nach New York am 19. März 1929 äußerte die Garbo, sie würde gerne die Jeanne d'Arc spielen oder »irgend etwas, was es noch nicht gegeben hat«. Statt dessen steckte man sie sofort in *The Single Standard (Unsichtbare Fesseln)*, wo sie die Arden Stuart spielt, eine Debütantin in San Francisco und Typ der »Neuen Frau«. Interessant ist nun, wie die Drehbuchautoren in zunehmendem Maße dem Seelenleben der Garbo Rechnung trugen, um das Publikum in seinem vermeintlichen Wissen über die Garbo zu bestärken. In langen Passagen des Films geht sie im Regen spazieren (eine ihrer Lieblingsbeschäftigungen), wobei der Schirm in ihren Händen merkwürdig banal wirkt. Als sie angesprochen wird, sagt sie: »Ich gehe allein spazieren, weil ich gerne allein bin.« Dutzende Reporter hatten schon diese unverblümte Abfuhr erhalten. Sie begegnet einem Künstler, einem von Nils Asther dargestellten Ex-Boxer mit dem blendenden Aussehen eines John Gilbert und einer Yacht mit dem beziehungsreichen Namen *The All Alone.* Aber eheliche Treue und mütterliche Liebe – Arden heiratet den üblichen nichtssagenden Langweiler, den die Garbo aus unerklärlichen Gründen Film für Film als Ehemann-Typ bevorzugte – veranlassen ihn, an ihrem Fenster vorbei auf und davon zu segeln, während sie ihm unter Tränen zulacht. Die Zensur schrieb jetzt vor, wie die Garbo-Filme zu enden hatten, so daß die einstige sündige Schicksalhaftigkeit dem Hays-Code entsprechend bürgerlich frisiert wurde. Vielleicht hätte *Unsichtbare Fesseln* mehr Feuer gehabt, wenn John Gilbert die männliche Starrolle gespielt und somit die romantische Glut neu geschürt hätte. Aber Gilbert heiratete (Ina Claire), während die Garbo diesen Film drehte. Dem Reporter, der mit dieser Sensationsmeldung zu den Außenaufnahmen auf Santa Catalina erschien, entgegnete sie gleichgültig: »Danke. Ich hoffe, Mr. Gilbert wird sehr glücklich.« Ein oder zwei Jahre später machte Gilbert die auf Wunschdenken hindeutende Bemerkung: »Ich glaube, sie hat sich immer nach mir gesehnt.« Auf jeden Fall ließ sie die Richtung ihrer Sehnsüchte nicht erkennen; der amerikanische Mann war nicht mehr das kindliche Neuland, das er einmal für sie gewesen war. Die Garbo akklimatisierte sich.

Harry Edington, in Sorgen um ihr Image, hatte sie überredet, aus dem Strandhotel in Santa Monica ins Beverly-Hills-Hotel umzuziehen; aber schon bald veranlaßte sie ein Vorfall – ein Verehrer hatte sich ihr vor ihren Packard geworfen, um sie wegen eines Autogramms zum Anhalten zu zwingen – sich in den Schutz eines schwerer zugänglichen zweistöckigen Hauses im spanisch-amerikanischen Stil am Chevy Chase Drive 1027 zurückzuziehen – mit Swimming-pool, Zitronenbäumen und einer

OBEN: Die Garbo als fröhliche, frisch verheiratete Ehefrau zu Beginn von *Wilde Orchideen* irritierte ihr Publikum, das die übliche resigniert fatalistische Garbo erwartet hatte.

RECHTE SEITE: Nach Stillers Tod kehrte die Garbo der Welt zunehmend den Rücken. Hier ruht sie sich zwischen Außenaufnahmen zu *Unsichtbare Fesseln* auf Santa Catalina aus.

SEITE 94/95: Als Arden Stuart, eine Debütantin in San Francisco und »Neue Frau« in *Unsichtbare Fesseln.*

rosenüberrankten Mauer; die Garbo versuchte vergeblich, diese Mauer erweitern zu lassen, so daß sie sich um das ganze Anwesen zog. Ein schwedisches Ehepaar angehender Schauspieler trat als Butler und Köchin in ihre Dienste; sie gingen, wie auch fast alle ihrer Freunde und späteren Angestellten, recht bald mit indiskreten Äußerungen über sie an die Öffentlichkeit. Ihr Lebensstil war bizarr und verrät einen sowohl egozentrischen als auch andererseits richtungslosen Menschen. Sie wandte sich an Adrian, MGM's großen Kostümbildner, dessen erster Auftrag *Unsichtbare Fesseln* war, und bat ihn um Einrichtungsvorschläge. Sie war so dürftig eingerichtet, daß er nur ein paar Möbel umstellen konnte, um überhaupt eine Veränderung herbeizuführen. Obwohl sie jetzt $ 5000 wöchentlich verdiente, hatte Gustaf Anweisung, *monatlich* nicht mehr als $ 100 für den Haushalt auszugeben. Glücklicherweise gab es nicht oft Gäste zu bewirten! Er heftete jede Quittung sorgfältig in einem kleinen schwarzen Kassenbuch ab, das die Garbo ihm für den Zweck gegeben hatte, damit sie selbst alles besser nachprüfen konnte. Wie alle im Umgang mit größeren Summen unerfahrenen Menschen verstand sie sich auf das Haushalten mit kleineren Beträ-

OBEN: In *Unsichtbare Fesseln* war Nils Asther wieder ihr Partner, der ihrer alten Liebe John Gilbert bemerkenswert ähnlich sah.

LINKS: Während diese Szenenfolge an Bord von Asthers Yacht gedreht wurde, erhielt die Garbo die Nachricht von Gilberts Wiederverheiratung. Sie nahm sie gelassen auf und schickte Glückwünsche.

RECHTE SEITE: Vermutlich Ausdruck strengerer Zensurbestimmungen war die in diesem Film aufgezeigte Entwicklung einer lebenslustigen Frau, die aus einer Laune heraus ihren Chauffeur verführt *(oben)*, zu einer abgeklärteren Persönlichkeit *(links)*, der Ehe und Mutterschaft wichtiger sind als amouröse Abenteuer.

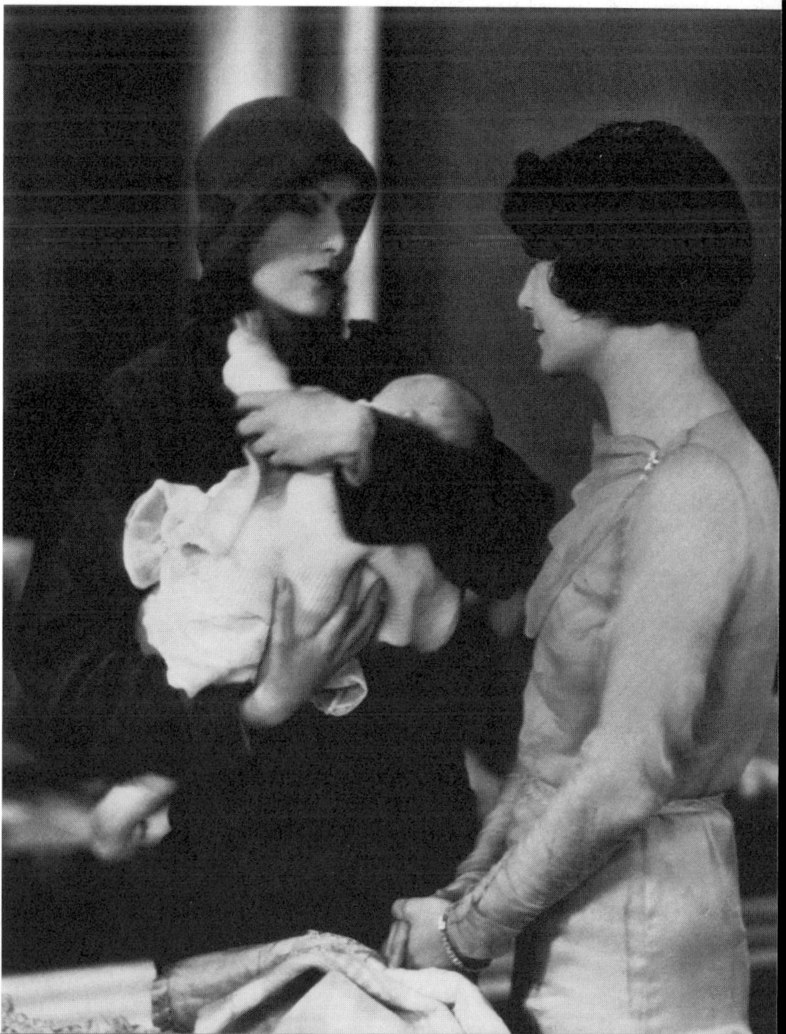

gen. Gustaf erinnerte sich, daß er manchmal das Geld für Zeitschriften zurückverlangen mußte, wenn sich bei deren Durchsicht herausstellte, daß nichts über seine berühmte Arbeitgeberin darin stand. Trotz ihrer echten Befürchtung, daß die Journalisten ihre Verletzlichkeit ausnutzen könnten, las die Garbo (und liest sie heute noch begierig), was man über sie schrieb. Ihre Mutter schickte ihr bündelweise europäische Zeitschriften (alle ihre Post wurde – mit Ausnahme von Briefen mit geheimen Markierungen – an Edingtons Büro weitergeleitet; und später in New York nahm die schwedische Botschaft ihre Post entgegen), und das MGM-Büro in Paris schickte ihr die neuesten französischen, deutschen und schwedischen Romane, vor allem solche, auf die das Studio eine Option hatte.

Die Garbo ging nie ans Telefon: Gustaf hatte Anweisung, sich mit »Mr. Norins Residenz« zu melden, solange sich der Anrufer nicht als *persona grata* erwies. Sie wurde gewöhnlich um sieben Uhr morgens geweckt – d. h., sie aß dann ihr Frühstück, denn sie litt nun ständig unter Schlaflosigkeit, obwohl sie sich mit warmen Bädern, späten Imbissen und Schlaftrunks müde zu machen versuchte. Paradoxerweise hatte sie morgens einen guten Appetit; und Anspannung zehrte Kalorien, so daß sie keine Gewichtsprobleme kannte und herzhaft zulangte bei einem skandi-

Oben und Links: Im Art-Deco-Design in *Unsichtbare Fesseln* bewies die Garbo die ihr angeborene Fähigkeit, sich jeder Stilepoche anzupassen; ihre Posen wirken sowohl intim als auch sachlich und sind für die zwanziger Jahre ebenso stimmig wie ihre theatralischeren Vamp-Rollen.

Rechte Seite: Ein sehr seltenes Bild: die Garbo mit MGM's großem Kostümdesigner Gilbert Adrian, dessen Phantasie sie befeuerte. Als die Garbo das Filmen aufgab, verließ auch Adrian MGM mit der Begründung, die Zeit des »glamour« sei vorüber.

navisch-üppigen Frühstück. Fruchtsaft, eine Grapefruit, gehacktes Rindfleisch, Bratkartoffeln, ein Ei, Kaffee und Kuchen. Sie aß von Porzellan, das Emil Jannings ihr geschenkt hatte. Gustaf erinnerte sich, daß sie ihre Mahlzeiten überwiegend im Bett einnahm. Sie war eine starke Raucherin, hörte gerne Schallplatten, mochte Sophie Tucker und las den *Times-Examiner*, den sich ihre Bediensteten privat hielten. Fitneßtraining machte sie, wenn andere Kalifornier nicht zu sehen waren, was zur Folge hatte, daß sie in einem Regenmantel und mit einer Art Südwester durch den Regen lief oder bei Mondlicht durch das noch ländlich anmutende Beverly Hills wanderte – die Kalifornier zogen trockenes Wetter und Sonnenschein vor. Sie ritt gerne und bezahlte die monatlichen Gebühren immer in bar, um dem Reitstallbesitzer nicht ihre Adresse verraten zu müssen. Natürlich handelte sie einen Sonderpreis aus. Sie spielte auch mit einem Medizinball (nicht sonderlich treffsicher, wie Gustaf in Erinnerung an niedergewalzte Blumenbeete bemerkte). Sie hatte mehrere Haustiere: einen Chow-Chow namens Flimsy, den Emil Jannings' Tochter ihr geschenkt hatte, zwei Katzen, die »Big Pint« und »Half Pint« hießen und einen Papagei mit dem konventionellen Namen Polly, dem sie mit viel Geduld und Liebe beizubringen versuchte, sie bei ihrer Rückkehr aus dem Studio mit »Hallo, Greta« zu begrüßen.

Die Garderobe der Garbo war spartanisch einfach. Aus praktischen Gründen liebte sie Männerpyjamas; die Männerhem-

OBEN UND LINKS: Normalerweise machte sich die Garbo nicht viel aus Kleidern; aber alle von Adrian entworfenen Sachen trug sie, als wäre sie dafür geboren, wie diese lässig elegante Kreation für *Unsichtbare Fesseln*.

RECHTE SEITE: Die Garbo in der Art bequemer Kleidung, die sie im Privatleben bevorzugte, hier bei der Rückkehr von ihrem Urlaub in Schweden 1932.

den und -krawatten, die sie trug, paßten zu ihrer Flachbrüstigkeit und entsprachen ihren Vorstellungen von Mode: schnell anzuziehen, bequem und nicht aufreizend. Bei kaltem Wetter trug sie leichte Wollstrümpfe, wenn es heiß war, Baumwollsokken. Gustaf brachte aus dem Ausverkauf mehrere Paar Herrenhalbschuhe (der kleinsten Größe) mit. »Genau das Richtige für uns Junggesellen, nicht wahr, Gustaf?« pflegte sie dann – wenn man seinen Worten glauben darf – zu sagen. Sie litt unter Nebenhöhlenentzündungen, erkältete sich leicht, nahm Kräutertees dagegen und ging, was überrascht, in ein türkisches Bad in der Nähe des Studios, wo sie in der Anonymität eines großen Badetuches nur selten erkannt wurde. Manchmal rieb sie sich morgens das Gesicht mit Eisstückchen ab (in *Königin Christine* nimmt sie eine Handvoll Schnee). Sie benutzte außer Lavendelseife weder Cold Cream noch andere Kosmetika. Wenn sie Parfüm nahm, dann Gardenienparfüm. Zum Haarespülen ließ sie sich Kamillentee aus England kommen – mehr Luxus leistete sie sich nicht.

Dennoch führte die Garbo kein Einsiedlerleben. »Für einen Schweden ist es so normal, allein zu sein, wie Geselligkeit für einen Amerikaner«, sagte sie einmal. Am engsten befreundet war sie mit Leuten, die wie sie hier freiwillig im Exil lebten: mit Jacques Feyder, Françoise Rosay, den Jannings, dem englischen Schauspieler John Loder und seiner österreichischen Frau. »In den anderthalb Jahren, die ich sie kannte«, vertraute Loder einem Journalisten an, »hat sie sich nicht ein einziges Mal einen Tag im voraus fest verabredet, nicht einmal für ein Dinner.« Sie pflegte unangemeldet und uneingeladen plötzlich auf der Schwelle zu stehen. Virgilia Peterson Ross begann eine kurze Porträtstudie des Stars im *New Yorker* mit einer Schilderung ihres unerwarteten Erscheinens auf einer Hollywood-Party: »Sie saß schweigend da, während die anderen belanglose Bemerkungen über das Wetter machten und verstohlen zu ihr hinschauten. Sie war allein, von einer kindhaften Interesselosigkeit, sprachlos, verlegen, unzugänglich. Sie war nicht bereit, vielleicht auch nicht fähig, die gesellschaftlichen Verpflichtungen dieses Anlasses, soweit es sie betraf, zu erfüllen. Sie hatte sich angestrengt und war gekommen, und nun verkroch sie sich linkisch hinter ihrer Schönheit. Die Party löste sich bald auf. Die Garbo hatte den Abend zum Einfrieren gebracht[17].« Als derartige Kommentare erschienen, empfand die Garbo die Presse nicht mehr nur als zudringlich, sondern gewann den Eindruck, daß man es wirklich darauf abgesehen hatte, sie zu drangsalieren. Sie umgab sich am liebsten mit einem Kordon enger Freunde. Wenn sie abends ausging, entschied sie sich häufig für »Showbusiness-Restaurants«: Musso-Frank, Apex (ein Farbigen-Club, dessen Blues-Musik sie mochte), das »Russian Eagle« (ein Nachtklub, der sich auf slawische Gerichte spezialisiert hatte). Sie ging in Long Beach und Santa Monica ins Kino, meistens in Matineevorstellungen mitten in der Woche, wo die Chancen, unerkannt zu bleiben, größer waren. (Ihr Lieblingsschauspieler war Gary Cooper. Sie bewunderte Ernst Lubitsch, und nachdem sie *The Love Parade (Liebesparade)* gesehen hatte, stattete sie ihm einen Überraschungsbesuch ab. »Greta«, sagte er, »warum sagst du diesen Idioten in deinem Studio nicht, daß sie uns gemeinsam einen Film machen lassen sollen?« Die Garbo antwortete: »Ernst, sag du es ihnen. Ich bin viel zu müde, um mit irgendwelchen Geschäftsführern des Studios zu reden.«)

Größere Schwierigkeiten mit inkognito und Garderobe hatte sie im Theater. Zur Premiere der Tänzerin Argentina trug sie das Goldlamé-Oberteil eines Hausanzugs und einen kurzen schwarzen Rock – niemand hätte diesen Aufzug als Abendkleid mißdeuten können –, wobei sie sich darauf verließ, daß der kurze Rock in der Loge nicht zu sehen wäre. John Loder berichtete: »Sie hatte in der hinteren Reihe einer Loge Plätze reserviert. Wir schlichen uns unbemerkt herein. Bald schienen sich jedoch alle

Operngläser auf unsere Loge anstatt auf die Bühne zu richten. Es wurde hörbar getuschelt. Als Gretas Hände nervös zu zucken begannen, wußte ich, daß sie verärgert war. In der Pause gingen wir in den schmalen Wandelgang hinter der Loge. Es formten sich zwei Menschenschlangen, die an ihr vorbeizogen. Zehn Minuten vor dem Schlußvorhang stahlen wir uns leise davon. Später hörte ich, daß nach der Vorstellung Menschenmassen die Straße vor dem Theater gesäumt hätten, weil sich herumgesprochen hatte, daß die Garbo unter den Zuschauern war[18].«

Eine der wenigen bekanntgewordenen Zurechtweisungen, die sie erhielt, bekam sie von Françoise Rosay. Gretas Freund William Sorensen, den sie während ihres ersten Schwedenurlaubs kennengelernt hatte und der ihr nach Hollywood gefolgt war, hatte eine Einladung zum Diner bei Françoise Rosay und deren Mann Jacques Feyder angenommen. »Die Garbo schien zu erstarren, als ich ihr sagte, daß ich ohne sie zu diesem Essen ginge. ›Warum können wir beide nicht zusammen ausgehen?‹ ›Weil ich die Einladung angenommen habe. Ich kann deinetwegen nicht dauernd Verabredungen rückgängig machen.‹ Sie trommelte einen Moment lang mit den Fingern und meinte dann: ›Ruf sie an und sag ihnen, daß ich mitkomme.‹ ›Nein‹, erwiderte ich, ›ruf du sie selbst an. Sie sind schon verärgert, weil du letztes Mal nicht gekommen bist.‹ Die Garbo rief tatsächlich an ... und wurde aufgefordert mitzukommen, aber Françoise Rosays Stimme hatte einen gereizten Unterton.« Die Zurechtweisung traf sie zutiefst, und sie machte sich dieses eine Mal todschick – elegantes schwarzes Kleid, Wimperntusche, Puder. Unterwegs war sie ganz ungeduldig, und beim Eintreten rief sie: »Ich bin total betrunken.« »Macht nichts, Greta«, antwortete Françoise Rosay, »trotzdem herzlich willkommen.«

Ihr Humor war eher unfreiwilliger Natur und wirkte komisch, weil er irgendwie nicht zu ihrem geheimnisvollen Ruf paßte. Aber gelegentlich konnte sie ausgesprochen scharfsinnig sein. Als sie sich einmal nach einem neuen Haus umsah – in den dreißiger Jahren entwickelte sie eine regelrechte Umzugsmanie, da sie ungefähr jeweils nach einem Jahr zu befürchten begann, ihr Wohnsitz werde zu bekannt oder sei Späheraugen zu sehr ausgesetzt –, führte man sie durch ein Haus mit überreichlich viel Zierat, aus dem gerade Charlie Chaplin und seine Kindfrau Lita Grey Chaplin ausgezogen waren. In der Bibliothek stand ein elektrisches Klavier. Die Garbo lachte. »Alles mechanisch – genau wie bei ihm.« Sie unternahm gerne lange, ziellose Einkaufsbummel, bei denen sie gewöhnlich kleine, billige überflüssige Dinge kaufte – aber was war schon nicht überflüssig? Shopping war ein Zeitvertreib und dazu da, spaßige, wertlose Kleinigkeiten zu kaufen, die sie als Zeichen der Zuneigung verschenken konnte, die sie aus Schüchternheit nicht mit Worten zum Ausdruck zu bringen vermochte.

Schüchternheit bestimmte ihr gesellschaftliches Leben wie Müdigkeit ihren Arbeitstag. Gäste hatte sie selten, und ihre Freunde waren überrascht, zu Weihnachten 1930 von ihr eingeladen zu werden. Die Vorhänge wegen der Sonne zugezogen, aßen die Gäste bei Kerzenschein und einer bemüht nordischen Dekoration mit Stechpalmenzweigen und Weihnachtssternen ein Menü, das mit einem Smörgåsbord mit zweiundzwanzig Leckerbissen begann, mit gebratener Gans (ihrem Lieblingsgericht) seinen Fortgang nahm und mit Apfelkuchen und Aquavit und einem Sprung in den Swimming-pool endete. »Greta fand es ganz herrlich, Weihnachten schwimmen zu können«, erinnerte sich Loder. Ob zu Hause, bei Dreharbeiten oder im Urlaub, sie weigerte sich hartnäckig, mit irgend jemandem Umgang zu pflegen, wenn sie keinen Sinn darin sah. Vor allem ging sie bekannten Journalisten aus dem Wege: Für sie wäre sie nicht nur Objekt ihrer Neugier, sondern auch eine Quelle des Profits.

RECHTS: In *Der Kuß*, 1929, dem letzten Stummfilm der Garbo.

In ihrem letzten Stummfilm, *The Kiss (Der Kuß)*, hatte sie einen ungewöhnlich jungen Partner: Lew Ayres. Es ist interessant, wie sie damit fertig wurde: Eine Zeitlang scheint sie ihre typische Gewichtigkeit abzuschütteln und leicht, schwerelos und strahlend heiter zu werden, als wollte sie sich Ayres' jugendlichem Charme anpassen, um dann angesichts der ernsteren Affäre mit Conrad Nagel wieder in die alte Gemessenheit zu fallen. Ziemlich zu Anfang des Films tötet sie ihren Mann, als er auf Ayres losgeht. Es ist ein Schock, durch William Daniels' Kameraführung von oben noch verstärkt, die Garbo auf den Knien zu sehen, wie sie sich in Panik ihrem kräftig gebauten Ehemann entgegenwirft, um ihn abzuwehren. Das ist die einzige Szene in all ihren Filmen, in der sie plötzliche und unentrinnbare physische Gewalt zu erdulden hat. Wie Charles Affron schon bemerkte: Die Garbo ist eine Schauspielerin der Reflektion, nicht der Aktion.

Zur Zeit der Premiere von *Der Kuß* hatten die meisten Hollywood Stars schon ihre »Ton«-Tests bestanden. (John Gilbert, das bekannteste »Opfer« des Tonfilms, rief Gelächter hervor – weniger wegen seiner hellen Tenorstimme, sondern weil das

OBEN UND RECHTE SEITE: Die Garbo war eine Schauspielerin der »Reflektion«; mit Gewalt hatte sie in ihren Filmen kaum je Berührung. *Der Kuß* bildete eine Ausnahme. Als ihr Mann (Anders Randolf) sich in mörderischer Wut auf ihren jungen Liebhaber (Lew Ayres) stürzt, tötet die Garbo ihn und gesteht das »Verbrechen« anschließend der Polizei.

LINKS: Die Garbo in einer ihr vertrauterer Situation, die sie besser im Griff hatte.

SEITE 106/107 OBEN: Ihr früherer Liebhaber, den Conrad Nagel spielte, setzt ihr hart zu, bevor er ihre Verteidigung übernimmt.

SEITE 106/107 UNTEN: Sobald es nicht um Recht und Gesetz, sondern Liebe geht, wird der Ton zärtlich.

Publikum peinlich berührt war, einen erwachsenen Mann erstmals auf der Leinwand von Liebe stöhnen zu hören.) Aus den Unterlagen im MGM-Archiv geht hervor, daß man sehr daran interessiert war, die Garbo so schnell wie möglich in einen Tonfilm zu bekommen. Das Studio wollte unbedingt, daß sie in *Hollywood Revue* auftrat, einem Demonstrationsfilm, in dem all die Stars den Beweis erbrachten, daß sie nicht von Natur aus stumm waren, sondern singen, tanzen und reden konnten. Aber die Sache hatte einen Haken. In einer Aktennotiz vom 25. Oktober 1930 ist davon die Rede: »Während der Laufzeit ihres jetzigen Vertrages hätten wir das Recht gehabt, jede beliebige Szene mit ihr einschließlich eines gesprochenen Dialogs in *Revue* aufzunehmen. Das verbietet jedoch der Paragraph 17 ihres Vertrages, der vorschreibt, daß sie die Hauptrolle hat oder zusammen mit einem Partner als Star herausgestellt wird; wenn in Verbindung mit einem anderen Star, dann nur mit einem männlichen.« In der *Hollywood Revue* waren mehr oder weniger alle Darsteller Stars und einige davon weibliche. Die Aktennotiz fuhr fort: »Zu Ihrer Information: Der gegenwärtige Vertrag der Garbo ist immer noch ein › stummer ‹, da sie nie schriftlich ihr Einverständnis zu einem Tonfilm gegeben hat. In dieser Hinsicht ist sie die einzige Ausnahme in unserem Ensemble. Die Frage ihrer Einwilligung wurde beim Aufkommen des Tonfilms diskutiert, aber sie weigerte sich, zu unterschreiben; als Grund gab sie meines Wissens mangelndes Vertrauen in ihre Englischkenntnisse an.«

Was veranlaßte sie, ihren Entschluß zu ändern? Zum einen, weil sie kaum eine Wahl hatte. Mit *Der Kuß*, dem letzten wirklichen Stummfilm von MGM, wird die Stummfilmzeit gewöhnlich auch offiziell als beendet betrachtet. Hätte sie sich geweigert, wäre die Garbo arbeitslos gewesen. Andererseits bewog sie Louis B. Mayers Versprechen, daß sie – wenn sie einer englischen Tonfilmfassung von *Anna Christie* zustimmen würde – mit Jacques Feyder für den Export auch eine Version in Deutsch drehen dürfe, einer Sprache, in der sie sich sicherer fühlte. Mayer versprach außerdem, sie zusammen mit John Loders österreichischen Frau an der Erarbeitung der deutschen Fassung mitwirken zu lassen. Die Garbo mochte Feyder, der auf Stillersche Weise, aber disziplinierter Regie führte; seine Angewohnheit, nie »Schnitt« zu rufen, sondern statt dessen mit einem Taschentuch vor dem Kameraobjektiv zu wedeln, war eine Eigenheit, die ihr gefiel. Man versprach ihr weiter, ihre Freundin Salka Viertel – die Frau des eng mit ihr befreundeten deutschen Regisseurs Berthold Viertel, der die Drehbücher ihrer meisten Tonfilme schrieb – und William Sorensen in der deutschen Fassung von *Anna Christie* mitspielen zu lassen. Aber erst mußte sie Englisch sprechen. Und sie tat es. »Einen Whisky und eine Flasche Ginger Ale. Und sei nicht knauserig, Kleiner« waren ihre ersten Worte in der Rolle von Eugene O'Neills mürrischer, männerhassender Schwedin in Amerika. Die Tonhöhe ist eine Spur zu schrill, der Vortrag ausdruckslos, die Aussprache klingt aufgesetzt für ein verstörtes, heruntergekommenes Straßenmädchen. Aber die *Tonlage* ist hinreißend. »Ihre Stimme«, schrieb Richard Watt Jr., »offenbart sich als ein tiefer, heiserer, kehliger Contral-

Linke Seite, oben links: Als sie *Der Kuß* – ihren zehnten Film für MGM – drehte, war die Garbo gerade vierundzwanzig.

Linke Seite, oben rechts und unten: Der Film, in dem Jacques Feyder Regie führte und Greta Garbos »Wachhund« in Sachen Technik, William Daniels, für die Kameraführung verantwortlich war, enthielt eine dramatische Gerichtsszene. Conrad Nagel gewann den Fall.

Oben: Neben einer schallisolierten Kamera beobachtet William Daniels voll Mitgefühl die Garbo (mit dem Regisseur Clarence Brown) bei den Vorbereitungen für ihren Stimmtest für *Anna Christie*.

to von dem gleichen, sagenhaften poetischen Zauber, der diese kühle Schwedin zu einer der hervorragendsten Schauspielerinnen der Filmwelt gemacht hat.«

Ein Dialog mit ihrem Publikum bedeutete für die Garbo eine ungeheure emotionale Anstrengung. Wir sind glücklicherweise im Besitz von William Sorensens Augenzeugenbericht über jenen schicksalbestimmenden Tag, an dem sie ihren Stimmtest machte. Sie hatte ihn um zwei Uhr morgens angerufen und ihn zu sich gebeten.

»Wir saßen im Wohnzimmer und redeten belangloses Zeug. Dann schlug die Uhr ganz unerwartet sechs, und ein paar Minuten später befanden wir beide uns auf dem Weg zum Studio. Plötzlich wurde mir klar, daß sie Lampenfieber haben mußte, obwohl sie das mit keinem Wort verriet. Ich sagte auch nichts, sondern starrte nur geradeaus. Dann hörte ich unter der Reisedecke neben mir im Wagen eine Stimme. Statt ein volles, tiefes Timbre vernahm ich die kläglichen Laute eines kleinen Mädchens. ›Oh, Soren, ich komme mir jetzt vor wie ein ungeborenes Kind.« [...] In ihrer Garderobe wurde die Garbo von Alma, ihrer farbigen Garderobière, und von Billy, ihrer Maskenbildnerin, erwartet. [...] An diesem Morgen verrieten ihre Gesichter tiefste Besorgnis. Es hätte mich nicht gewundert, wenn Alma ein klagendes Negro Spiritual angestimmt hätte, aber für die Garbo kam so eine Weltuntergangsstimmung nicht infrage. Sie war schon wieder völlig verändert und nun munter und guter Dinge. ›Du mußt jetzt gehen, Soren‹, sagte sie. › Aber bleib im Studio, damit wir nachher zusammen lunchen können. ‹ Kurz vor zwölf rief mich die Garbo zu sich in die Garderobe... ›Also, es war gar nicht so schlimm‹, sagte sie, »obwohl mir angst und bange wurde, als ich meine eigene Stimme hörte [...] Ich hätte beinahe einen Luftsprung gemacht, als ich diese Zeilen im Playback hörte... Aber du hättest sehen sollen, wie die anderen reagiert haben. Alma faßt sich dramatisch an die Stirn und fleht zu Gott. Billy wird hysterisch und rennt hinaus. Ein paar von diesen harten Jungs in den Kulissen beginnen sich zu räuspern. [Clarence] Brown [der bei der englischen Fassung von *Anna Christie* Regie führte] kommt zur mir, gibt mir einen dicken Kuß und sagt: ›Wunderbar, Greta! ‹ Und dann signalisiert der Toningenieur den Leuten am Mischpult: OK für Tonfilm.«[19]«

Als Kind hatte die Garbo eine hohe Stimme. Als sie 1928 nach Schweden heimfuhr, war ihr offenbar klar, daß sie in einigen Monaten mit dem Problem konfrontiert sein würde, im Film Englisch reden zu müssen. Freunde glauben, sie sei damals zu dem Schluß gekommen, daß eine tiefe Stimme überzeugender sei, und so habe sie ihre Stimmlage der Schauspielerin Naima Wifstrand nachzubilden versucht, deren Stimme (wie die ihrer Mutter) ihre lappländische Herkunft verriet und nicht den typischen schicken Stockholmer Tonfall hatte. Die Garbo suchte die Gesellschaft der Wifstrand, die zu der Zeit besser Englisch sprach als die Garbo, deren Tonfall im Englischen übrigens tiefer war als im Schwedischen.

In ihren weiteren Tonfilmen verändert die Garbo ihre Sprechweise erheblich, indem sie den Trick der Wifstrand übernimmt, bestimmte Vokale besonders zu dehnen und ganz gewöhnlichen Sätzen eine Resonanz zu verleihen, die merkwürdige Saiten anschlägt. Ihre Stimme verändert ihre Schauspielkunst auch

OBEN UND LINKS: Die Garbo zögerte ihr Tonfilmdebüt hinaus, bis es empfindlichere und beweglichere Mikrophone gab, und erleichterte sich so den Start in die neue Ära – ihre Nervosität ist ihr dennoch anzusehen.

RECHTE SEITE, OBEN: Künftig über Tonträger mit ihrem Publikum im Dialog stehen zu müssen, schien die private Abneigung der Garbo gegen Mikrophone noch zu verstärken.

RECHTE SEITE, UNTEN: Die schauspielerischen Leistungen ihrer Kollegin Marie Dressler in *Anna Christie* bewunderte die Garbo so, daß sie der Film-Veteranin einen Blumenstrauß schickte.

SEITE 112/113: »Ich komme mir vor wie ein ungborenes Kind«, gestand die Garbo kurz vor ihrer ersten Tonaufnahme.

HIRSCHFELD
CHARLES BICKFORD ~ GRETA GARBO ~ GEORGE MARION IN 'ANNA CHRISTIE'

noch in anderer Hinsicht. Die Drehbuchautoren lernten schnell, ihre Intonationsweise bewußt einzusetzen, um eine bestimmte Stimmung zu erzeugen. Die Äußerungen der Garbo hatten im Gegensatz zu denen anderer Stars, die nur rollengerecht deklamierten, etwas Schicksalhaftes, womit sich vielleicht erklären läßt, warum ihre Tonfilme in zunehmendem Maße von Moll-Klängen und düsteren Vorhersagen durchtränkt sind.

Beim zweiten Tonfilm der Garbo, *Romance (Romanze)*, war man in der Rechtsabteilung von MGM schon weniger nervös. M.E. Greenwood schrieb dazu in einer Aktennotiz vom Oktober 1930: »Da die Garbo [sich geweigert hat, einen Sprechvertrag zu unterzeichnen], haben wir der Angelegenheit ihren Lauf gelassen, weil sich nach Ansicht von Loeb, Walker, Loeb dadurch, daß sie in *Anna Christie* und *Romance* gesprochen hat, das Sprechen als Teil ihres Vertrages auslegen läßt. Wenn sie sich jetzt weigern würde zu sprechen, wären wir nach ihrer Meinung rechtlich in der gleichen Lage, als ob Sprechen vertraglich vereinbart wäre. Außerdem ist es in ihrem eigenen Interesse, daß sie spricht.« Abgesehen von dem Zaubertrick mit den Vokalen, der ihr Englisch mit schwedischem Akzent glaubhaft in einen italienischen Singsang verwandelt, gibt es wenig Bemerkenswertes in dem Film *Romanze*; die Garbo spielt hier Rita Cavallini, eine kokette Operndiva, durch deren Verführungskünste ein junger Geistlicher beinahe seine Gemeinde und seine Unschuld verliert. Gavin Gordons jungfräuliche Ausstrahlung läßt den Eindruck entstehen, als ob die Weltgewandtheit der Garbo ihn zu ersticken droht. In diesem einen Fall hat der Zauber der Garbo versagt, der sonst, wie Marie Dressler, ihre Kollegin in *Anna Christie* einmal scharfsinnig bemerkte, folgendermaßen auf ihre Star-Partner wirkte: »Greta arbeitet beinahe bis zum Umfallen, und ihre Arbeitswut ist ansteckend. Tatsache ist, daß ein Schauspieler in jeder Minute seiner Arbeitszeit sein Letztes geben muß, um nicht neben Gretas gleichbleibend guter Leistung erbärmlich abzufallen. Deshalb haben einige Schauspieler als Gegenüber der Garbo Höchstleistungen erbracht und sind später bei anderen Besetzungen wieder auf ihr Normalniveau zurückgesunken.« Die Garbo bewunderte die Arbeit ihrer Kollegin Marie Dressler und schickte ihr Blumen (gelbe Chrysanthemen); aber obwohl die ältere Schauspielerin sich geschmeichelt fühlte, beeinträchtigte das ihre Scharfsichtigkeit nicht: »Ich habe es [sonst] nie erlebt, daß sie sich lebhaft für etwas interessierte, nur einmal, als ich [sie] ihr gegenüber äußerte, daß die Lebensgeschichte der Schwedenkönigin Christine einen großartigen Garbo-Film abgäbe. Sie war wirklich ganz begeistert davon; aber bis auf diese Ausnahme wirkte sie immer völlig desinteressiert an ihrer Umgebung, sogar eine Spur gelangweilt[20].«

Ein anderer Star-Kollege, Lionel Barrymore, sah ihre Teilnahmslosigkeit in einem anderen Licht: »... Ihre Zurückhaltung war so extrem, daß es schon beinahe krankhaft wirkte. Sie erschien und verschwand lautlos wie ein Geist. Sie ignorierte Höflichkeitsfloskeln wie ›Guten Morgen‹ oder ›Guten

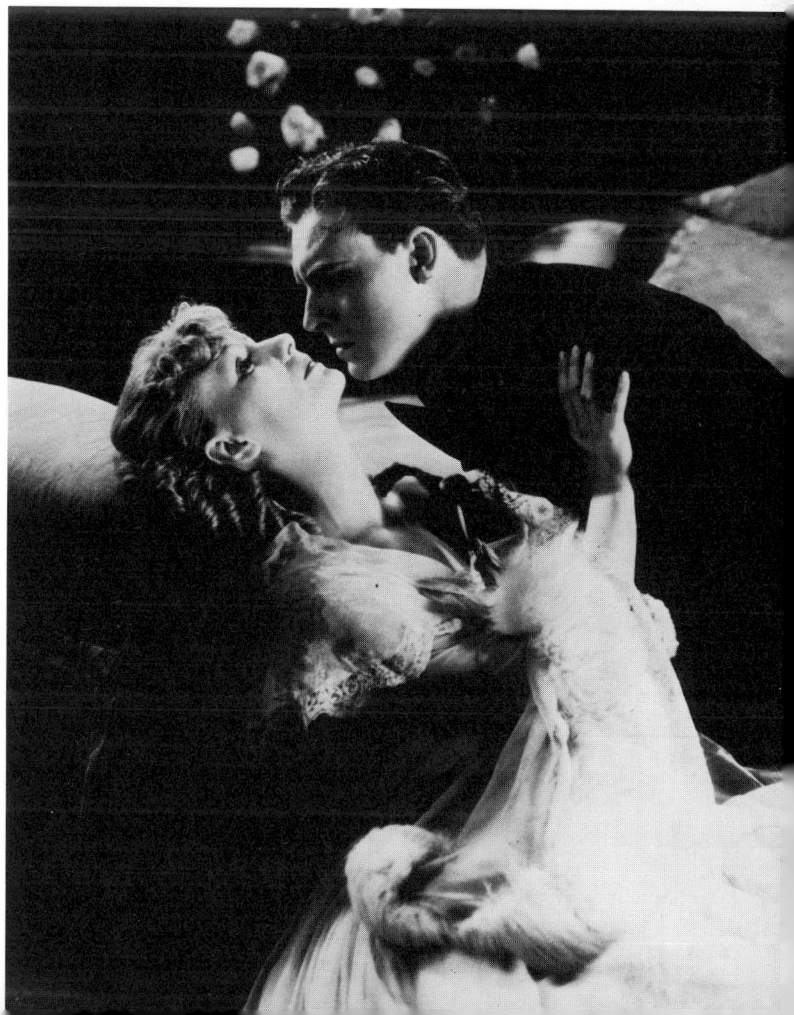

LINKE SEITE, OBEN: Als die Garbo in der Rolle von Eugene O'Neills männerhassenden Schwedin ihre Reserve aufgibt und Charles Bickford beteuert »Ich liebe dich und habe vor dir noch nie einen Mann geliebt«, klingt das nicht sonderlich überzeugend; aber ihre nervöse Intensität fand Beachtung.

LINKE SEITE, UNTEN: Hirschfelds Karikatur sollte wohl andeuten, daß der Ton die Leinwandgöttin vermenschlicht hatte.

OBEN: Rückkehr zum »Glamour« – in ihrem zweiten Tonfilm, *Romanze.*

RECHTS: »Wie eine sehr gründliche Vorstudie ... für die *Kameliendame«,* ist ihre Darstellung der Diva in *Romanze* einmal bezeichnet worden. Aber Gavin Gordon – obwohl leidenschaftlich – war kein Armand.

SEITE 116/117: In *Romanze* trug sie die extravagantesten Kleider ihrer ganzen Filmlaufbahn.

Goldwyn-Mayer

Abend ‹. Entweder zehrte das diamantene Feuer ihrer Kunst sie auf, oder sie war einfach scheu [...] Sie ist so schüchtern, daß ihre psychische Veranlagung mit der Verstörtheit eines nicht schußfesten Hühnerhundes zu vergleichen ist[21].«

Um diese Zeit, Anfang der dreißiger Jahre, nimmt die Ruhelosigkeit der Garbo spürbar zu; außer in jenem entrückten Zustand, den die Kamera bei ihr hervorruft, kann sie sich auf nichts konzentrieren. Schon wieder zieht sie um, diesmal an den San Vicente Boulevard 1717, noch besser versteckt hinter dunklen Zypressen. Außerdem quälte sie wieder ihr typischer Wankelmut. Schon 1927 hatte sie erklärt, festen Wohnsitz in Amerika zu beantragen. Wenn sie einen Amerikaner heiratete, hieß es in einer Studio-Aktennotiz (dachten sie dabei an Gilbert?), würde sich das erübrigen, aber diese Lösung wurde ihr nicht unterbreitet. Jetzt hatte sie einen zusätzlichen Anlaß: die Steuern. 1928 hatte sie MGM die Erlaubnis erteilen müssen, die Hälfte ihrer Wochengage – damals $ 2500 – einzubehalten, bis die fünfprozentige Steuer, die auf alle Zahlungen an Ausländer (ohne festen Wohnsitz in den USA) erhoben wurde, entrichtet war. 1930 verdiente sie nahezu $ 4000 wöchentlich – was anfangs nur ärgerlich gewesen war, wurde jetzt unerträglich. Am 12. März schließlich erklärte sie, sie wolle den Status einer Ausländerin mit festem Wohnsitz beantragen, »und zwar schnell«, schrieb Charles Green in einer Notiz an F.L. Hendrickson, den Chef der Vertragsrechtsabteilung von MGM. Ihrem Wunsch scheint die Gesellschaft außerordentlich viel Nachdruck verliehen zu haben, denn Green schrieb am 2. November 1930 an J. Robert Rubin und wies darauf hin, daß es nicht so einfach sei, den Status eines Besuchers in den eines Ausländers mit festem Wohnsitz zu ändern oder die amerikanische Staatsbürgerschaft zu beantragen, er wolle sogar »versuchen, etwas auszutüfteln... in Zusammenarbeit mit Washington«. Dieses »Etwas« war ein Verbesserungsantrag zum Einwanderungsgesetz, der die Garbo und andere Ausländer in ähnlicher Lage einen Sonderstatus zubilligte! Aber im Jahr darauf, 1931, änderte sie ihre Meinung offenbar wieder – jedenfalls behauptete sie, sie habe ihren Paß verloren oder verlegt.

Ihr nächster Film war eine seichte Romanze mit dem Titel *Inspiration (Yvonne)*, in dem sich ein Künstlermodell (»Ich bin nur eine nette junge Frau«, sagt die Garbo und fügt mit der Aufrichtigkeit der späteren Kameliendame hinzu: »nicht zu jung, nicht zu nett«) in einen von Robert Montgomery gespielten angehenden Diplomaten verliebt und ihn dann lieber verläßt als ihm seine Karriere zu verderben. Danach kam *Susan Lenox: Her Fall and Rise (Helgas Fall und Aufstieg)* der sich vor allem dadurch auszeichnete, daß er von der britischen Zensur wegen der traurigen Berühmtheit des *Romans* verboten worden war – der Autor, der das Buch 1917 geschrieben hatte, war von einem jungen Musiker erschossen worden, der in dem Roman seine Familie zu erkennen glaubte und verunglimpft sah; der Film wurde erst freigegeben, nachdem gut 40 Meter Filmmaterial herausgeschnitten worden waren und der Titel geändert wurde. (In England hieß er *The Rise of Helga*). Die Tatsache, daß die Garbo die ganze erste Szene hindurch schweigt, faktisch regungslos dasitzt, während ihr Onkel sie zur Heirat zwingt, verleiht dem Film eine altmodische Stummfilmqualität, die jedoch schnell umschlägt, als die Garbo in Clark Gables Waldhütte Schutz sucht: Die Frage, ob sie ein Mädchen sei, beantwortet sie mit einem wunderbar furchtsamen »Ja«. Wie Richard Corliss bemerkt hat:

LINKE SEITE: Mit ihrer neuen, aufgeplusterten Frisur in *Yvonne:* sie spielte wieder eine Frau von lockerem Lebenswandel, die durch die Liebe geläutert wird.

RECHTS: Die männlichen Hauptdarsteller in ihren ersten Tonfilmen waren – wie hier Robert Montgomery in *Yvonne* – kaum adäquate Partner für die Garbo.

»Sie weiß, was Männer Frauen antun.« Gable, in diesem frühen Stadium seiner Karriere noch ohne den markanten Schnurrbart, ist in dieser männlichen Situation dennoch ganz Herr der Lage. »Kaffee?« fragt er. »Kaviar? ... Etwas Portwein zur Wiederbelebung?« »Kaviar«, stöhnt die Garbo, und es klingt bei ihr, als wäre das die Liebesnahrung schlechthin. Cecil Beaton war zu dieser Zeit in Hollywood und beschrieb, wie die Garbo am Ende ihres Arbeitstages die Tonbühne verließ und zu ihrer Garderobe schritt, »als ginge es zum Galgen«. Und klug bemerkte er, wieviel wechselseitigen Druck der Star und das Studio aufeinander ausüben konnten. »Die Garbo kann in vielerlei Hinsicht ihren Regisseuren Vorschriften machen und tut das auch, aber was die Stoffe angeht, die sie spielt, ist man unerbittlich. Man weiß, welcher kommerzielle Erfolg die Garbo als Vamp ist.« In ihrem fünfzehnten MGM-Film spielte sie einen der größten Vamps der Geschichte – *Mata Hari.* Die britische Zensur, vor Beginn der Dreharbeiten von MGM vorsichtshalber befragt, erklärte, daß die tatsächliche Hinrichtung der berüchtigten javanisch-holländischen Spionin des deutschen Geheimdienstes auf der Leinwand nicht gezeigt werden dürfe; tatsächlich erregte schließlich jedoch weit mehr Anstoß, daß die Garbo in einer Szene anscheinend mehr Macht über Ramon Novarro besitzt als die Ikone der

OBEN: Clark Gable war einer der Liebhaber, die es auf der Leinwand mit der Garbo aufnehmen konnten – in *Helgas Fall und Aufstieg.*

LINKS: Der »Moral-Codex« Hollywoods setzte der Garbo jetzt bei der Zurschaustellung von Leidenschaft Grenzen. Aber mit einem Bett in der Nähe wurden ihre unausgesprochenen Wünsche ziemlich deutlich.

RECHTE SEITE: In Clark Gables Armen war die Garbo ausnahmsweise der nachgebende Partner.

Jungfrau Maria in seinem Schlafzimmer. Aber in allen anderen weltlichen Angelegenheiten entschärfte die berühmte reinigende Anwesenheit der Garbo sowohl die Mata Hari als auch die Handlung so weit, daß sich alles nur am Rande des Sündhaften bewegte – sie ging »geläutert« in Begleitung einer Nonnenschar zur Exekution, im übrigen aber ziemlich genauso, wie Cecil Beaton sie ihren Arbeitsplatz hatte verlassen sehen. Sie spielte diese Rolle – mehr als alle anderen – wie in Trance. Am deutlichsten erinnert man sich an die Szene, in dem die Heldin, merkwürdig eckig in einem orientalischen Kostüm, sich hüftschwenkend an die riesige asiatische Götterstatue schmiegt, die sie scheinbar voll Lüsternheit umfangen will; der Tanz endet mit einer diskret angedeuteten Entkleidungsszene, in der sie der Kamera den Rücken zukehrt. Es gibt Gründe für die Annahme, daß dieser Tanz teilweise, wenn nicht sogar ganz gedoubelt wurde. Bei MGM benutzte man Doppelgängerinnen der Garbo, um ihrem teuren Star die Mühen von Beleuchtungsproben zu ersparen, aber auch in bestimmten Szenen, die der Garbo widerstrebten. Geraldine de Vorak (oder Dvorak) vertrat die Garbo in den

LINKE SEITE, LINKS: In *Mata Hari* vollführte sie einen exotischen Tempeltanz, bei dem die fremde Götterstatue sich in einen vielgliedrigen Partner verwandelte.

LINKE SEITE, RECHTS: Greta Garbos Kopfputz in *Mata Hari* war ebenso ausgefallen wie ihre Rolle als Spionin im Ersten Weltkrieg.

OBEN: In den Garbo-Filmen waren Treppen beliebte Treffpunkte der Liebenden. Hier begegnet sie Roman Novarro in *Mata Hari,* während George Fitzmaurice Regieanweisungen erteilt und William Daniels *(ganz links)* hinter der Kamera wie ein geduldiger Verehrer wartet.

RECHTS: Wegen dieser Szene, in der sich die Macht der Verführerin als stärker erweist als die der Heiligen Jungfrau, gab es in England Ärger mit der Zensur.

Opernszenen von *Romanze* (und soll auch für sie gesungen haben), in den Schneeszenen von *Anna Karenina*, bei dem Autounfall in *Herrin der Liebe* und mitunter sogar bei Filmpremieren. Und als 1941 Greta Garbos letzter Film, *Two-Faced Woman (Die Frau mit den zwei Gesichtern)*, in Produktion gehen sollte, in dem sie einen lateinamerikanischen Rumba zu tanzen hatte, schickte der für die Rollenbesetzung zuständige Direktor ein Telegramm an eine Kabarettkünstlerin in New York: »Suche Garbo-Double, das hervorragend Rumba tanzt. Kann mich gut an Ihren Auftritt und Ihr Aussehen erinnern, erbitte aber Nachricht über Ihr tänzerisches Talent, vor allem beim Rumba.« (Ob diese Frau genommen wurde oder nicht, ist nirgends festgehalten). Es ist erwähnenswert, daß MGM alle möglichen Rechte wahrnahm, »Handlungen, Posen, Darstellungen und Auftritte« der Garbo zu doubeln und auch ihre Stimme zu synchronisieren – zum Beispiel in gefährlichen Szenen, außerdem wenn sie ihre Aufgaben nicht erfüllen konnte, wollte oder zu erfüllen versäumte, wenn sie etwas nicht darstellen konnte, weil bestimmte Kenntnisse dazu notwendig waren, und in allen fremdsprachigen Versionen ihrer Filme. (In dieser Hinsicht hatte sie einen Standard-Starvertrag.) *Mata Hari* war der erste Garbo-Film, der in einer synchronisierten Fassung erschien.

»Nein, ich bin nicht verliebt. Nein, ich werde nicht heiraten. Nein, ich werde nicht aufhören, Filme zu machen, sie bedeuten für mich das Leben. Ich bin froh, nicht mehr in New York zu sein. In New York sind die Leute so unhöflich.« So die Worte der Garbo, als man sie im Januar 1932 auf dem Weg nach Los Angeles am La-Salle-Bahnhof in Chicago entdeckte. Ihre Antworten haben jetzt die verzweifelte Schroffheit eines Menschen, der mit gesenktem Kopf und zusammengebissenen Zähnen gegen den rauhen Nordwind der Publicity ankämpft. Sehr bitter war wirklich, was Clare Boothe Luce einen Monat später in *Vanity Fair* über sie schrieb: »Egoistisch, raffiniert, ungebildet, ichbezogen, launenhaft, pervers und unschuldig, ist sie die typische Verkörperung des sich selbst überlassenen Kindes, das von keiner reiferen Autorität im Zaume gehalten und gelenkt wird.« Das war eine der typischen Attacken, denen sie zu dieser Zeit ausgesetzt war. Was die Presseleute ärgerte, war, daß sie die Regeln – zu ihrem eigenen Vorteil – änderte. Viele Stars genossen ihre Macht ohne Skrupel – nun gut, das war eine Meldung wert. Die Garbo wollte und bekam Macht, ohne sich zur Schau zu stellen – das war schlecht, keine Meldung wert. Der Tonfilm hatte Hollywood erneut einen riesigen Zustrom an amerikanischen und ausländischen Pressekorrespondenten gebracht, da von Hollywood jetzt die Trends ausgingen, die in der zivilisierten Welt oder zumindest dort, wo es Kinos gab, Denk- und Verhaltensweisen, Kleidung und Lebensstil beeinflußten. So kam es, daß alles, was die Garbo tat, wie läppisch es auch sein mochte, sofort an die große Glocke gehängt wurde. Selbst als sie eines Tages nicht wie sonst Punkt 17.00 Uhr den Drehort verließ, sondern dem Regisseur zu Gefallen fünfundzwanzig Minuten länger arbeitete, ging diese Nachricht in Windeseile um die Welt, als hätte irgendein souveräner Herrscher eine Generalamnestie erlassen. Sie beklagte sich, daß sie auf der Leinwand auf eine bestimmte Rolle festgelegt war und vergaß dabei, daß dies für ihr Privatleben genauso zutraf. Sie hatte sich eine Rolle geschaffen, die sie bis ans Ende ihrer Tage spielen sollte.

Wenigstens bekam sie aber in diesem Jahr, 1932, ihre populärste (wenn auch kürzeste) Filmrolle – die der Primaballerina Grusinskaja in *Grand Hotel (Menschen im Hotel)*, deren Angst vor dem Altern und vor dem Versagen für eine Weile gebannt ist, als sie sich in den von John Barrymore gespielten »edlen Dieb« verliebt. MGM hatte die Filmrechte an Vicki Baums Roman *Menschen im Hotel* 1930 für nur $ 13500 gekauft und den Handel noch dadurch verbessert, daß man damit zugleich die New Yorker Theaterinszenierung unterstützte, mit der die darauf verbuchten Lizenzkosten bald wieder eingespielt wurden. Mit ungeheuer großem Staraufwand begannen am 30. Dezember 1931 die Dreharbeiten zu dem handlungsübersättigten Film, die am 19. Februar 1932 abgeschlossen waren; am 29. März waren alle nötigen Neuaufnahmen fertig, und am 12. April fand die Premiere statt – ein Beweis für die phantastische Effektivität, die MGM zu dieser Zeit erreicht hatte. Aber dahinter verbargen sich mannigfaltige Schwierigkeiten, was die Garbo betraf, zum Beispiel im Hinblick auf ihre Erwähnung im Filmvorspann; wie konnte man in einer solchen Super-Produktion mit Spitzenstars wie Joan Crawford, Lionel und John Barrymore, Wallace Beery und Lewis Stone nur sie in Erfüllung ihres Vertrages als Star herausstellen? Die Lösung: Zum ersten mal wurde sie nur als »Garbo« aufgeführt. Harry Edington faßte hierzu am 13. Februar 1932 eine Aktennotiz an den Leiter von MGM's Rechtsabteilung ab: »Ich habe Miß G. daraufhin angesprochen, und sie sagte mir dazu folgendes: Was sie anbelange, sei die Nennung so in Ordnung, sie habe nichts dagegen. Ich konnte sie jedoch nicht dazu bewegen, an der von Ihnen vorgesehenen Stelle zu unterschreiben. Sie hat dafür keinen besonderen Grund, außer daß sie ganz einfach keine Papiere unterzeichnet.«

LINKS: Sigrun Salvason, eine von MGM engagierte Doppelgängerin der Garbo, die bei Bedarf für den Star einzuspringen hatte, wurde 1934 tot aufgefunden.

RECHTE SEITE: *Menschen im Hotel* hatte eine große Star-Besetzung: *(von links)* Lewis Stone, Lionel Barrymore, Wallace Beery, Joan Crawford, die Garbo, John Barrymore, Jean Hersholt. Hier eine der wenigen Gelegenheiten, bei denen alle Stars zusammentrafen, und tatsächlich das einzige Foto mit der Garbo und Joan Crawford (die sich im Film nie begegnen) vor denselben Filmkulissen.

REISE
MG21044

Mehr Kopfschmerzen hatte den MGM-Leuten eine ganz andere Frage bereitet: Wem sollten sie die Filmregie übertragen? Thalberg wollte Edmund Goulding, einen unabhängigen Regisseur, der gut mit Schauspielerinnen umzugehen verstand. Mayer befürchtete, dadurch könnten die Garbo und Joan Crawford zuviel Gewicht erhalten. Außerdem bereiteten ihm noch andere Dinge, die er über Goulding gehört hatte, Sorgen, und am 7. Juli 1931 telegrafierte er an Thalberg in New York: »Schulberg [B.P. Schulberg, zu der Zeit Produktionschef bei Paramount] mit Goulding überworfen. Ihm anvertrauter Film *Night Angel* kostete $ 600000. Seine Regie so unmöglich, nicht vorstellbar bei nüchternem Menschen. Trotzdem, Sie kennen ihn. Sein Gehalt bei ihnen $ 50000 pro Film. Er schuldet ihnen acht Wochen ohne Bezahlung, wenn sie ihn behalten. Sie verzichten darauf, um ihn loszuwerden. Will nicht sagen, Sie sollten ihn nicht nehmen, aber diese Information zu Ihrer Orientierung. Ersuche Sie, in allen Angelegenheiten zu handeln, als ob Gesellschaft hundertprozentig Ihnen gehörte. Zurückhaltung meiner Ansicht nach nicht nötig. Schließen Sie Vertrag, wenn Sie meinen, es ist gut für uns. Sie werden Fehler machen, ich auch. Wir sorgen uns gemeinsam wegen unserer Fehler und sind gemeinsam stolz auf unsere großartigen Leistungen.« Thalberg übte keine Zurückhaltung: Er engagierte Goulding für $ 1000 pro Woche für ein Jahr plus einem Bonus von $ 28000, falls MGM ihm einen zweiten Film übertragen wollte. Doch die Beziehung zu dem unkonventionellen und empfindlichen Regisseur kommen am deutlichsten in folgender MGM-Notiz zum Ausdruck: »Wir haben nur einen Film mit ihm gemacht und die ganzen $ 52000 auf *Menschen im Hotel* gebucht.«

Dennoch hatte MGM keinen Grund, diese »Extravaganz« zu bedauern. *Menschen im Hotel* war schlagartig ein Riesenerfolg. Obwohl die Rolle der Garbo ziemlich bescheiden ist, überstrahlt sie alle anderen – und das trotz der von Joan Crawford stark überzeichneten Darstellung der Stenografin, die ihren Sex einsetzt, um vorwärtszukommen. Wenn die Crawford dem Film seine Melodramatik verleiht, stattet die Garbo ihn mit Zauber aus. Sie spielt, was sie ist, *einen Star.* Mehr denn je macht das Drehbuch Anleihen beim Leben, so daß das Publikum wie elektrisiert Autobiographisches zu sehen meinte, wenn es die Garbo stöhnen hörte: »Noch nie im Leben war ich so müde.« Oder, als sie mit flatterndem Ballettröckchen auf dem Boden niedersinkt – wobei sie eher wie ein sterbender Reiher als ein sterbender Schwan aussieht – und die wehklagende, verbürgte Version von Hunderten im Umlauf befindlichen Pressezitaten ausstößt: »Ich will allein sein.« Wie Pauline Kael, eine berühmte amerikanische Filmkritikerin, schrieb: »Die Müdigkeit und Verzweiflung wirken echt... Wenn Sie sehen wollen, was Film-*glamour* früher einmal war und was ursprünglich »Stars« waren, dann ist dies vielleicht das beste Beispiel aller Zeiten dafür[22].« In ihren Liebesszenen hat sie nichts von ihrer direkten, besitzergreifenden Art eingebüßt, und in ihren Armen wirkt John Barrymore wie ein ermatteter Schwimmer, der von einer Rettungsschwimme-

OBEN: Als alternde Primaballerina in *Menschen im Hotel* sprach die Garbo wirklich die berühmten Worte aus: »Ich will allein sein.«

RECHTE SEITE: Mit John Barrymore. Dem Wunsch des großen Charakterdarstellers, die Liebesszenen von seiner »Schokoladenseite« (die linke) zu drehen, gab die Garbo gerne nach.

603

rin an Land gebracht wird. Aber am besten sind ihre Telefonmonologe, ohne daß man Barrymore am anderen Ende je sieht. Allein im Bild zu sein, mag dem Ego reichste Nahrung zuführen, doch was wir hier tatsächlich zu sehen bekommen, ist nicht ihre Egozentrik, sondern ihre Konzentration. Diese ist so stark, daß sie bei den pathetisch vorgebrachten Worten »Meine Perlen sind alt« einem japanischen Kenner von Ziersteinen in Kiesgärten ähnelt – sie scheint direkt in das Herz der Mineralien zu schauen.

Nach *Menschen im Hotel* war Eile geboten, denn in einer Aktennotiz von MGM vom März 1932 heißt es: »Unser Vertrag mit der Garbo läuft am 23. April 1932 aus. Keine weiteren Optionen, außer auf die Fertigstellung einer laufenden Filmproduktion (bis zu 40 Tagen).« Also hetzte man sie gleich in die Produktion von *As You Disire Me (Wie du mich wünschst),* als Pirandellos Halbweltdame, die sich in eine hochgeborene Lady verwandelt. Die wenigen vergnüglichen Augenblicke in dem Film sind das Verdienst des Kostümbildners – die Garbo in einem hautengen schwarzen Hosenanzug mit einer platinfarbenen Perücke in Neonbeleuchtung, eckig und mit erstaunlich kantigen Zügen

LINKE SEITE: Sie konnte in derart magische Beziehung zu einem toten Gegenstand treten, daß man Star-Partner bei ihr häufig gar nicht vermißte. In *Menschen im Hotel* spielte sie ihre stärkste Liebesszene mit dem Telefon.

OBEN: Mit Melvyn Douglas in *Wie du mich wünschst,* nachdem sich die mondäne Nachtklubsängerin (*rechts*) in seine lange verschollene Frau verwandelt hatte. Ihr Kostüm war eine der ausgefallensten Kreationen und eine raffinierte Parodierung der Marlene-Dietrich-Garderoben – wie manche behaupteten.

 oder – pervers – die Garbo in dem herrischen Griff eines anderen, dem Erich von Stroheims, der ihren Kopf zurückbeugt und einen Kuß mit der Präzision eines Mannes plaziert, der sein Ziel durch eine Visiereinrichtung angepeilt hat. Thomas Quinn Curtiss berichtet in seiner Stroheim-Biographie eingehend, wie sie Stroheim zuliebe, der ein paar Jahre zuvor von MGM vor ihren Augen so gedemütigt worden war, ihre »Indisponiertheit« auf die Tage verlegte, an denen er sie anrief und ihr sagte, er sei zu nervös, um zum Drehen zu erscheinen.

Am 29. Juli 1932 standen zwei Detektive an Bord des schwedischen Passagierschiffes *Gripsholm* vor einer Kabinentür ohne Namensschild und hielten Wache. Aber die sie belagernden Presseleute wußten, wer in der Kabine war, obwohl sie unter keinem der bekannten von ihr benutzten Decknamen in der Passagierliste verzeichnet war. Greta Garbos Vertrag mit MGM war Anfang Juni erloschen; jetzt war sie auf dem Weg nach Schweden. Manche Leute glaubten, sie würde nie mehr zurückkommen, und betrachteten es als ein Omen, daß die Filmtechniker, die ihre phänomenale Karriere aus größerer Nähe verfolgt hatten als andere Sterbliche, ihr einen Reisekoffer geschenkt hatten. Tatsächlich sollte es acht Monate dauern, bis sie zurückkehrte. Es ist lehrreich und gelegentlich auch rührend, wie gewissenhaft MGM das Image der Garbo gegen alle verteidigte, die es zu verunglimpfen oder gar Profit daraus zu schlagen versuchten. Das in den Archiven belegte rechtlich strenge Vorgehen spricht für eine Art zärtlicher Eifersucht, die mit dem Ende des Künstlervertrags-Systems dahingeschwunden ist.

UNTEN: Ihre Verwandlung in *Wie du mich wünschst* von einer Frau in eine andere ist als Metapher auf Greta Garbos eigene Karriere von einer Verkäuferin zu Göttin gedeutet worden.

RECHTS: Erich von Stroheim spielte die Mauritz-Stiller ähnliche Gestalt eines Romanautors mit dominierendem, hypnotischem Einfluß auf die Garbo.

Mehrere Firmen, die den Verkauf ihrer Produkte mit dem Namen Garbo anzuheizen hofften, mußten sich notgedrungen entschuldigen, daß sie ihren Namen in der Werbung benutzt hatten, und ihre Artikel schleunigst umbenennen. Und ein Schauspiel, das in Buenos Aires unter dem Titel *Ich bin Greta Garbo* aufgeführt wurde, mußte diesen Titel fallenlassen. Der Hersteller der Peter-Pan-Mäntel, der dem Star seine Ehrerbietung bezeugen wollte, indem er ihr einen Mantel »widmete«, erhielt die schroffe Antwort: »Miß Garbo ist nicht im Lande, und es wird Ihnen daher nicht möglich sein, ihr einen Mantel zu schicken.« Es gab jedoch Grenzen. In dem wachsamen New Yorker Büro entstand eine panische Hektik, als man den Namen »Garbo« auf der Patentschutzliste entdeckte, und zwar für einen Müllbehälter (*garbage* = am. Müll). Aber ein Telegramm aus Culver City an J. Robert Rubin sorgte wieder für Ruhe: »Es scheint [...], daß es ziemlich schwerfallen dürfte, den Gebrauch des Wortes ›Garbo‹ im Zusammenhang mit Müllbehältern zu verbieten [...] Eine Verwechslung dürfte kaum zu befürchten sein.«

Es gab natürlich gute Gründe für derlei Besorgnis. Die Garbo verkörperte einen beträchtlichen Teil des Firmengewinnes – und zu einem noch wesentlicheren Teil das Firmenprestige. Aber nur sehr wenige Leute wußten um diese Zeit, wie hoch der Preis war, den sie mit dem Studio dafür ausgehandelt hatte, daß alles so weiterlief wie bisher; tatsächlich ist das, was in dem drei Wochen vor ihrer Schwedenreise unterzeichneten Vertrag stand, erst jetzt bekannt geworden. In der Geschichte von MGM, einem Studio, das bekanntermaßen seinen Stars bezahlte, was sie »wert« waren (wobei dieser Wert je nach Druck regulierbar war), ihnen aber sonst keine Zugewinnmöglichkeiten und Freiheiten einräumte, war so etwas noch nie dagewesen. Wäre der neue Vertrag der Garbo publik geworden, hätte es einen Aufstand gegeben – denn er enthielt nichts Geringeres als die Einverständniserklärung, innerhalb der MGM-Organisation für die Garbo eine eigene Produktionsgesellschaft einzurichten. Einundzwanzig Seiten lang legte er das ungewöhnliche Verhältnis zwischen MGM und den »for the services of Greta Garbo« gegründeten Canyon Productions fest. So wichtig war es, den Wünschen der Garbo zu entsprechen, daß der Vertrag nicht einmal zeitlich begrenzt war: Er sollte bis zur Fertigstellung von zwei Filmen (mit ihr in der Hauptrolle) Gültigkeit haben. Sie hatte das Recht – bei Einhaltung einer Mitteilungsfrist von nur sechzig Tagen – zu bestimmen, wann mit der Arbeit begonnen werden sollte. Die einzigen Bedingungen: Ihre Einverständniserklärung für den ersten Film mußte vor dem 6. Mai 1933 eingehen, und Drehbeginn dazu mußte vor dem 6. Juli sein. Und ihre Einwilligung für den zweiten Film hatte nicht früher als sechs Monate und nicht später als zehn Monate nach Fertigstellung des ersten vorzuliegen. Der erste Film sollte »an einem Ort oder an Orten in Europa oder auf den britischen Inseln, die wir noch benennen werden« produziert werden, der zweite bei MGM in Culver City oder einem anderen Ort, »den wir noch benennen werden« – eine Vorsichtsmaßnahme vielleicht, geboren aus der ständigen Angst des Studios, man könnte der Garbo aus diesem oder jenem Grund die Wiedereinreise verweigern. Dann kamen ihre Honorarbedingungen. Sie waren fürstlich: $ 250000 für jeden Film: Bei Vertragsabschluß eine Vorauszahlung von $ 100000 an Canyon Productions, weitere $ 30000 bei Arbeitsbeginn, dann je $ 15000 im Laufe der nächsten vier Wochen; die restlichen $ 60000 sollten hinterlegt und bei Fertigstellung des Films mit Zinsen ausgezahlt werden.

Aber das war noch längst nicht alles, was man ihr zugestand. In einer Aktennotiz von Mayer an Hendrickson vom 4. Februar 1933 heißt es: »Vor Produktionsbeginn jedes Filmes müssen wir zwei Regisseure benennen, von denen die Garbo sich einen aussuchen kann. [...]« Wenn sie beide ablehnte oder versäumte, sich für einen zu entscheiden, konnte MGM sich für den Mann ihrer Wahl entscheiden. Aber wenn der Betreffende »nicht verfügbar oder nicht zu vernünftigen Bedingungen zu bekommen sein sollte oder zur Zeit nicht als Regisseur arbeitete oder wir, nachdem er die Arbeit aufgenommen hat, seine Leistung als unbefriedigend ansehen und ihm die Filmregie entziehen, muß sein Nachfolger auf die gleiche Weise wie oben erwähnt ausgewählt oder benannt werden«. Wenn MGM auch den zweiten Film mit ihm machen wollte, konnte die Garbo ein Veto einlegen. Sie hatte das Recht, im voraus die Namen der »Schauspieler und/oder Schauspielerinnen« zu erfahren, »mit denen wir andere wichtige Rollen in dem jeweiligen Film besetzen wollen, jedoch für nicht mehr als für vier Rollen pro Film. Innerhalb von 72 Stunden nach dieser Unterbreitung hat sie uns ihr Einverständnis mit den vorgeschlagenen Personen beziehungsweise deren Ablehnung mitzuteilen.« Bei Neubenennungen galten ähnliche Bedingungen wie bei den Regisseuren. (Es sei hier noch erwähnt, daß die Garbo solches Mitspracherecht nicht auch bei den Drehbuchautoren verlangte, obwohl sich sieben an *Königin Christine,* siebzehn an *Maria Walewska* und zehn an *Ninotschka* abmühen sollten.) Ihr erster Film unter so königlichen Bedingungen wurde – passenderweise – *Königin Christine.* Zu den Vorschlägen für den nächsten Film gehörten *Sun of St. Moritz, Congai, Thais* (die griechische Hetäre), *Jeanne d'Arc, Three Weeks* und *The Painted Veil (Der bunte Schleier)* – hier lag die Entscheidung bei MGM.

Bemerkenswert an diesem beispiellosen Arrangement war auch noch, daß keine Frist für die *Fertigstellung* der beiden Filme festgesetzt war; und abgesehen von den beiden Terminen im Mai und Juli lag es völlig im Ermessen der Garbo, wann mit den Arbeiten an dem ersten Film begonnen wurde. Eine Frist von sechzig Tagen, die heutige Produzenten vor Schreck erblassen lassen würde, schien MGM völlig ausreichend. Vermutlich war man so darauf erpicht gewesen, mit der Garbo vor ihrer Abreise aus Amerika einen Vertrag zu schließen, daß vage Formulierungen beinahe notwendig waren. Aber zu Beginn des Jahres 1933

kam es zu einem regen Austausch von Aktennotizen zwischen Mayer und der Rechtsabteilung über die Risiken, die der Vertrag beinhaltete. Als Harry Edington dann dem Studio mitteilte, daß die Garbo bereit sei, am 15. Mai 1933 mit den Dreharbeiten zu beginnen, wurden in einer Aktennotiz vom 10. April die möglicherweise daraus entstehenden schrecklichen Konsequenzen deutlich ausgesprochen: »... Wir sollten wirklich rechtzeitig mit den Proben oder Aufnahmen beginnen, denn wenn wir es nicht tun, könnte sie den Vertrag, wenn sie will, als beendet ansehen und $ 250000 für den ersten Film kassieren. Wenn wir zu dem Zeitpunkt mit den Dreharbeiten beginnen, nur um sagen zu können, daß wir das getan haben, und sie dann auf später verschieben, wären die Vertragsbedingungen damit rechtlich nicht erfüllt.« Doch Edingtons Brief enthielt eine noch alarmierendere Nachricht: »Die zweite Produktion würde die Garbo gerne gleich im Anschluß daran nach einer Ruhepause von nur drei oder vier Wochen in Angriff nehmen.« Das stellte alles auf den Kopf – bisher war sie dafür bekannt gewesen, daß sie das Erscheinen neuer Filme eher verzögerte als beschleunigte und daß sie lange Erholungspausen verlangte. Ein Mitarbeiter der Rechtsabteilung schrieb in einer Notiz: »L. B. [Mayer] meinte, er könne dies nicht zusagen, wolle aber weitersehen, wenn sie hier ist. George Cohen [ein Anwalt aus Beverly Hills, der an dem Vertragsentwurf beteiligt war] soll mit Edington sprechen und uns Bescheid geben.« Aus einer internen MGM-Notiz vom 19. April 1933 geht hervor, daß Cohen die vage Abfassung des Vertrages inzwischen bedauerte. Für die Beendigung der Produktion war kein zeitliches Limit gesetzt, »aber die Absicht war, daß wir die Produktion, nachdem sie einmal begonnen war, nicht beliebig verschieben konnten. Wenn die Produktion sich aber ähnlich wie bei *Rasputin* aufgrund triftiger Gründe verlängerte, würde sie den Film trotzdem zu Ende drehen. Kurz gesagt, wir handelten in gutem Glauben. [...]« Eine etwas ominöse Bemerkung im letzten Absatz dieser an »Mr. Mayer und Mr. Mannix« gerichteten Notiz (während Thalberg sich in Europa von einem Zusammenbruch erholte, hatte man ihn seines Produktionsleitertitels beraubt; bei seiner Rückkehr war sein Ressort unter zahlreiche »unabhängige« Produzenten aufgeteilt, die Mayer verantwortlich waren) lautete ernüchternd: »George Cohen ist ferner der Ansicht, daß sie trotz der Verschwommenheit des Vertrages dessen Inhalt fraglos wie oben skizziert auslegen könnte.«

Währenddessen lebte der Gegenstand all dieser internen Ängste in einem Einzimmer-Appartement in Stockholm, aalte sich in der Sonne, schwamm und unternahm lange Querfeldeinwanderungen mit einer Freundin, der Gräfin Wachtmeister, einer entfernten Verwandten von Sorensen, die, ähnlich wie die Garbo, gerne viel an der frischen Luft war. Als sie dann schließlich auf einem langsamen Frachter Richtung San Diego schipperte und sich in die Persönlichkeit der eigenwilligen Königin aus dem 17. Jahrhundert zu versetzen suchte, die sie bald spielen sollte, trafen mit Datum vom 29. März 1933 telegrafisch die ersten Vorschläge für die Regie ein: entweder Robert Z. Leonard (der bei *Helgas Fall und Aufstieg* Regie geführt hatte) oder Edmund Goulding. Die Garbo hatte 72 Stunden Zeit zum Nachdenken, brauchte aber nur einen Tag. »Goulding. Gruß. Garbo« kabelte sie kurz angebunden an »Loumayer, L. A., Calif.« Mayer antwortete am 31. März sofort mit einem die Wahl erschwerenden Gegenvorschlag: »Denke, es besteht eine Möglichkeit, Lubitsch zu bekommen. Hörte, daß Sie ihn bevorzugen. Erbitte Nachricht, ob ja, und wir werden ihn bei Paramount auszuborgen versuchen.« Die Garbo telegrafierte am 1. April zurück: »Ziehe Lubitsch vor. Auch mit Goulding einverstanden.« Die folgende Funkstille ist wohl durch das sich nun in Bewegung setzende Verhandlungskarussell bedingt. Dann, am 12. April, telegrafierte Mayer: »Goulding nicht verfügbar, [Rouben] Mamoulian nicht zu vernünftigen Bedingungen.« (Mamoulian, der Regisseur von *Applause, City Streets [Straßen der Großstadt]* und *Dr. Jekyll and Mr. Hyde* war damals gerade Hollywoods Wunderknabe.) Es stellte sich heraus, daß Lubitsch mit den Vorbereitungen zu *Design for Living (Serenade zu dritt)* beschäftigt war und dieses verführerische Projekt selbst der Garbo zuliebe entweder nicht fallenlassen konnte oder wollte. Mayer schlug wieder Robert Z. Leonard vor und außerdem den stets verläßlichen Clarence Brown. Weitere Regisseure, die man in Erwägung zog, waren Jack Conway, Sam Wood und sogar Josef von Sternberg, dessen eigene Verfilmung königlicher Geschichte, *The Scarlet empress (Die große Zarin)* mit Marlene Dietrich in der Rolle von Katharina der Großen, zur gleichen Zeit bei Paramount gedreht wurde. Entweder ging Mamoulian mit seinen Forderungen herunter oder, was wahrscheinlicher ist, MGM akzeptierte seine Bedingungen, denn am 17. Mai drahtete die Garbo: »Mit Mamoulian einverstanden.«

Sie war siebzehn Tage zuvor in Amerika gelandet – mit einem Visum, in dem vermerkt war, daß sie ihren ständigen Wohnsitz in Amerika hatte –, und ihr war bei der Begrüßung von Salka Viertel das Drehbuch zu *Königin Christine* überreicht worden. Am 2. August gab sie ihre Zustimmung zu einer Besetzung der Hauptrollen mit Laurence Olivier, Ian Keith, Lewis Stone und Reginald Owen. In dem Film spielte Owen einen ihrer Generäle und glücklosen Verehrer, Keith den Liebhaber der Königin, Lewis Stone den Reichskanzler, und Olivier sollte den spanischen Botschafter darstellen, der sie erobert und ihre Abdankung beschleunigt. Wie Olivier diese Rolle entging, bleibt für immer

»Mit Mamoulian einverstanden«, telegrafierte die Garbo an MGM, während das Studio bereits Vorbereitungen für *Königin Christine* traf. Inzwischen selbst mächtig genug, um Anweisungen zu erteilen, blieb sie dennoch ein williges Instrument in den Händen jener wenigen, denen sie vertraute – wie dem Regisseur Rouben Mamoulian; hier hat er vorübergehend John Gilberts Platz in dem eingeschneiten Gasthaus eingenommen.

umstritten. Die MGM-Akten geben wenig Aufschluß über die Gründe, aus denen die Garbo ihn ablehnte; sie beweisen lediglich, in welche Ungelegenheiten selbst ein größeres Studio durch die Laune eines Stars kommen kann, der einen unanfechtbaren Vertrag im Rücken hat.

Merkwürdigerweise hatte die Garbo selbst Olivier vorgeschlagen. Sie hatte ihn in dem RKO-Film *Westward Passage,* einer romantischen Schnulze, gesehen; er hatte darin einen sprudelnd-leichtsinnigen jungen Schriftsteller gespielt und vom Aussehen her stark an den John Gilbert der Stummfilm-Glanzzeit erinnert. Sie muß ihn wohl nur aufgrund dieser Tatsache »empfohlen« haben, denn der Filmproduzent Benny Thau kabelte an Sam Eckman im Londoner MGM-Büro: »Laurence Olivier wird sich wegen Überfahrt an Sie wenden. Bitte arrangieren Sie selbige. Wir haben ihn für Garbo-Film unter Vertrag genommen, einschließlich Erster-Klasse-Reise für ihn selbst.« Die allererste Szene, die sie gemeinsam zu drehen hatten, ist die Begegnung zwischen Christine und dem Spanier in dem Gasthaus. Olivier hatte von Anfang an böse Vorahnungen gehabt. Gleich bei ihrem ersten Zusammentreffen hatte er gespürt, daß man ihr nur schwer näherkam – sie sei »scheu wie eine Antilope«, meinte er. Auf seine Bemühungen, Konversation zu machen, reagierte sie einsilbig. Dann kam der Tag, an dem sie sich in den Filmkulissen begegneten, Olivier in einem Kostüm aus einer früheren Szene, in der die Garbo nicht mitwirkte, die Garbo in einem Freizeit-Hausanzug, eine Zigarette qualmend. Probearbeit ging ihr gegen den Strich, aber sie hatte inzwischen ein ziemlich enges Verhältnis mit Mamoulian und hatte ihm zugesagt, mit Olivier eine Liebesszene zu spielen, damit der Regisseur eine Vorstellung von dem britischen Schauspieler bekam. Olivier berichtete: »Der Regisseur sagte, ich solle nach vorne kommen, den schlanken Körper der Garbo zärtlich umarmen, ihr in die Augen sehen und so ihre Leidenschaft zu wecken versuchen. [...] Ich schlüpfte in meine Rolle, gab alles, was ich hatte. Aber schon bei meiner Berührung erkaltete die Garbo. Ich konnte richtig fühlen, wie sie plötzlich steif wurde.« Sie versuchten es noch einmal... und noch einmal. Sie machten einen kleinen Spaziergang zusammen, rauchten und plauderten miteinander – alles, um eine Beziehung herzustellen. Sie kehrten in die Kulissen zurück. »Die Garbo erstarrte wie zuvor.« Als ihm klar wurde, daß die Haltung der Garbo »kalt« signalisierte, schmiß Mamoulian sein Drehbuch zu Boden, brüllte »Halt!« und schrie verzweifelt: »Um Himmels willen, gibt es irgendeinen Mann, für den sich diese Frau erwärmen *wird* [23]?« Olivier zufolge rief einer der Techniker im Spaß: »John Gilbert.« Mamoulian ließ Gilbert auf der Stelle bitten, herüberzukommen und einzuspringen, um die Garbo auf den erwünschten Gefühlshöhepunkt zu bringen. Als alle sahen, welche Wirkung Gilbert auf die Garbo hatte, löste das, was eigentlich nur als Probe geplant war, eine wichtige Umbesetzung aus. Am 15. August 1933, zwölf Tage nach Drehbeginn, schickte die Garbo eine Aktennotiz an die Rechtsabteilung: »Hiermit bestätige ich, daß ich, wie schon erwähnt, einverstanden bin, daß Laurence Olivier durch John Gilbert ersetzt wird.« Nach diesem Rückschlag kehrte Olivier sechs Jahre lang nicht nach Hollywood zurück (aber als er es

OBEN: Kein Zweifel, was die Leute ins Kino zog: »GARBO« stand in riesigen Lettern über dem Eingang des New Yorker Astor Theatre. Selbst »Greta« war überflüssig.

RECHTE SEITE: »Die Idee von Frauen in Männerkleidung hat einen visuellen Reiz für sie«, schrieb Cecil Beaton über die Garbo in der Rolle der schwedischen Königin, die inkognito als Mann verkleidet reiste.

688-2

dann tat, sahen die Dinge anders aus: Sein Heathcliff in *Wuthering Heights* bewies, daß aus einem talentierten Schauspieler eine dominierende Filmpersönlichkeit geworden war).

Wenn die männliche Hauptrolle neben Hollywoods berühmtester Schauspielerin tatsächlich so vergeben wurde, dann ist das einmalig in der Filmgeschichte. Handelten die Garbo und Gilbert in geheimem Einverständnis? Gilbert, der 1934 von Alkohol geschwächt an einem Herzschlag starb, kann es uns nicht mehr sagen; und die Garbo wird es nicht tun. Mamoulian neigt dazu, Oliviers Version zu bestätigen, und deutet an, daß das Studio John Barrymore jedem anderen Kandidaten vorgezogen hätte. Hatte vielleicht Harry Edington seine Hand im Spiel in dem Versuch, seinem alten Klienten auf die publikumswirksamste Weise zu einem Comeback zu verhelfen? Die ritterlichste Erklärung ist die einfachste und vielleicht auch wahrscheinlichste: daß die Garbo sich für Gilberts Gefälligkeit revanchierte, neben ihm in *Es war* als Star genannt zu werden, und ganz einfach einer alten Flamme und einem im Sinken begriffenen Stern noch einmal nach oben half.

Die anderen Bedingungen, mit denen er sich zufrieden geben mußte, waren weniger großzügig: Der Vertrag, den er unterzeichnete, sah nur eine Gage von $ 20000 vor, ein Zehntel der Summe, die er vier Jahre zuvor verlangt hatte. Der Rechtsabteilung bereitete es Alpträume, in welcher Reihenfolge die Namen der Schauspieler werblich herausgestellt werden sollten. Der Vertrag von Ian Keith hatte ihm den zweiten Platz zugesichert. Aber nun hatte man Gilbert unter Vertrag genommen. In einer Aktennotiz vom 11. Oktober 1933 schrieb F. L. Hendrickson resigniert: »Doch als wir diesen Vertrag unterzeichneten, hatten wir schon eine Vereinbarung mit Laurence Olivier, die ihm den zweiten Platz zusicherte. Zu unserem Glück hat sich Olivier den Anforderungen der Rolle nicht gewachsen gezeigt.« Keith fand sich taktvoll mit der Situation ab und gab seine Zustimmung, daß Gilberts Name vor seinem und in größeren Buchstaben erschien.

Königin Christine ist eher ein Kommentar zum Garbo-Mythos als ein Kapitel schwedischer Geschichte. Für die psychologischen Stimmungen wurden – unter anderem durch die mit der Garbo befreundete Drehbuchautorin Salka Viertel – ganz offensichtlich und oft so geschickt Anleihen bei ihr gemacht, daß man sich ernsthaft fragt, ob der Film den Keim zu ihrer Abdankung legte. Es gibt da einen seltsamen Zufall. Der Name, den die bisexuelle Monarchin in der Vergessenheit ihres römischen Exils als männliches Pseudonym benutzte, war »Graf Dohna« – die Rolle, welche die Garbo in ihrem ersten bedeutenderen Film, *Gösta Berling,* spielte, war die der Gräfin Dohna.

Dieser Film sollte bis ans Ende ihrer Tonfilmtage und bis zu ihrem Abstieg in die Komödie *Ninotschka* das Bild der Garbo in der Öffentlichkeit bestimmen. Es ist ihr besonders gearteter weiblicher Geist, der der historischen Rahmenhandlung eine intellektuelle Dimension verleiht. Einige Szenen lassen die damals gerade achtundzwanzigjährige Garbo nicht nur Jahre älter, sondern auch um Jahrhunderte weiser erscheinen. Ein Beispiel dafür ist die Szene, in der sie dem die Palasttreppe hinaufstürmenden Mob, der sich über ihren spanischen Geliebten empört, entgegentritt und Einhalt gebietet; sie hält dem Volk einen Vortrag über die Sorgen einer Monarchin, und als die Leute mit demütigen Entschuldigungen auf den Lippen davonschlurfen,

LINKE SEITE: Ein männlicher Wille in weiblicher Hülle, so ist die Garbo von manchen Leuten charakterisiert worden. In *Königin Christine* (hier flankiert von C. Aubrey Smith und John Gilbert) ließ sie keine Chance ungenutzt, eine männliche Hülle für ihren Willen zu ersinnen.

UNTEN: Sexuelle Ambivalenz zieht sich wie ein roter Faden durch den Film: Selbst die Hofdamen in *Königin Christine* huldigen der Monarchin in Männerhosen. Hier mit Elizabeth Young und C. Aubrey Smith

 nimmt sie deren kindliches Vertrauen mit spöttisch hochgezogener Augenbraue zur Kenntnis. William Daniels arbeitet wieder mit seinen sagenhaften Beleuchtungseffekten auf ihrem Gesicht – sogar mit einem von ihm erfundenen langen Streifen geschliffenen Glases, den er langsam vor das zu hartzeichnende Weitwinkelobjektiv zieht, als es sich in der berühmten letzten Einstellung auf die Garbo konzentriert: Mamoulians Anweisungen entsprechend (»Denk an gar nichts«) steht sie mit ausdruckslosem Gesicht da, während das königliche Schiff Schweden für immer hinter sich läßt. Aber die großartigste Filmsequenz ist die Schlafzimmerszene. Mamoulian, der Opernerfahrung und choreographische Kenntnisse hatte, befahl ihr, die Szene mit Musik zu drehen und ließ ein Metronom bringen, damit sich die Garbo im Takt bewegte, während sie durchs Zimmer ging und die Gegenstände berührte, als wäre jeder einzelne ein Teil des Paradieses, und John Gilbert halb amüsiert, halb

RECHTS: »Ich werde als Junggesellin sterben.«

UNTEN: Eine königliche Erscheinung unter lauter Höflingen. Mit ihrer eigenen Produktionsgesellschaft bei MGM mag die Garbo, die kurz darauf achtundzwanzig wurde (so alt wie Königin Christine), das Gefühl gehabt haben, daß ihr Leben allmählich Anleihen bei der Geschichte nahm.

RECHTE SEITE, OBEN: Ihr Leben folgte tatsächlich dem Lauf der Geschichte, als die Garbo kaum zehn Jahre später wie Königin Christine den Weg ins selbst gewählte Exil antrat.

RECHTE SEITE, UNTEN: John Gilbert und die Garbo in der Gasthausszene: »Völlig unschwedisch ... schwerer Affront gegen das Königshaus«, nörgelte der für Geschichtsfragen hinzugezogene Berater. Sogar an dem Obst, das gereicht wurde, nahm er Anstoß.

SEITE 140/141: Die Szenenfolge in *Königin Christine,* in der sie die Möbel berührt.

1 Beobachtet von John Gilbert, geht die Garbo

2 in dem Gasthauszimmer von einem Gegenstand

5 und berührt die Dinge, als suchte sie

6 den Quell der Liebe.

9 Gilbert: »Was machst du da?«

10 Garbo: »Ich habe mir Glück ... vorzustellen versucht,

3 zum anderen

4

7

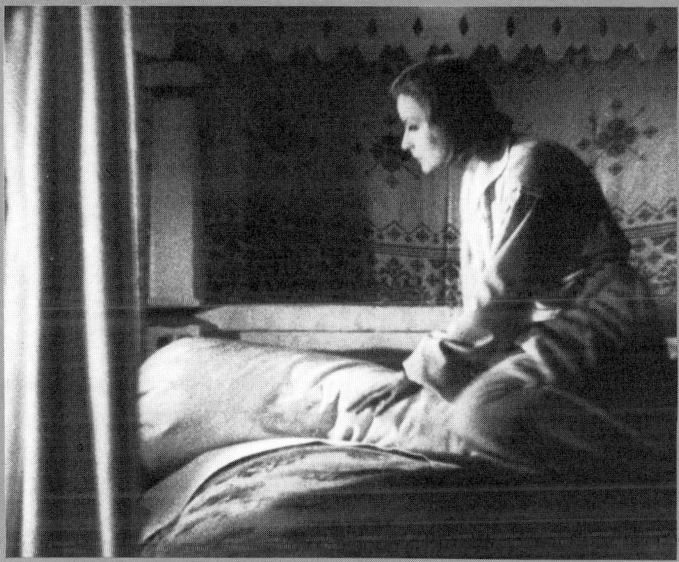

8

1 aber Glück ist unvorstellbar – man muß es fühlen.

12 Gott muß sich so gefühlt haben, als er die Welt erschuf.«

verwundert zuschaute. Sie benutzt ihre Hände, als taste sie mit einer Wünschelrute nach der Quelle der Liebe, streicht sanft über die Wände, dreht das Spinnrad (zugegebenermaßen ein merkwürdiges Schlafzimmermöbel), als wolle sie, der blinden Parze Atropos gleich, den Lebensfaden durchschneiden, umarmt den beunruhigend phallusförmigen Spinnrocken, gleitet aufs Bett und drückt ihr Gesicht gegen Laken und Kissen, als wären diese die Brust ihres Liebhabers, watet dann durch das ausladende Bett, als wäre es eine Schneewehe, um sich schließlich in einer für das damalige Hollywood wahrhaft gewagten, an orgiastische Verzückung grenzenden Art an den Bettpfosten zu pressen. An diesem Punkt setzt die Musik aus und die Garbo stößt hervor: »Ich habe mir Glück immer vorzustellen versucht, aber Glück ist unvorstellbar.« Was ihre Kunst so atemberaubend macht, ist, daß sie gleichzeitig Trauer und Glück zum Ausdruck bringt. In ihren Worten, mit denen sie den Zauber festzuhalten versucht (»In Zukunft werde ich in meiner Phantasie viel in dieser Welt leben«), schwingt der düstere Unterton eines Menschen mit, der sich inmitten unaussprechlicher Seligkeit innerlich auf Verlust und Einsamkeit vorbereitet.

Die Szene ist um so köstlicher, wenn man ihr den Bericht des schwedischen Beraters in Geschichtsfragen, eines Oberst Einhornung, gegenüberstellt, den MGM aus Sorge, der herrschende Monarch könnte Anstoß an der Darstellung seiner Vorfahren nehmen, eingestellt hatte; er hatte jedes Detail in Drehbuch und Film zu überprüfen. Das tat der Oberst, aber Mamoulian & Co. setzten sich unbekümmert über seine Ratschläge hinweg. Eine beinahe komische Gereiztheit spricht aus jeder Zeile eines längeren, aufschlußreichen Dokuments, aus dem hervorgeht, wie prosaische Wirklichkeit in Leinwandmythos umgewandelt wurde. »Selbst Miss Garbo«, schreibt der Oberst, »spricht ›Oxenstierna‹ [von Lewis Stone gespielt] norwegisch aus, ›de la Gardie‹ französisch und ›Helsingborg‹ dänisch. [...] Es ist eine grobe Beleidigung der schwedischen Geschichte und seines Königshauses und auch der schwedischen Frauen, die Königin als ›leichtes Mädchen‹ hinzustellen, die mit einem völlig Fremden ins Bett geht, den sie kaum ein paar Stunden kennt. [...]« Und was den »Fremden« angeht, fährt er fort: »Die Perücke, die Mr. Gilbert trägt, ist insgesamt zu kurz. [...] Überhaupt tragen fast alle in diesem Film zu kurze Perücken. [...] Von den Schwertern sind nur sehr wenige richtig. [...] Personen von Stand trugen nie helle Kniehosen. [...] Das Parlament schrie nicht nach Krieg, das Volk war dessen müde.« Besonders verletzend war die Szene von Christines Morgentoilette. »Ich habe – vergebens – entschieden dagegen Einspruch erhoben, daß Aage [von C. Aubrey Smith dargestellt] sich im Schlafzimmer der Königin befindet, als diese sich ankleidet, und ihr sogar ins Kleid hilft.« Und was ist mit der am meisten gerühmten Szenenfolge des Films? »Die ganze Gasthausatmosphäre ist völlig unschwedisch. Ich habe – vergeblich – gegen die Kerzen auf den Tischen protestiert. Was die Schlafzimmerszene anbelangt. ... Ich habe bereits darauf hingewiesen, welch schwerer Affront diese gegen das Königshaus ist. Während der meisten dieser Aufnahmen war der Szenenaufbau ›eingezäunt‹, daher weiß ich nicht, was da vor sich ging. Als ich jedoch sah, daß Äpfel, Orangen und Weintrauben hereingetragen wurden, wies ich darauf hin, daß sie unmöglich in dem Gasthaus serviert werden konnten, selbst wenn suggeriert werden sollte, sie wären [von dem Botschafter] aus Spanien mitgebracht worden. Er war seit Wochen unterwegs, und in dem kalten Winterklima Schwedens konnte man sie sowieso nicht so aufheben, daß sie genießbar blieben.«

Wie zu erwarten, rechtfertigte sich die Garbo später in Schweden für diesen Film. Sie habe, sagte sie, »versucht, schwedisch

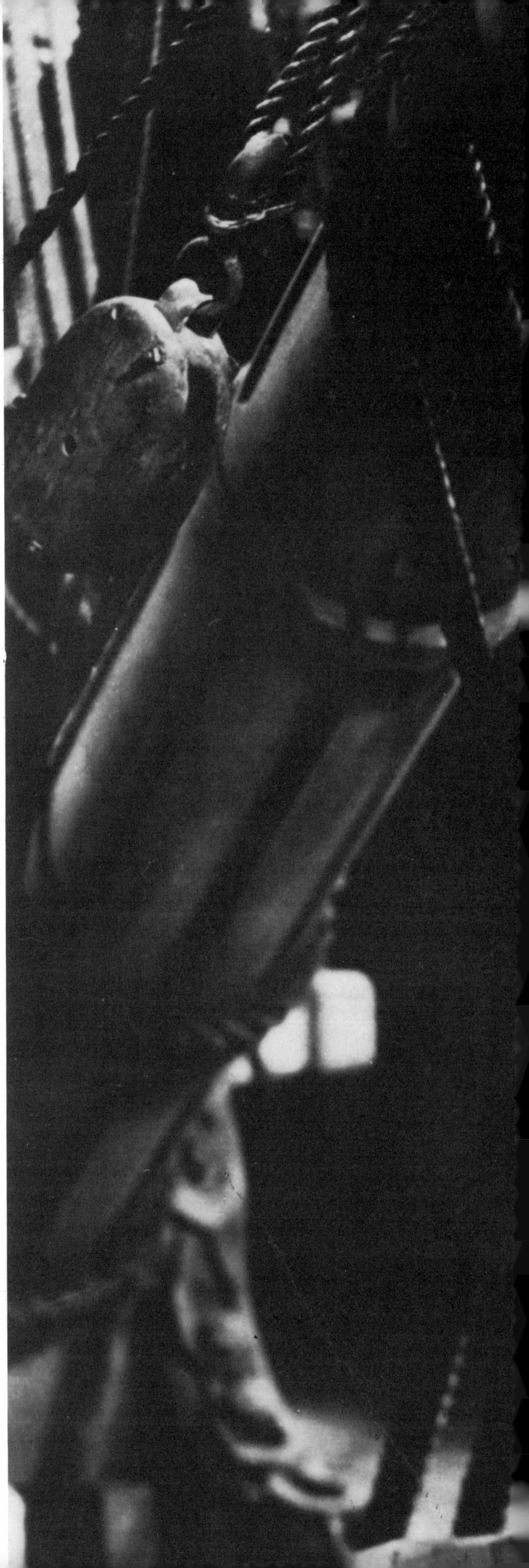

»Mach ein völlig ausdrucksloses Gesicht«, hatte Mamoulian die Garbo angewiesen. Das Gedankenlesen besorgten die Zuschauer.

zu sein ... aber sie lassen einem keine Zeit für Kunst. Alles, was zählt, ist, daß die Kasse stimmt.« Aber wenn das »alles, was zählt« war, muß auch das Studio enttäuscht gewesen sein. *Königin Christine* war der erste Garbo-Film, der einen spürbaren Besucher-Rückgang brachte, vor allem in Amerika, wo die Kinogänger während der Depression in den forsch-gefühlvollen Shirley-Temple-Komödien Trost suchten oder im kaltschnäuzigen Optimismus eines Busby Berkeley. Auch ihr nächster Film, *Der bunte Schleier,* nahm ihre Glückssträhne nicht wieder auf. »Der größte Fehler«, schrieb David O. Selznick in einem Telegramm ans Studio, wo er zum Produzenten ernannt worden war, »war Mangel an Gelegenheiten für die Garbo, Kleider zu tragen, und die, die sie trug, waren schrecklich.« Es ist ein phlegmatischer Film, alle wirken erschöpft von der Hitze des Orients - die der Natur der Garbo in höchstem Maße fremd und zuwider war -, und am lebhaftesten erinnert man sich an ihren Kopfputz, den ungewöhnlichen »Bajonett«-Hut, und die taschenspielerische Geschicklichkeit, mit der sie sich ein Handtuch zu einem Turban um den Kopf wickelt (aber schließlich hatte sie einst ja als Modistin für den PUB-Katalog für Hüte posiert). Für über eine Million Dollar war *Der bunte Schleier* ein teurer Demonstrationsfilm für ausgefallene Kopfbedeckungen.

Für MGM jedenfalls war ihr Wert nicht gesunken. Ihre eigene Produktionsgesellschaft hatte am 12. August 1934, kaum ein Jahr nach ihrer Gründung, bankrott gemacht, und zwar unter Umständen, die darauf schließen lassen, daß die drohend bevorstehenden oder von der Roosevelt-Administration eben erlassenen neuen Steuergesetze Canyon veranlaßten, sofort Konkurs anzumelden. Es hatte da einen Vertrag gegeben, der - um die steuerliche Belastung der Garbo zu verteilen - ihr in Anrechnung auf fünfzig Prozent der Reingewinne aus *Königin Christine* und *Der bunte Schleier* über fünf Jahre lang eine Wochengage von $ 2000 für ihre Dienste zusicherte. Am 23. Oktober 1934 unterzeichnete die Garbo einen neuen Vertrag bei MGM - diesmal nur für einen Film und $ 275000 Gage!

Zu dieser Zeit stand die Garbo unter dem starken Einfluß von zwei Freundinnen. Mercedes de Acosta gehörte der High Society an, war spanischer Abstammung, aber in New York geboren; sie war Dichterin, Autorin historischer Bühnenschinken, Gesundheitsapostel, fanatische Anhängerin religiöser Kulte und ging der Garbo als geistiges Leitbild voran; sie verbrachte mit ihr die Ferien, schlug ihr Filmthemen vor - *Jeanne d' Arc, Das Bildnis des Dorian Gray* - und benutzte gewöhnlich das Leben als Rohmaterial, um es in romantisierende Memoiren umzuwandeln, die schließlich unter dem beziehungsreichen Titel *Here Lies the Heart* erschienen. Salka Viertel wiederum besaß eine zielstrebigere Intelligenz und war praktischer bei der Erarbeitung der Drehbücher für die Garbo. Beide Frauen neigten in Temperament und Begabung zum »Pomphaften«, »Historischen« und »Europäischen«. Selznick hatte Mrs. Viertel gebeten, die Garbo zu einem »modernen Thema« zu überreden. Mrs. Viertel jedoch war mehr für eine Neuverfilmung der *Anna Karenina.* »Ein schweres russisches Drama im Kielwasser so vieler ähnlicher gewichtiger Filme!« rief Selznick entsetzt aus. Es war wirklich höchste Zeit und wichtig, die Garbo auf die neue Gefühlslage der Öffentlichkeit einzustimmen. Er hatte nach einer modernen Komödie gesucht. Als er keine fand, schlug er ein modernes Drama wie *Dark Victory* vor, dessen Rechte dank einem glücklichen Zufall Jock Whitney besaß, der bald sein Part-

In *Der bunte Schleier* gehörte ein Schleier zu den wenigen Kopfbedeckungen, die sie in diesem Film *nicht* trug. Doch ob Bajonettstil, Turban oder Krankenschwesternhaube - das alles konnte die langweilige Story nicht retten, genausowenig wie George Brent.

SEITE 146: Die Anfangsszene von *Anna Karenina.*

SEITE 147: Die Schlußszene dieses Films.

1 Gleich zu Anfang wird die Schicksalhaftigkeit

2 der Begegnung deutlich, als vor Vronskij (Fredric March)

3 plötzlich aus dem Rauch die Frau auftaucht,

4 die sich aus Liebe zu ihm zugrunde richten wird.

5 Diese Schicksalhaftigkeit

6 wird in den Garbo-Filmen jetzt immer spürbarer.

1 Schicksalhaftigkeit zu Anfang, Verderben am Ende.

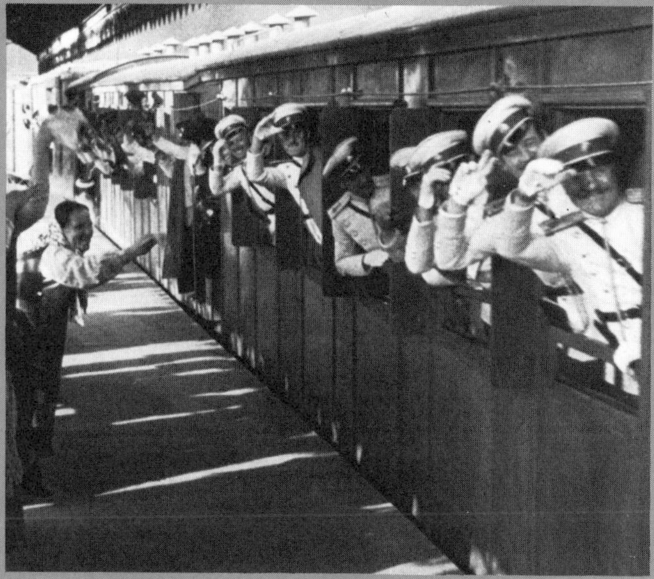

2 Als die verlassene Anna ihren Liebhaber abreisen sieht,

3 verändert sich der Gesichtsausdruck der Garbo

4 zu selbstmörderischer Entschlossenheit.

5 Als die Räder eines Rangierzuges heranrollen,

6 springt sie, von Verzweiflung gepackt, in den Tod.

ner werden sollte. Hinzu kam eine weitere glückliche Fügung: Frederic March, den das Studio als Co-Star der Garbo wollte, meinte, er wäre besser in Stücken mit moderner Kleidung, »und wir können uns doppelt glücklich schätzen, daß die männliche Hauptrolle [in *Dark Victory*] verblüffend gut zu Mr. March paßt.«

Es war alles umsonst. *Anna Karenina* wirkte – wie Selznick befürchtet hatte – eher verstaubt als historisch. Die sorgfältige Auswahl der Kostüme und der Szenenausstattung für das St. Petersburg von 1870 wurde ständig unterhöhlt durch Auftritte von Nebendarstellern, die wie gewöhnliche Provinzler auf Skandal reagieren. March ist ein ungehobelter Klotz, für die Garbo nichts weiter als ein Resonanzboden für die ganze Bandbreite ihrer Gefühle, die in diesem Film bei weitem das beste sind. Als Basil Rathbone in der Rolle des Karenin ihr befiehlt, das Haus und ihren Sohn zu verlassen, krümmt sich Greta Garbos Körper, während sie die große Treppe hinuntergeht, unter dem unsichtbaren Gewicht gesellschaftlicher Ächtung. Das Drama nimmt zwischen zwei unvergeßlichen Einstellungen – jeweils prunkhaft ausgestattet – seinen Lauf: In der ersten, zu Anfang, taucht sie aus dem Rauch der Lokomotive auf, in der zweiten, innerlich durchglüht von selbstmörderischer Verzweiflung, im Scheinwerferlicht eines anderen Zuges, bevor sie sich auf die Gleise wirft. Sie stirbt nicht, sie verschwindet, als hätte es sie nie gegeben.

Am 30. Mai 1935 verpflichtete sie sich für zwei weitere Filme à $ 250000 – *Maria Walewska* und *Camille (Die Kameliendame)* –, und wieder hatte sie Mitbestimmungsrecht bei der Wahl der Regisseure, Schauspieler etc. Der »Historie« war schwer zu entrinnen, wie jetzt deutlich wurde. Falls das Hays-Büro Einwände gegen Garbo als Kurtisane Camille haben sollte, behielt sich das Studio das Recht vor, ersatzweise *Woman of Spain* (wahrscheinlich nach Merimées *Carmen)* zu verfilmen.

Die Garbo benutzte jetzt ihren regelmäßigen Schweden-Urlaub, um Kraft zu sammeln für etwa ein Jahr Hollywood. Aber dieses Mal »passierte etwas«, etwas, das noch nicht befriedigend geklärt ist. Daß die Garbo »krank« war, erfuhr Mayer zum erstenmal aus einem an ihn gerichteten Brief von Laudy L. Lawrence, dem Leiter des Pariser MGM-Büros. Die Garbo hatte Lawrence von ihrer Stockholmer Adresse in der Klippsgatan 6 geschrieben und ihn gebeten, ihrem Bruder Sven bei der Filmgesellschaft eine Anstellung zu besorgen. Als Gehalt schlug sie 15000 Kronen (fast $ 4000) für wenigstens drei Jahre vor. Lawrence schrieb – entweder nach einem Besuch Svens bei ihm in Paris oder einem Besuch seinerseits im Gustafssonschen Haushalt in Stockholm – am 3. Dezember 1935 direkt an Mayer. »Sven ist ein netter Junge, aber das ist auch alles ... Seine Gesundheit ist sehr schlecht. Nebenbei bemerkt, die ganze Familie ist gesundheitlich in schlechter Verfassung, einschließlich der Garbo. [...] Ihre jüngere Schwester starb, glaube ich, vor längerer Zeit an TB, und Sven ist viel mehr im Bett als draußen. Die Garbo ist wirklich ernstlich krank.« Bald erschienen Gerüchte über die Krankheit der Garbo in der internationalen Presse, die von einer schweren Erkältung oder Grippe sprach. Es war eindeutig mehr als das. Am 8. Dezember 1935 schrieb die Garbo an Louis B. Mayer, ihren längsten und wohl auch persönlichsten Brief an ihn. Er ist auch ein rührender Beweis dafür, wie ernst sie ihre Karriere nahm. Sie redete Mayer immer noch mit »Sir« an und bedankte sich für die Bemühungen von MGM für ihren

OBEN: New York City, Januar 1937, Premiere der *Kameliendame;* in diesem Film erbrachte sie nach Ansicht vieler Leute ihre größte schauspielerische Leistung.

RECHTE SEITE: Mit Robert Taylor. Kein anderer Garbo-Film wurde mit soviel Akribie produziert. Das angestrebte Ziel war absolute Perfektion.

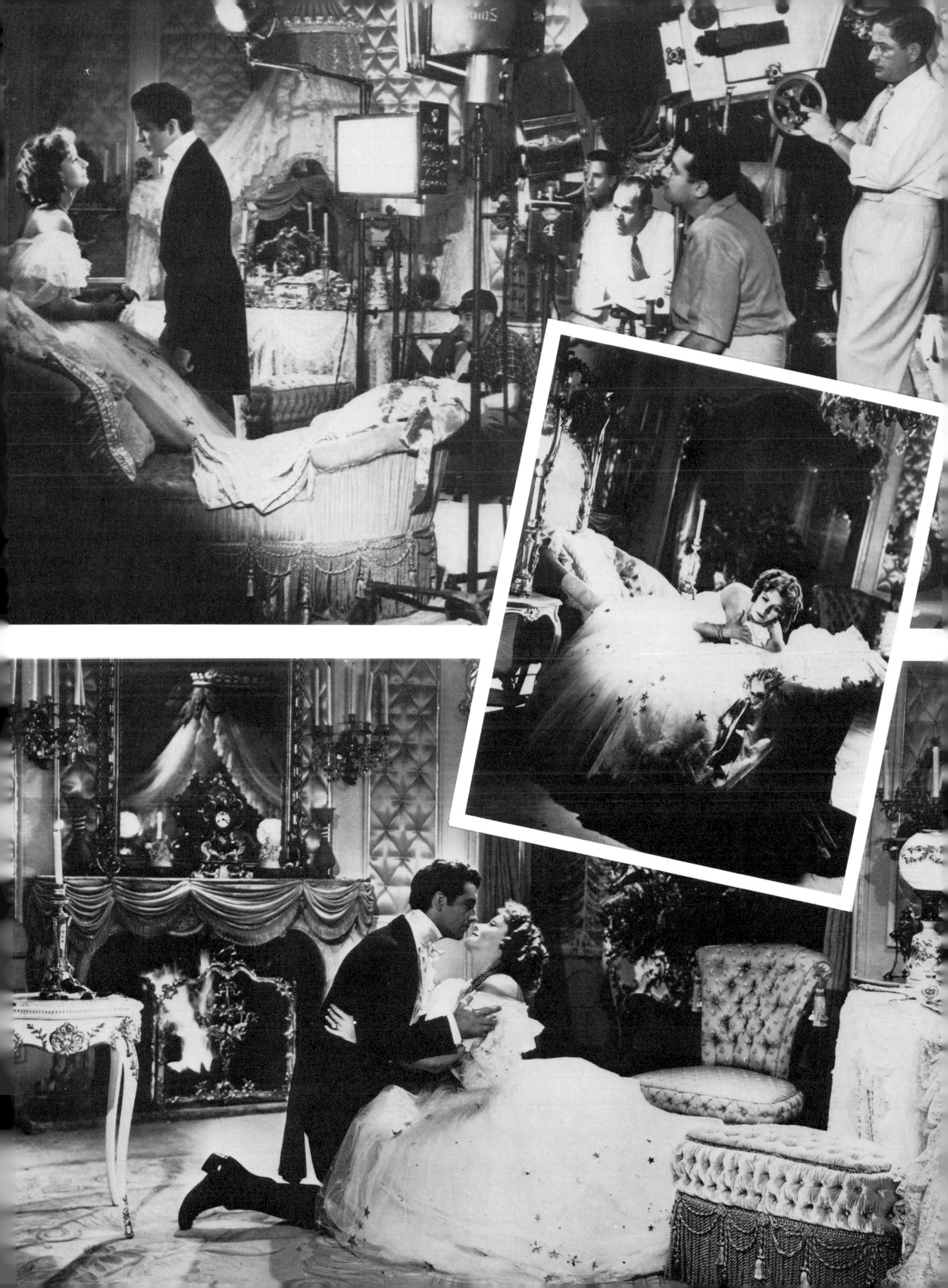

 Bruder. Dann kam sie auf ihre eigene angegriffene Gesundheit zu sprechen. Sie war seit September krank, fast die ganze Zeit ans Bett gefesselt; aber obwohl sogar eine Operation nicht auszuschließen war – vor der sie Angst hatte – war sie in Gedanken bei der Arbeit; abschließend gab sie in ihrem Brief der Hoffnung Ausdruck, daß ihr nächster Film ein Erfolg würde. Die Tatsache, daß sie und MGM sich nun für *Die Kameliendame* entschlossen hatten, gab dem Brief eine zusätzliche pathetische Note und erklärt teilweise ihre glaubwürdige Darstellung in der Schlußszene des Films, als Camille dem nahenden Tod ins Auge sieht. Ihre einzige Bitte war die um einen weiteren Monat Genesungsurlaub. Mayer telegrafierte ihr am 10. Januar 1936, er sei »schrecklich betroffen«, und versicherte ihr, daß »alle vertraglichen Verpflichtungen für einen Monat außer Kraft gesetzt« würden. Fünf Tage später antwortete die Garbo: »Einverstanden. Danke. Fühle mich besser. Grüße. Garbo.« Daß sie sich wieder mit ihrer gewohnten Knappheit ausdrückte, läßt darauf schließen, wieviel besser es ihr ging.

Außer einem Star-Produzenten wie Chaplin, der alle Rechte an seinen Filmen besaß, war die Garbo jetzt das höchstbezahlte Film-Talent in Hollywood. Ihre Verträge waren jetzt ein kompliziertes, schrittweises Hinarbeiten an den Produktionsbeginn, von dessen Datum an sie ihr volles, großzügiges Gehalt bezog. Hatte sie auf diese Weise die »Produktion aufgenommen«, mußten die Dreharbeiten innerhalb einer bestimmten Frist beginnen, oder man hatte Nachteile zu gewärtigen. Nichts verdeutlicht das besser als Greta Garbos Anerbieten, aus Zuneigung zu Adrian »unentgeltlich« zur Anprobe ihrer Camille-Kostüme in seine Werkstatt zu kommen. Achtung, Gefahr! In einer MGM-Notiz heißt es: »Wir haben das mit George Cohen besprochen, der uns davon abgeraten hat, Miß Garbo zu Anproben kommen zu lassen, wenn sie nicht schriftlich bestätigt, daß damit nicht die Zwei-Wochen-Frist anläuft.« (MGM hatte der Garbo für die zwei Wochen »vor dem von uns geplanten Drehbeginn« je $ 10000 zu zahlen.) Der ungenannte Verfasser der Notiz schrieb vorsichtshalber noch an den Rand: »Ging zu Mr. Hyman, der Salka Viertel anrief, die Garbos Absicht bestätigte. Unterhielt mich mit Mr. Thau, der mit Mr. Hyman sprach, der Garbos Einverständnis bestätigte. Erlaubnis, Adrian aufzusuchen, wurde erteilt.« Ganz anders vor zehn Jahren – da hatte man sie zeitweilig suspendiert, weil sie sich *geweigert* hatte, zu Kostümproben für *Es war* ins Studio zu kommen.

Die Dreharbeiten zur *Kameliendame* begannen am 29. Juli 1936. Mit der Macht des Stars wuchs die Sorge um Einhaltung des Zeitplans. Ihr Vertrag garantierte ihr $ 10000 für jede angefangene Woche, wenn sie nach zwölf Wochen noch immer arbeitete. Man hatte ihr faktisch weiter Gehalt zu zahlen, bis alle Nachaufnahmen oder zusätzlichen Szenen abgedreht waren. Die Befürchtungen endeten auch nicht mit Drehschluß. Am 5. November 1936 ging eine von kniffligen Fragen strotzende Aktennotiz in Umlauf. »G's Vertrag sah eine Pause von jeweils fünf Wochen zwischen [zwei] Filmen vor. Was würde passieren, wenn wir Nachaufnahmen machten und sie dann gehen ließen? Wenn wir feststellten, wir wollten weitere Neuaufnahmen ma-

OBEN: Mit Henry Daniell, einem der wenigen Schauspieler, die der Garbo in einer Szene die Schau stehlen konnten.

RECHTE SEITE, OBEN LINKS: In *Die Kameliendame* drückte ihr Gesicht oft Ergebenheit in ein tragisches Schicksal aus.

RECHTE SEITE, OBEN RECHTS: Der Regisseur George Cukor gibt Robert Taylor Anweisungen, wie er seine kostbare Last zu tragen hat.

RECHTS: Nur die leitenden Angestellten des Studios wußten, wie krank die Garbo vor den Dreharbeiten zu *Kameliendame* gewesen war.

RECHTE SEITE, UNTEN: Aber ein Kritiker bemerkte sehr richtig, die Garbo habe in der Todesszene so ausgesehen, als hätte sie wochenlang das Bett gehütet.

PUBLICITY — SZERELEM
-pesthy-
STOKOWSKI

chen, wie wäre dann unsere Position? Würde die Pause wieder von vorne beginnen, wenn wir sie zurückrufen? Wäre es von Vorteil, sie gehen zu lassen und abzuwarten, ob wir Neuaufnahmen brauchen? Wären wir damit schlechter dran?«

Sie war nun auf dem Gipfel ihrer Macht und auf der Höhe ihrer Kunst. Was dem Film *Kameliendame* seine Frische verleiht, ist die durchlaufend stimmige Darstellung der Garbo. Sie ersetzt die allgemein erwartete Launenhaftigkeit der *grande cocotte* durch ein rücksichtsloses Sich-selbst-Ausloten, das an die Briefe erinnert, die sie als Backfisch an ihre Schulfreundinnen geschrieben hat.

Filme über intelligente verliebte Frauen sind ziemlich selten. Dazu braucht man Schauspielerinnen von ganz bestimmter Veranlagung, die beide Geisteszustände gleichzeitig glaubwürdig verkörpern können. Greer Garson, Katharine Hepburn, Celia Johnson, um einige wenige der ganz wenigen zu nennen, haben es in ihren Filmen zeitweilig geschafft; die Garbo hält es in *Die Kameliendame* die ganze Zeit durch. Ihr von Henry Daniell (einem der wenigen Schauspieler, die imstande waren, ihr eine Szene zu stehlen) gespielter reicher Gönner ist besonders warnehmungsgestört, als er höhnt: »So viel Herz und so wenig Verstand.« Bei Greta Garbos Camille sind Herz und Kopf vollkommen im Gleichgewicht. Es gehört schon etwas dazu, wenn eine so leidenschaftlich liebende Frau auf die Bemerkung ihres Geliebten, die mit ihr befreundeten Kurtisanen paßten nicht zu ihr, antwortet: »Unsinn! Das sind die einzigen Freundinnen, die ich habe, und ich bin nicht besser als sie.« Sie ist kühl, aber, wie der Regisseur George Cukor kommentierte, »innerlich glühend«. Cukor bemerkte auch, daß ihre Begabung, mehr aus weniger zu machen, gereift war. An die Plastizität ihrer Bewegungen erinnerte er sich später: »Als de Varville [Daniell] sie zwingt, [ihren Fächer] aufzuheben, macht sie eine erstaunliche Bewegung, fast wie in einem Tanz, wie Isadora [Duncan]. Sie geht nicht in die Knie, um ihn aufzuheben, sie beugt sich seitwärts, als wäre das völlig natürlich[24].« Die meiste Zeit deutet sie ihre Tuberkulose lediglich durch ein kurzes trockenes Räuspern oder sogar nur durch eine ganz leichte Handbewegung an den Mund an. Und als sie in Robert Taylors Armen stirbt, signalisiert sie den Tod, indem sie die Augen öffnet – in einer so überraschenden Verkehrung aller Erwartungen, daß einige Zuschauer schworen, gesehen zu haben, wie der Körper seinen Geist aufgab.

Maria Walewska (in den USA unter dem Titel *Conquest* erschienen) mußte nach der *Kameliendame* unweigerlich wie ein Abstieg erscheinen. Es war die stark verbrämte Geschichte einer Affäre zwischen Napoleon und einer polnischen Adligen und wieder einer jener pompösen Stoffe, auf die Salka Viertel die Garbo versessen gemacht hatte: mit einer mittelmäßigen Rolle, worüber selbst die verschwenderische Garderobe nicht hinwegtäuschen kann, einer aufwendigen Ausstattung und einem altbewährten Helfer: dem Schnee. (Im Zweifelsfalle lassen Sie es schneien, schien eine ständige Anweisung an Garbos Drehbuchautoren zu lauten.) »Sind Sie wirklich oder aus einer Schneewehe geboren?« – so die ungewohnt lyrisch gestellte Frage Napoleons an Maria bei ihrer ersten Begegnung. Und auch in puncto Liebe wird der Winter in diesem Fall dem Frühling vorgezogen, da diese Jahreszeit die Soldaten heimbringt zu ihren Frauen – jedenfalls Soldaten vom Rang eines Kaisers. Der ungewöhnlich lebhafte Austausch von Aktennotizen über den zu wählenden Filmtitel (s. Filmographie) läßt auf eine ernsthafte Meinungsverschiedenheit im MGM-Lager darüber schließen, ob der Film für Amerikaner oder Europäer gedacht war. Als die Garbo am 10. Dezember 1937 sich wieder nach Schweden einschiffte, verließ sie die Vereinigten Staaten erstmals, ohne vorher einen Vertrag unterzeichnet zu haben – ein klares Anzeichen für den sich anbahnenden Bruch in ihrer Karriere.

Aber wenn das Publikum sich auch nicht für die Garbo als Geliebte eines Kaisers begeistern konnte, so kannte die öffentliche Neugier über ihre Beziehung zu einem anderen Despoten seiner Zeit keine Grenzen. Die Garbo und Leopold Stokowski hatten sich Mitte 1937 in Hollywood kennengelernt. Mit fünfundfünfzig war Stokowski dreiundzwanzig Jahre älter, aber auf seinem Gebiet ebenfalls ein Star – auf dem Dirigentenpult und im Hollywood-Musical –, und so gab es da eine »Wahlverwandtschaft« zwischen zwei Menschen, die erkannten, daß schon ihr Zusammensein genügte, um ihr eigenes persönliches Charisma mit frischem Feuer zu beleben. Natürlich hatten sie auch prosaischere Gemeinsamkeiten: Beide waren Sonderlinge im Privatleben. Stokowski steckte in der Midlife-Crisis, trennte sich gerade von seiner Frau und war um seine Gesundheit besorgt – d.h. darum, sich seine Jugend zu bewahren –, und die Garbo, schon immer ein Gesundheitsfanatiker, befand sich auf dem »Yoga-und-Yoghurt«-Trip, den spätere Generationen mit noch größerem narzißtischen Eifer wandelten. Als die beiden im März 1938 die Villa Cimbrone in Ravello mieteten, wurden sie von der internationalen Presse belagert. Was sich in der Vorstellung der Reporter drinnen abspielte, war *eine* Sache, was der Gärtner später berichtete, eine andere: von einer schrillen Garbo-Stimme, die Stokowski ganz ähnlich herumkommandierte, wie dieser mit seinen Musikern umzuspringen pflegte: »Eins – zwei – drei –

LINKE SEITE, OBEN: Ihre nächste Kostprobe in historischer Schicksalhaftigkeit gab sie in *Maria Walewska*, mit Charles Boyer als Napoleon: doch der Film geriet mit seinem historischen Kleiderprunk zum Ausstattungsschinken.

LINKE SEITE, UNTEN: Zunehmend von Ruhelosigkeit getrieben, machte die Garbo mit dem Dirigenten Leopold Stokowski in Europa Urlaub. Die *paparazzi* vermuteten eine Liebesaffäre und verfolgten sie sogar bis in den Vatikan. Aber ein Karikaturist ordnete die freudlose Beziehung richtiger ein.

UNTEN: Die Karriere der Garbo brauchte eine Auffrischung. In Ernst Lubitsch fand sie einen dafür geeigneten Regisseur – und in *Ninotschka* einen Film, in dem sie ihre legendäre Humorlosigkeit persiflieren konnte.

beugen! Eins – zwei – Mr. Stokowski, Sie sind aus dem Takt!« Die Beziehung nahm ihren Lauf und ging dann einfach auseinander. Sie hatte beide erhöht und wahrscheinlich beide erschöpft.

»Mein nächster Film wird eine Komödie. [. . .] Ob ich wohl diesmal meinen Liebhaber behalten darf? Natürlich hoffe ich das. Meinen Sie nicht, daß es an der Zeit ist, mir einmal im Film ein Happy-End mit Kuß zu gönnen? Ich finde, ja. Ich habe in den Schlußszenen so viele attraktive Männer verloren.« Im Herbst dieses Jahres in Schweden schien sie heiterer und leutseliger denn je. Ihre »romantische« Liaison mit Stokowski hatte bei MGM eine leichte Beunruhigung hervorgerufen; man ließ Verbindungen spielen, um ihr noch vor ihrer Rückkehr eine Wieder-Einreise-Genehmigung zu besorgen, um lästigen Fragen der Einwanderungsbehörde vorzubeugen. Diese Sorge war überflüssig. William Orr vom New Yorker MGM-Büro informierte das Studio am 10. Oktober, drei Tage nach Greta Garbos Ankunft, daß er mit dem Beamten von der Einwanderungsbehörde gesprochen hätte, »bevor er hineinging, um die Papiere der Garbo zu prüfen. Er kam nach ungefähr fünfzehn Minuten

LINKE SEITE: »Die Garbo lacht!« Mehr war tatsächlich nicht nötig, um für *Ninotschka* zu werben. Die Ursache ihres Heiterkeitsausbruches: Melvyn Douglas kann die von der Garbo gespielte mürrische Kommissarin erst aus der Reserve locken, als er über seine eigenen Witze so lachen muß, daß er vom Wirtshausstuhl fällt.

OBEN: Eine völlig veränderte Ninotschka bei ihrer Begegnung mit der weißrussischen Großherzogin – für die Garbo zugleich eine Begegnung mit Ina Claire, der Witwe ihrer alten Liebe John Gilbert.

 wieder heraus, sagte, es sei alles okay, aber anscheinend hatte sie ihn mit diesem Geheimhaltungsserum geimpft, denn er weigerte sich, mir mehr zu sagen.«

Am 29. Dezember 1938 unterzeichnete die Garbo mit MGM einen Vertrag über einen Film für $ 125 000 – erheblich weniger als die $ 275 000, die sie noch für *Anna Karenina* hatte verlangen können. *Ninotschka* machte dem Garbo-Mythos schließlich den Garaus – der Film nahm ihm seinen Nimbus. »DIE GARBO LACHT« – mehr war tatsächlich nicht nötig, um für einen Garbo-Film zu trommeln, dessen Story eine Umkehrung der gewohnten tragisch-einsamen Rolle bietet. »Wollen Sie allein sein, Genossin?« fragt einer der komischen Kommissare. »Nein«, antwortet sie – ein einsilbiger Anti-Mythos. Selbst dem verzagten Lubitsch macht sie Mut. Melvyn Douglas hänselt sie damit, sie sei eifersüchtig auf die gepflegtere weißrussische Großherzogin (von Ina Claire, John Gilberts Witwe, gespielt!). Die Garbo weicht scheinbar drei Meter vor ihm zurück. Dann flattern ihre enormen Lider auf und nieder, und kleinlaut, mit zitteriger Stimme, mädchenhaft gibt sie zu: »Hm – hmh.« Das ist alles – »Hm – hmh«. Aber es wirkt wie ein in einen Abgrund von Gefühlen geworfener Kiesel. Nicht der Ton, der zurückkommt, sondern die durch ihn signalisierte Tiefe liefert den beeindruckenden Gefühlsbeweis.

Gleichzeitig mit dem Wechsel der Garbo zur Filmkomödie kam es zu einer Aufhellung ihrer Stimmung, und sie fühlte sich zu dem »verdauungsfördernden« Gesundheitsapostel Gayelord Hauser hingezogen, der jetzt willig ihr Führer in seelischen und körperlichen Dingen wurde. Er hatte etwas gemeinsam mit all den anderen Männern, die für kurze Zeit auf das richtungslose Leben der Garbo Einfluß erlangten (oder zu erlangen glaubten): eine Begabung für wirkungsvolle Auftritte, eine Entsprechung des aufsehenerregenden Mauritz Stiller aus ihrer Frühzeit. Hauser kam dem Bedürfnis nach Schmeichelei, Bestätigung und Lenkung entgegen. Er steuerte die Garbo in die internationale Gesellschaft, änderte ihre Umgangsformen und Eßgewohnheiten und legte so die Leitlinie fest, denen sie in den nächsten Jahrzehnten folgen sollte. Er stellte sie auf ihren Platz, ohne sich dafür zu rechtfertigen – was begrüßt wurde von einer Frau, die weder wußte, wohin sie gehörte, noch sich ihren Platz erkämpft hatte. Kurz gesagt, er führte sie zu einer Einstellung zu sich selbst, ganz ähnlich wie einfühlsame, ihr zugetane Regisseure sie bei der Darstellung einer Rolle angeleitet hatten.

Der Krieg war ein schwerer Schlag für die Garbo. In ein paar Wochen büßte MGM einen großen Teil seiner Einnahmen in Europa ein; zu der Zeit kamen über vierzig Prozent der Studioeinkünfte aus dem Ausland. Der neue Film, für den sie am 20. November 1940 einen Vertrag über $ 150 000 unterschrieb, war bewußt darauf angelegt, auf dem heimischen Markt Profit zu erbringen. Und auch die Garbo wurde dafür »zurechtgestutzt«. Man schnitt ihr die Haare kürzer und betonte ihre Kurven durch figurbetonendere Kleider. Sie sollte ein »outdoor girl« spielen mit Szenen, in denen man sie schwimmen und Ski fah-

OBEN: Ihre schauspielerische Leistung in *Ninotschka* wurde sehr gelobt; ein führender Kritiker sprach von einer »fröhlich stimmenden, fein nuancierten und ganz und gar begeisternden Darstellung«.

RECHTS UND RECHTE SEITE: Mit *Die Frau mit den zwei Gesichtern* versuchte man die Leinwandpersönlichkeit der Garbo total umzumodeln. Der Film stellte ihre »neuen« Vorlieben und Fähigkeiten in den Vordergrund, zum Beispiel Schwimmen (hier mit George Cukor – in kurzen Ärmeln – der ihr gerade Nachhilfeunterricht erteilt). Auch in der Kinowerbung schlug man in die gleiche Kerbe.

SEITE 158/159: Die Garbo beim Chicachoca-Rumba – eine der Hauptattraktionen des Films. Sie fand sich bereitwillig mit der Verwandlung in eine Sexbombe ab. Diese bemerkenswert spontanen Fotos zeigen sie beim Training mit dem Choreographen Robert Alton. Sein Urteil: »Sie hat ein bewundernswertes Gefühl für Rhythmus.«

GARBO'S VERSATILITY HAS BIG PROMOTION VALUE!

WHAT GARBO DOES . . . *Is News!*

On this page are 8 single column ads. Visualize some of them in a preliminary newspaper campaign—cooking over the new, novel and interesting things Garbo does in her latest picture. Include additional copy at the bottom, if desirable. Follow up with your regular ad.

Make everybody in your town aware that Garbo is the coming big attraction; that she does this, that and the other thing! Exploit every facet of her many-sided performance in a sensational manner!

Also adapt these ideas in larger size to advance lobby cards, street signs and arrows, sidewalk stencils, circus flyers, shadow-boxes, punchy catchlines, bus and trolley cards, window displays.

Garbo is big news to your patrons! Ballyhoo will make her new accomplishments seem extraordinary!

ORDER SAME SIZE CUT OR MAT No. 980-EA

GARBO RHUMBAS THE Chicachoca!

ORDER SAME SIZE CUT OR MAT No. 980-EB

GARBO ORIGINATES THE NEW SHORT BOB!

ORDER SAME SIZE CUT OR MAT No. 980-EC

GARBO SKIIS! AND FINDS ROMANCE IN A WILDERNESS CABIN

ORDER SAME SIZE CUT OR MAT No. 980-ED

GARBO IS TWINS! AND SHE'S DOUBLE TROUBLE FOR MELVYN DOUGLAS

PUT A SKI INSTRUCTOR IN YOUR LOBBY

Winter is only a short distance off. Exhibitors can interest millions of ski enthusiasts by obtaining the services of a professional instructor or a good amateur one. Put him or her in the lobby to give lessons or demonstrate the art of this fast-growing and tremendously interesting sport. Tie it in with Garbo who is a ski instructor in the picture.

ORDER CUTS FOR COLORING CONTEST

Color Garbo Dancing the Chicachoca!

Color Garbo Wearing the Foolscap!

Color Garbo Who Skiis and Swims!

Color Garbo Introducing the New Short Bob!

WE have made up four scenes, each measuring about 3" by 4". They are outline illustrations. Reproduce them in a newspaper or throwaway contest, offering guest tickets for best coloring effects. One shows Garbo dancing the Chicachoca; another shows her wearing her latest hat style, the Foolscap; the third features her in an alluring scene with Melvyn Douglas; while the fourth reveals her latest hair style, the New Short Bob.

ORDER CUT OR MAT SERIES (4)—No. 980-EK

Show Last Year's Skiiers in a Photo Identification Contest

ARE you located where skiing last year was a popular winter pastime? Did newspapers snap those outdoor crowds or local photographic studios make pictures of individual lads and lassies? Perhaps there was a big winter sports event which has been preserved in photographic form by the papers? If you can obtain such photos, have them reproduced in a paper or display them on a lobby board. Those recognizing themselves receive free admission. Tie in the stunt with skiing pictures of Garbo and Douglas.

SHOW GARBO ATOP IMITATION SNOW HILL

The 24-sheet shows Garbo about to ski down hill. So do some of the production scenes. Make a big local enlargement of it, back it up with compo board and perch her on top of a big hill of imitation snow in your lobby. That will attract plenty of attention!

SEND YOUR CAMPAIGNS TO M-G-M'S BI-WEEKLY SERVICE

Twice-a-week we publicize the best theatre campaigns among thousands of exhibitors. This is called M-G-M's Bi-Weekly Service and we urge you to mail us yours on "Two-Faced Woman." Address it to M-G-M Exploitation Dept., 1540 Broadway, N. Y. C.

Most Embarrassing Moments in Winter Sports

THERE are all kinds of production scenes showing Garbo and Douglas in skiing costume—romancing, clowning and sprawled on the floor of their mountain cabin. As falls, spills and other ridiculous things happen to the millions of ice skating and skiing devotees, use some of them to dress up a newspaper contest seeking the most embarrassing moments in the life of a winter sport enthusiast.

RENTAL ACCESSORIES

There's a full line of them awaiting your order on the nearest branch of National Screen Accessories. Contact it immediately for fast service or the home office of this concern, located at 525 West 43rd Street, N. Y. C.

ORDER THE TRAILER

The gay co-stars of "Ninotchka" are put across to audiences with all the hoop-la at M-G-M's command. Order this important accessory from your M-G-M exchange.

OFFER SKI COSTUME AS A FIRST PRIZE!

SKIING is a top-flight winter sport. The picture comes ahead of the season but you can bet that its millions of followers are just waiting for the first big snowfall. Every devotee would love to win a ski costume awarded, supposedly, by Garbo or Douglas. Can you promote one from a local sporting goods or department store? Use it as bait in some kind of a contest. Window-display it to whip up their interest and desire.

ORDER SAME SIZE CUT OR MAT No. 980-EF

GARBO INTRODUCES THE FOOLSCAP! A HAT STYLE DESTINED TO BE AS REVOLUTIONARY AS HER FAMOUS "PILLBOX"

ORDER SAME SIZE CUT OR MAT No. 980-EG

GARBO IS DARING! AS A MODERN GLAMOR GIRL

ORDER SAME SIZE CUT OR MAT No. 980-EH

GARBO SETS THE STYLE PACE WITH ADRIAN'S SMARTEST FASHIONS!

ORDER SAME SIZE CUT OR MAT No. 980-EJ

GARBO SWIMS! LIKE A MERMAID

ren sah. Drinnen, auf dem Tanzboden, sollte sie dagegen eine Sexbombe sein. Aber am meisten Sorge in *Two-Faced Woman (Die Frau mit den zwei Gesichtern)* bereitete der Garbo die Szene im Swimming-pool. George Cukor, der für $ 3500 pro Woche als Regisseur angeheuert war, versuchte sie zu beruhigen, indem er eine Frau zu Hilfe rief, die sie beide bewunderten: Katharine Hepburn. Cukor schrieb ihr am 10. April 1941 nach New York und bat sie, einer anderen großen Schauspielerin auszuhelfen. Das Problem war der Badeanzug, den die Garbo tragen sollte. Kleidung auszuwählen empfand sie ohnehin als anstrengend; der entscheidende Moment, in dem sie ihren ganzen Körper in einem eng anliegenden Anzug »entblößen« sollte, drohte sie nun vollends am Boden zu zerstören. Cukor fiel ein, daß Katharine Hepburn sich einmal von der Designerin Valentina – die später, zusammen mit ihrem Mann George Schlee, eng mit der Garbo befreundet war – einen Badeanzug hatte entwerfen lassen, und er bat sie, diesen unverzüglich per Luftpost an die Westküste zu schicken (er solle nicht in dem Film benutzt werden – die Garbo sollte ihn nur mal anprobieren). Die Anprobe brachte die Garbo offenbar dazu, die Szene zu spielen.

Niemand war auf die geifernde Kritik an dieser albernen, aber harmlosen Komödie über eine Frau vorbereitet, die sich gegenüber ihrem auf Abwegen wandelnden Mann als ihre Zwillingsschwester ausgibt und ihn verführt. Die Garbo spielte beide Rollen. »Unchristlich gegenüber der Ehe ... unverschämt anzüglich ... eine Gefahr für die öffentliche Moral ... obszöne Kostüme« (nein, nicht der Badeanzug, das tief ausgeschnittene Abendkleid in der Tanzszene) – all das von seiten der Nationalen Legion für Anstand und Sitte der römisch-katholischen Kirche, die Anstoß an einer Story nahm, in der ein Mann mit der Schwester seiner Frau flirtete. MGM gab $ 14000 aus, um nachträglich noch eine Szene zu drehen, die offenbar machte, daß Douglas mit offenen Augen in die »Affäre« ging – und dadurch die ganze Komik zunichte machte. Aber nichts konnte die Kritiker besänftigen. »Das Niederträchtige ist seine Barbarei«, schrieb Cecelia Ager, »er macht die Garbo zum Clown, zur Possenreißerin.« Es

stimmt, der Film ließ der Garbo nicht einen Moment Spielraum, ihr Wissen um die menschliche Natur (und deren Entschuldbarkeit) zu projizieren. Es ist eine hölzerne Sexkomödie – eine Verwechslungskomödie, in der Sex nicht vorkommt.

Für eine Frau, die niemals die Gefühle einer Szene einstudiert hatte, sondern nur die Mechanik, war dies ein mechanischer Film ohne Gefühle. Es gab vermutlich noch einen weiteren Grund, warum der Film ein Reinfall wurde – einen, den Elinor Glyn acht Jahre früher bereits vorhergesehen hatte: »Wenn Greta Garbo je in einem Tonfilm eine Doppelrolle spielen sollte, würde – egal, wie großartig ihre schauspielerische Leistung – die von ihr ausgehende, magische Faszination sofort verlorengehen. Das Publikum würde das unbewußt sofort als »Trick« erkennen, und alle Illusion über ihre geheimnisvolle Persönlichkeit wäre dahin[25].« Wie wahr! Die Illusion war dahin, und was übrigblieb, war nicht einmal Kunst. Um dieselbe Zeit verließ Adrian, der ihre Kostüme entworfen hatte, die augenfälliger waren als der Schleier des Geheimnisses um sie und nicht weniger exotisch, das Studio, um sich als Couturier selbständig zu machen. »Wenn die Glanzzeit der Garbo endet, ist auch meine vorbei.«

Verärgert und aus der Fassung gebracht, schmiedete die Garbo Pläne, kurz vor der Premiere nach Mexiko in Urlaub zu fahren; William Orr redete ihr das jedoch mit der Begründung aus, eine Auslandreise sei »aus patriotischen Gründen« unklug – Pearl Harbor war gerade bombardiert worden, und Amerika befand sich im Krieg. In ihrem letzten Filmauftritt sagte die Garbo: »In dieser neuen, gefühllosen Welt ist kein Platz mehr für mich.« Auch das hätte ihrer Autobiographie entstammen können.

Der letzte Garbo-Film brachte Schwierigkeiten mit der Zensur. Die Problematik lag in der Story begründet: Die Garbo mußte darin ein Mädchen spielen, das einen Großindustriellen (Melvyn Douglas) heiratet und sich dann für ihre eigene verhätschelte Zwillingsschwester ausgibt, nur um ihn erneut in ihren Bann zu schlagen (*unten*) und ihn endgültig seiner verführerischen alten Flamme (gespielt von Constance Bennett, *Mitte*) auszuspannen. Die katholische Zensur erklärte, Ehebruch mit Verwandten sei ein Unding.

Die Garbo Ende der fünfziger Jahre: »Ich lasse mich sozusagen treiben.«

ENDLICH ALLEIN

War auch *Die Frau mit den zwei Gesichtern* beim Publikum nicht gut angekommen, so begegnete man der Garbo bei MGM doch weiterhin voller Ehrfurcht und Besorgnis. Ihre Politik der Absonderung, die sie zwanzig Jahre lang sowohl aus echter Menschenscheu als auch aus Berechnung betrieben hatte, sollte sich beim Niedergang ihrer Karriere nicht als Bumerang erweisen. Eine Angestellte, die 1979 noch im Studio arbeitete, erinnert sich an die »Frühwarnung« an die Kostümabteilung, in der sie 1942 als junge Assistentin arbeitete, mit der Miss Garbos Besuch am nächsten Tag angekündigt wurde. Alle Angestellten, die nicht direkt mit ihr zu tun hätten, sollten diskret im Hintergrund bleiben und sie nicht anstarren. Obwohl sie einander nicht leiden konnten, schätzte Louis B. Mayer sie noch immer, und selbst wenn dem nicht so gewesen wäre, hätte er sie der Konkurrenz nicht gegönnt. Die Garbo war nun frei und ungebunden und hätte überallhin gehen können, wo sich ihr Chancen boten; es ist daher bemerkenswert, daß sie keinerlei Neigung erkennen ließ, auf den Schutz des Studios zu verzichten, das ihr Arbeitsplatz und Ersatz-»Heimat« gewesen war, seit sie amerikanischen Boden betrat. Sie wollte noch immer filmen. Das Problem war: Was für Filme wollte sie machen? Sie hatte einen Rückschlag erlebt, auch wenn MGM behauptet, *Die Frau mit den zwei Gesichtern* sei langfristig gesehen kein Verlustgeschäft gewesen. Das verstärkte die Unsicherheit noch, die schon darin zu erkennen war, daß man geglaubt hatte, das Garbo-Image amerikanisieren zu müssen. Auch die ständigen Titeländerungen, die einige ihrer letzten Filme bis zum Tage ihrer Veröffentlichung erfuhren (s. Filmographie) sind Hinweise auf diese Unsicherheit. Was für Erwartungen brachte das Publikum jetzt einer Garbo-Produktion entgegen? Wünschte es die Garbo modern oder historisch, als heitere oder tragische Muse, in der Geschichte einer erfüllten oder unglücklichen Liebe?

Beide Parteien überdachten ihre Positionen, und das Studio wachte in gewohnter Weise über seine menschlichen Aktivposten. Wenn die Garbo – wie jetzt – um Hilfe bat, war man sogar noch eifriger bemüht als zu Zeiten, als sie vertraglich noch die Oberhand hatte. 1942 befürchtete sie, daß die Achsenmächte Schwedens Neutralität nicht respektieren könnten, und beschloß daher, ihre Schwägerin und ihre Nichte nach Amerika zu holen. Eine umfangreiche Studio-Akte offenbart die unermüdlichen Anstrengungen, die man bei MGM unternahm, um deren sichere und wahrscheinlich bevorzugte Überfahrt über Argentinien nach Amerika zu gewährleisten. Ein Teil dieser Bemühungen war darauf gerichtet, Gewähr dafür zu bieten, daß eine qualifizierte und geeignete Person sich um die Flüchtlinge kümmern würde – nämlich die Garbo. Eine denkwürdige Ironie des Schicksals war es, daß ausgerechnet Louis B. Mayer am 30. März 1942 in diesem Zusammenhang an das State Department schrieb: »Miß Garbo besitzt einen guten Charakter und ist äußerst zuverlässig und verantwortungsbewußt.« Eddie Mannix blies in dasselbe Horn. Man bat Salka Viertel, für die Verwandten der Garbo zu bürgen; aber sie lehnte bedauernd ab, weil sie schon für so viele »unterschrieben« habe, vor allem für Juden im vorhergehenden Jahr. So übernahm Bernie Hyman von Loew's Inc., MGM's Muttergesellschaft, die Bürgschaft.

Auch Bonitätserklärungen ihrer Banken mußten erbracht werden – sie geben übrigens interessante Aufschlüsse über ihre finanzielle Lage zu dieser Zeit. Der stellvertretende Direktor einer Hollywood-Bank, deren Kundin sie seit Dezember 1937 war, gab die Auskunft, »ihr Bankguthaben sei durchschnittlich immer fünfstellig«. Es sei sehr zufriedenstellend, fügte er naiv hinzu, daß sie nie um Kredit gebeten habe, »und wir haben Gründe für die Annahme, daß sie über ein beachtliches Nettoeinkommen verfügt.« Eine andere Bank in Los Angeles, bei der sie 1933 ein Konto eröffnet hatte, erklärte feierlich, daß die Garbo in den letzten drei Jahren durchschnittlich $ 122 000 auf dem Konto hatte. Bauernschlau verstand sie es, ihr Geld zusammenzuhalten: Ihre Wünsche überstiegen nie ihre Bedürfnisse – und die waren bescheiden. In den meisten Häusern, die sie bewohnte, benutzte sie zum Beispiel nur einige wenige Zimmer, die anderen ließ sie unmöbliert und schloß sie ab. Einen beträchtlichen Teil ihrer Einkünfte überwies sie nach Schweden, nachdem sie den Bankkrach von 1929 miterlebt hatte, und handelte fortan nach dem Prinzip »Teile und wachse«. Später entwickelte sie ein feines Gespür für Finanzexperten, deren Empfehlungen ihr den Wert ihrer Ersparnisse bewahren halfen. Von 1933 an legte sie ihr Geld in New York und Los Angeles in Grundbesitz und Immobilien an – und heute soll ihr ein erheblicher Teil der reichsten Einkaufsstraße in Beverly Hills, des Rodeo Drive, gehören. Einer ihrer schwedischen Wohltäter, Max Gumpel, ein Immobilienkönig mit einer ausgeprägten Vorliebe für das Theater- und Film-Milieu, hatte ihr beim Kauf ihres Landhauses außerhalb von Stockholm geholfen, das sie bei Kriegsausbruch mit gutem Gewinn wieder verkaufte. Ihre Familienangehörigen lagen ihr nicht auf der Tasche, sie lebten weiterhin bescheiden und zurückgezogen; ihre Mutter starb in Kalifornien. Es ist müßig, darüber zu spekulieren, wie vermögend sie heute ist. Berichten zufolge wurde ein Treuhandfonds eingerichtet, der ihr ab ihrem fünfzigsten Geburtstag (1956) jährlich $ 200 000 auszahlen soll. Freunde wie der Reeder Aristoteles Onassis und wenigstens ein de Rothschild wußten sie vor den verheerenden Auswirkungen der Inflation zu bewahren. Und schon zu Zeiten, als sie noch nicht viel von Kunst verstand, hatte sie einen Instinkt für gute Investitionen; ein Freund, der sie 1948 in Hollywood besuchte, registrierte einen Rouault, einen Modigliani, einen Bonnard und zwei Renoirs – einer davon eine Landschaft, die sie wahrscheinlich ein paar Jahre zuvor bei einer öffentlichen Auktion in New York für »nur« $ 8000 erworben hatte. Schon 1942 war sie Multimillionärin.

Der Krieg setzte ihr weder finanziell zu, noch brachte er sie gefühlsmäßig in Wallung; ihre Veranlagung schloß eine Truppenbetreuungsarbeit, wie andere Stars sie leisteten, aus. Abgesehen davon, daß sie, wie bereits erwähnt, Hitler ermorden wollte, sind andere, weniger blutrünstige politische Gesten von ihr nicht überliefert. Das war nicht immer so. Mitglieder der Lincoln-Brigade, die im Spanischen Bürgerkrieg gegen Franco gekämpft hatten, wurden bei ihrer Entlassung mit einem Imbiß auf dem Farmers Market in Los Angeles und einer neugierigen Garbo überrascht, die sie über ihre Feuertaufe in den antifaschistischen Kampflinien befragte. Bis zum Zweiten Weltkrieg war diese Neugier bei ihr verflogen. William Orr fragte 1943 mehrfach vorsichtig bei ihr an, ob sie für die Ausstrahlung in Übersee eine Botschaft auf schwedisch aufnehmen würde, die Amerikas Wertschätzung ihres neutralen Vaterlandes zum Ausdruck bringen sollte. Der Anstoß hierzu kam von der Regierung. Egal – es wurde nichts daraus. Die Garbo wollte sich nicht »benutzen« lassen, auch nicht für den Einsatz im Krieg. Im Falle der in jüngerer Zeit häufig kolportierten Geschichte, sie habe für die Alliierten als Geheimagentin gearbeitet und schwedische Landsleute zweifelhafter Loyalität bespitzelt, spricht alles für reine Erfindung, es gibt keinerlei sie erhärtende Tatsachen.

Inzwischen hatte MGM ein neues Projekt für die Garbo ins Auge gefaßt: einen Kriegsfilm. Es war vielleicht ein Glück für die Garbo, daß sich ihr dank der Konfrontation der Sowjetunion mit Nazi-Deutschland ein breiteres Rollenspektrum auftat, als es vielleicht der Fall gewesen wäre, wenn das Hitler-Stalin-Bündnis gehalten hätte. Das spiegelte sich in dem Titel für den vorgeschlagenen Film wieder: *The Girl from Stalingrad*. Aus einer kurzen Inhaltsangabe geht hervor, daß die Garbo eine russische Widerstandskämpferin spielen sollte. Am 20. Dezember 1942 unterschrieb sie einen Vertrag für diesen Film und kassierte $ 70 000 – weitere $ 80 000 sollte sie nach Abschluß der Dreharbeiten bekommen. Das war die gleiche Gage, die sie für *Die Frau mit den zwei Gesichtern* erhalten hatte, jedoch ein gewaltiger Rückgang gegenüber ihrer Spitzengage von $ 275 000 (oder noch mehr, wenn man den Alterszuschlag hinzurechnete). Es war ihr letzter Filmvertrag mit MGM. Denn obwohl es der Garbo zu dieser Zeit ganz gewiß nicht bewußt war, hatte sie bereits die Reise in die lange, lange Zurückgezogenheit angetreten, die ebenso endgültig war wie Königin Christines selbstgewähltes Exil und die nun schon fast vierzig Jahre dauert, beinahe doppelt so lange wie die Zeitspanne ihres Arbeitslebens. Der vorgeschlagene Film wurde nie gedreht – sie fand das Drehbuch »deprimierend« –, und sie sollte nie wieder filmen.

Es ist sicher, daß die Garbo das alles nicht so geplant hatte. Sie hatte nicht die Absicht gehabt, zurückzutreten; aber der Mißerfolg von *Die Frau mit den zwei Gesichtern* machte sie fast krankhaft vorsichtig bei der Wahl ihrer Filme. Vorschläge kamen viele, aber jeder wurde mit dem gleichen Mißtrauen analysiert, mit dem sie seit langem dem Leben selbst begegnet war. Und wie das Leben, so ging sie auch die Drehbücher an – sie wollte kein Risiko eingehen. Untersucht man rückblickend, was auf dem einen oder anderen Umweg an sie herangetragen wurde, fällt einem mit bedrückender Regelmäßigkeit auf, wie »sicher« die meisten dieser Vorhaben waren.

Sie zog ernsthaft eine Story in Erwägung, in der sie einen weiblichen Kapitän in der norwegischen Handelsmarine darstellen sollte. Aber bei den meisten ernsthaft in Erwägung gezogenen Rollen ging es um geschichtlich oder literarisch überhöhte Gestalten – Madame Curie, George Sand, Sarah Bernhardt, Jeanne d'Arc –, außerdem spielte sie in Gedanken mit einer Neuverfilmung ihres Tonfilmes *Inspiration (Yvonne)* mit Montgomery Clift in der Rolle des Robert Montgomery. Gegen Ende des Krieges lud Gabriel Pascal sie nach England ein, damit sie Shaws Heilige Johanna spielte – »die Idee von Frauen in Männerkleidung hat einen visuellen Reiz, der sie anspricht«, schrieb Cecil Beaton um diese Zeit in sein Tagebuch –, aber der teure Reinfall von *Cäsar und Cleopatra* kappte die Kreditleitung zu seinen Geldgebern.

Geld für einen Garbo-Film aufzutreiben wurde nun erstmalig selbst für die Erfolgsgewohnten schwierig. Unabhängige Produzenten wie Walter Wanger oder David Selznick, von den Geldquellen der größeren Studios abgeschnitten, mußten wahre Bravourleistungen vollbringen, um das Budget zusammenzukriegen. Selznick, der widerstrebend *Anna Karenina* produziert hatte, schickte eine Mitteilung an den Agenten Leland Hayward, an den die Garbo herangetreten war, in der er zum Ausdruck brachte, daß sie derzeit (1947), von niemandem im Filmgeschäft mehr für eine zugkräftige Schauspielerin gehalten würde; aber da sich der Publikumsgeschmack verbessert habe, glaube er persönlich, »sie könnte heute wie nie zuvor ankommen und ein noch größerer Star werden[26].« Als er noch bei MGM war, hatte er *The Paradine Case* speziell für die Garbo gekauft, und der Part der Heldin mit der Neigung zur Giftflasche war ihr sozusagen auf den Leib geschrieben worden. Man bot ihr die Rolle nochmals an, aber wieder lehnte sie ab. Um die gleiche Zeit trat RKO mit *I Remember Mama* an sie heran und erhielt zum Dank die telegrafische Antwort: »Keine Mörderinnen, keine Mamas.«

Die entnervende Ungewißheit, daß man bei der Garbo nie wußte, woran man im nächsten Augenblick mit ihr war, machte kaum etwas einfacher. Selbst eine Fühlungnahme mit ihr war wie Kriegsspionage. Typischerweise hatte sie noch immer keinen Rechtsanwalt, der ständig ihre Interessen vertrat, sondern nahm sich nur in Bedarfsfällen einen. Produzenten mußten sich über einflußreiche Vermittler an sie wenden – meistens war das Salka Viertel, eine Frau, die ihre ganz eigenen, festen Vorstellungen davon hatte, was zur Garbo paßte. Manche der verpaßten Chancen machen einen fassungslos, obwohl vielleicht nicht gerade *Meine Cousine Rachel*; hier lehnte sie ab – »Ich könnte nie aus Cornwall sein« –, nachdem Cukor bereits nach England geeilt war, um sich bei Daphne du Maurier die Rechte zu sichern. Aber Cecil Beaton berichtet, daß ihr die Rolle der Blanche in *A Streetcar named Desire (Endstation Sehnsucht)* angeboten worden war, die sie mit der unerhörten Begründung ablehnte: »Ich könnte nie eine verworrene und komplizierte Persönlichkeit spielen. Ich bin zu direkt und maskulin, ich könnte es nicht ertragen zu lügen [...] wie diese Frau in dem Stück[27].« Sie war aber Feuer und Flamme, für Alexander Korda die Kaiserin Elisabeth von Österreich in Cocteaus *L'aigle á deux têtes* zu spielen. Aber daraus wurde nichts, weil Korda schon Eileen Herlie eine Zusage gegeben hatte; der Trostpreis, die Rolle der Ranevskaja in Tschechows *Der Kirschgarten*, war unakzeptabel.

Man kann durchaus verstehen, warum die Garbo so wählerisch war. Sie handelte instinktiv; Tschechows literarischer Ruf sagte ihr nichts: »Das ist nicht aufregend, ist nichts für mich«, sagte sie Beaton. Und damit basta. Aber ihr Mangel an Begeisterung in Verbindung mit ihrer tragischen Veranlagung führten unausweichlich zu unguten Vorausahnungen: Jedesmal, wenn sie eine Rolle wirklich gewollt hatte, war irgend etwas dazwischengekommen. Diese »Etwas« waren gewöhnlich nichts anderes als die üblichen unglücklichen Zufälle oder widrigen Umstände, die im Filmgeschäft in der ganzen Welt vorkommen. Die Garbo sah das jedoch anders: Sie lebte zunehmend in dem Gefühl, daß sie *nie* mehr einen Film machen würde. Sie hatte nun keinen direkten Kontakt mehr mit einem Studio, das früher die Dinge für sie in die Wege geleitet hatte; und sie selbst hatte dazu kein Talent. Wie hätte sie auch eine solche Begabung entwickeln sollen? Sie war durchdrungen von der unerschütterlichen Gleichgültigkeit, mit der sie früher im Studio so manche Schlacht gewonnen hatte. Nun kam sie sich mit dieser Veranlagung sogar selbst in die Quere und zerstörte sich selbst ihre Chancen.

Eine besonders vielversprechende Gelegenheit ergab sich 1949. Für eine »Abschlagszahlung« von $ 50 000 hatte Walter Wanger, der Produzent von *Königin Christine* ihre Begeisterung für Balzacs Herzogin von Langeais erweckt, eine hochwohlgeborene Dame, die ihrem Liebhaber den Laufpaß gibt und ins Kloster geht. Die Regie sollte Max Ophüls führen, der gewiß ihr Image gewahrt und vielleicht sogar ihr Gesicht künstlerisch erhöht hätte, in welches das Alter und die innere Anspannung dünne Fältchen eingegraben hatten. Sie ging jetzt auf die fünfundvierzig zu. James Mason sollte die männliche Hauptrolle spielen, und James Wong Howe machte tatsächlich Kostümaufnahmen, die einzigen der Garbo in Farbe (heute angeblich »verlegt«). Aber eine wesentliche Voraussetzung für diese Produktion war die finanzielle Unterstützung des Verlegers und Unternehmers Mario Rizzoli – es sollte eine italienisch-amerikanische Koproduktion werden. Wanger hielt die Anwesenheit der Garbo in Rom für erforderlich, damit sie mit ihrer einzigartigen Ausstrahlung auf den Vertragsabschluß einwirkte.

Ein Augenzeuge hat eine lebendige Schilderung ihres Aufenthaltes in der Ewigen Stadt hinterlassen. Obwohl es nur ein Bericht der äußeren Umstände ist, vermittelt er doch ein klares Bild sowohl von den Problemen, die jedes Garbo-Projekt auf-

LINKE SEITE: Nach ihrer Trennung von MGM freundete sie sich mit Männern an, die über Macht und Einfluß verfügten und diese zu ihrem Schutz einsetzten. Hier mit Aristoteles Onassis in den fünfziger Jahren.

UNTEN: Die Garbo mit Freunden, darunter Onassis und George Schlee, bei der Begrüßung von Gracie Fields während eines Besuches des griechischen Millionärs mit seiner Yacht *Christina* in Capri.

warf, als auch von der Auffälligkeit, mit der sie ihre Identität jetzt bei ihren Ausflügen in die Öffentlichkeit zu verbergen suchte. Sie war unter dem *nom de voyage* Harriet Brown gereist, einem von vielen Pseudonymen, die sie im Laufe der Jahrzehnte benutzt hatte. (»Miss Brown«, sagte Ivor Novello einmal zu ihr, »darf ich Sie nun, nachdem wir uns besser kennen, › Harriet ‹ nennen?«) »Die Drehtür saust herum, und es erscheint eine Gestalt, die aussieht, als gehörte sie einem nicht ganz so strengen Orden an. Ein riesiger Strohhut verdeckt vier Fünftel des Gesichts; darunter, unsichtbar unter der Hutkrempe, eine Sonnenbrille. Ein loses einteiliges Gewand, in der Taille von einem schlichten Gürtel zusammengehalten. An den Füßen Sandalen. Das ist Miss › Harriet Brown ‹. Mit einem Schritt ist sie im Auto. Ein Mann, der ihr folgt, ist mit einem Schritt neben ihr. Die Tür schlägt zu. Der schnelle Zweisitzer braust davon, gefolgt von drei Fahrzeugen, zwei Jeeps und einem Motorrad. [...] Zurück zum Hotel. Miss › Harriet Brown ‹ fegt durch die Drehtür, wie aus der Kanone geschossen, ist im Lift, läßt den großen Blumenstrauß von ihrem italienischen Produzenten [...] liegen, wo er seit dem Morgen lag – beim Portier[28].«

Ihr bekannt mysteriöses Gehabe – ihr Strohhut war bald ein ebenso unübersehbarer Bestandteil Roms wie die Kuppel der Peterskirche – war dem Projekt nicht förderlich. Ihre frustrierende Unnahbarkeit und Unergründlichkeit in des Wortes eigentlicher Bedeutung – es heißt, sie habe ihre Produzenten in einem gegen das Tageslicht abgedunkelten Raum empfangen und sei selbst zudem noch verschleiert gewesen, als hätte sich der Geist der Klostergräfin schon auf sie herabgesenkt – erschöpfte die

Geduld der lebhaften Italiener. Vielleicht sahen sie auch die Schwierigkeiten bei der Produktion voraus, die sich aus dem Selbstschutzgebaren der Garbo ergeben konnten. In einem Hollywood-Studio mochte es sich einst zu ihrem Vorteil ausgewirkt haben, aber das war vorbei, Filme wurden nicht mehr in Studios gemacht, und der Neorealismus gab alle Aspekte des Lebens im Nachkriegseuropa zur Besichtigung auf der Leinwand frei. Der Handel zerschlug sich. »Es war zum Verzweifeln, und die Garbo fühlte sich zutiefst gedemütigt«, erinnerte sich George Cukor[29].« »Ich habe keine Pläne«, erklärte sie 1950 ungewöhnlich mitteilsam einem Reporter, »ich lasse mich sozusagen treiben.«

Mit der Zeit wurde sie immer seltener in den MGM-Akten erwähnt. Es berührt einen wehmütig festzustellen, daß man in dem Studio, mit dem ihr Ruhm und Reichtum unlösbar verbunden waren, in der Vergangenheitsform über sie zu reden begann – wie ein treu ergebener Sekretär, der nach dem Tod eines strengen, aber geliebten Herrn dessen Nachlaß verwaltet.

Die Öffentlichkeit scheint die Garbo von nun an nur noch »unterwegs« zu Gesicht bekommen zu haben. Ihre Ruhelosigkeit wurde früher weitgehend dadurch gemildert, daß sie Hollywood als sicheren Hafen hatte, obwohl ihre ständigen Umzüge von Haus zu Haus dort schon beinahe etwas Neurotisches hatten. Sie war keine Einsiedlerin in dem Sinne, daß sie lange an einem Ort blieb; sie wurde es paradoxerweise immer dann, wenn sie unter Menschen ging. Sie hat einmal gesagt, sie reise gerne, weil man dann allein sei und keine Leute zu treffen brauche. Der Idealzustand für die Garbo wäre gewesen, allein – d.h. unerkannt – in der Menge zu sein.

Nicht, daß sie nun wirklich »allein« war. Sie war vielmehr oft in Begleitung, jedoch ohne feste Bindung. »Was ich nicht verstehe«, schrieb Sorensen 1955, »ist, warum sie diese Kräfte außerhalb der Reichweite der Kamera nie ernstlich eingesetzt hat [um Männer einzufangen]. Jedes menschliche Wesen, mit dem sie in Kontakt kam, wäre ihrer mächtigen Anziehungskraft erlegen. [...] Sie aber hat sich für ein Leben in Einsamkeit entschieden und läßt ihren enormen Sex-Appeal brachliegen[30].« Cecil Beaton war einer der wenigen, der in die Lage kam, ihr einen Heiratsantrag zu machen, und schrieb später seine Erinnerung daran nieder. Die Garbo antwortete Beaton: »Aber wir würden nie miteinander auskommen. Und außerdem würde es dir nicht passen, mich morgens in einem Alt-Herren-Pyjama zu sehen.« – »Ich würde auch einen Alt-Herren-Pyjama tragen. Und ich glaube, wir *würden* sehr wohl miteinander auskommen – falls dir meine Pfeiferei im Badezimmer nicht auf die Nerven geht.« – »Du bist sehr oberflächlich: Man plant sein Leben nicht nach den Badezimmergewohnheiten anderer Leute. Außerdem würdest du dich sorgen, wenn ich schwermütig und traurig bin.« – »Ach nein – du müßtest dich nämlich besorgt fragen, warum ich so glücklich bin, und der Grund wärest du.« – »Es ist komisch, ich erlaube niemandem außer dir, meine Wirbel zu berühren – sie verschieben sich so leicht[31].«

Dieser Dialog ist nicht nur wegen der situationsbedingten, wenn auch ungenutzt verstrichenen Chancen denkwürdig. Er erinnert fast gespenstisch an den verbalen Schlagabtausch in *Die Frau mit den zwei Gesichtern*, als Melvyn Douglas der Garbo »einen Stern, einen Teppich zum Mond, Sahne von der Milchstraße« zum Geschenk machen will. Auch hier lehnte sie rundweg ab: »Was sollte ich mit einem Stern anfangen? Ein Teppich zum Mond? Nimmt zuviel Platz weg. Sahne von der Milchstraße? Macht zu dick.« Gespräche mit der Garbo, egal welcher Grundstimmung – zärtlich, traurig oder flirtend –, geraten unweigerlich zu Drehbuch-Dialogen, verwirrend ist nur, daß sie jetzt ohne Kamera ablaufen. Hat man einmal ihre Stimme gehört – diesen »Arckscentte«, wie Beaton ihre kehlige Aussprache lautmalerisch umschrieb –, wird einem klar, warum ihre Äußerungen, so trivial sie auch sein mögen, oft stärker erregten als die phlegmatische Persönlichkeit dahinter. Die Garbo reizt die Leute dazu, sie zwanghaft wie ein Papagei nachzuahmen. Die meisten Anekdoten über sie leben davon, daß man *sie* dabei *hört*. Eine Kolumnistin erschien einmal überraschend auf einer Party und war entzückt, die Garbo unerwartet dort anzutreffen. Sie war zudem so egozentrisch, daß sie die Unterhaltung ganz allein bestritt. »Das muß ich meinen Freunden erzählen, daß ich Sie kennengelernt habe«, rief sie beim Abschied aus. »Vergessen Sie nicht zu erwähnen, daß es rrrein zufällig war«, klang es brummig zurück.

Aufschlußreich ist auch die Geschichte über Greta Garbos Besuch bei Gertrude Steins Freundin Alice B. Toklas, die sie fragte, ob sie gerne die Gemäldesammlung ihrer Gönnerin sehen wolle. Über allen Bildern wurden die Lampen angeschaltet; die Garbo ließ ihren Blick von Leinwand zu Leinwand wandern,

LINKE SEITE, OBEN: Andere, weniger illustre Begleiter waren dazu da, eine Legende vor der sie verfolgenden lästigen Öffentlichkeit mit ihrer Körperkraft zu beschützen.

LINKE SEITE, UNTEN: Endlich amerikanische Staatsbürgerin! Am 9. Februar 1951 leistete sie in Los Angeles vor Gericht ihre Unterschrift und den Treueeid. Ihren in der Heimat erworbenen Gewohnheiten blieb sie jedoch treu, indem sie anschließend kommentarlos davonhastete.

UNTEN: Ein Cecil-Beaton-Porträt vom April 1946. »Allmählich begann sie alle möglichen Posen einzunehmen und Stimmungsnuancen zu zeigen«, schrieb er. »Plötzlich blühte die Künstlerin in ihr auf.«

SEITE 168/169: Eine der ausdruckvollsten Porträtstudien von Cecil Beaton, ebenfalls aus den vierziger Jahren.

ohne ihren Platz in der Mitte des Raumes zu verlassen und ohne ein Wort zu sagen, bis sie die *tour d'horizon* durch die einmalige Sammlung beendet hatte; dann sagte sie abschließend-emphatisch »Danke.« Als sie fort war, bemerkte Miß Toklas ebenso wortkarg: »Mademoiselle Hamlet.«

Einmal bat das Weiße Haus eine Freundin der Garbo, diese zur Teilnahme an einem Bankett zu bewegen, das Präsident Kennedy zu Ehren von Königin Elisabeth II. geben wollte. Die Garbo war sofort auf der Hut. Schließlich sagte sie, sie habe nichts anzuziehen (ihre Standardausrede, wenn sie etwas nicht tun wollte). Die Freundin blieb hartnäckig: Sie könnten ein Abendkleid kaufen gehen, es würde nicht lange dauern, nur zehn Minuten. Angeblich überdachte die Garbo dieses nicht sonderlich raffiniert vorgebrachte Ansinnen trotz ihrer notorischen Abneigung gegen große Garderobe und sagte schließlich im Tone strenger Zurechtweisung: »Was soll das heißen, »zehn Minuten«? Meinst du, man lernt jeden Tag eine Königin kennen?« Das Treffen fand natürlich nicht statt.

Viele Leute, sogar Freunde fanden das Sprunghafte ihrer Beziehungen extrem mühsam, entschuldigten es aber, wie man anstrengende Kranke entschuldigt. Manche, die der Garbo ein Talent für Freundschaften absprachen, räumten ein, daß sie ihren Groll in dem Moment vergaßen, wo sie mit ihr zusammen waren. Eine als »schwierig« bekannte Person kann gerade aufgrund ihres seltsamen Wesens Menschen in ihren Bann ziehen. Das trifft ganz gewiß auf die Garbo zu.

Nur ganz wenige blieben unbeeindruckt von ihr. »Ich fürchte, ich habe Ihren Namen nicht verstanden«, sagte ein Nicht-Verehrer einmal gewollt witzig zu ihr. Sie konnte nicht darüber lachen. Konversation mit ihr dreht sich meistens im Kreise. Sie versteht sich nicht auf *small talk,* außer unter Vertrauten: das heißt, sie bringt eher Gefühle als Meinungen zum Ausdruck. Wenn sie Journalisten abwehren wollte, kam ihr das natürlich zustatten. »Hatten Sie während Ihres Auslandaufenthaltes ein romantisches Abenteuer?« – »Ist das Leben nicht voller romatischer Abenteuer?« fragte sie zurück. Fragen so umzukehren war ganz typisch für sie, aber es ist auch typisch dafür, daß sie lieber über abstrakte als über persönliche Dinge sprach. Der Dramatiker Robert E. Sherwood erzählte gerne, wie er einmal zwei geschlagene Stunden mit der Garbo allein im Schlafzimmer eines Freundes zubrachte, in das sie sich vor dem allzu dichten Partygedränge zurückgezogen hatten. »Und was haben Sie beide da miteinander gemacht?« wurde er gefragt. »Wir haben uns unterhalten.« – »Worüber?« – »Über … Frieden.« Direkte persönliche Fragen sind ihr das größte Greuel. Fremde, die so taktlos (oder unerfahren) sind, sie auszufragen, läßt sie schnell stehen. Wenn sie jemals auf Hollywood anspielte, was im Laufe der Jahre und aufgrund der räumlichen Entfernung immer seltener geschah, tat sie dies immer mit Floskeln wie »dort« oder einfach »früher«.

Nur manchmal überkam die Garbo das Verlangen, sich den einen oder anderen ihrer alten Filme anzusehen; gewöhnlich hieß das, sich mit Cinematheken in Verbindung setzen zu müssen, denn in den fünfziger Jahren waren nur noch wenige Filme von ihr in Umlauf. Um diese Zeit machte Hollywood noch keine Geschäfte mit der Konkurrenz, daher konnte die Garbo ihre Vergangenheit noch nicht als Spätprogramm im Fernsehen betrachten. Ihre Filme waren Museumsstücke geworden, sie selbst ein lebendes Fossil. Sogar vor dem Objektiv des professionellsten Fotografen unter ihren Freunden scheute sie zurück, und ihre Angst davor mußte schrittweise überwunden werden. Als Beaton 1946 ein neues Paßfoto von ihr machte – nachdem sie ihm verzagt und nur indirekt zu verstehen gegeben hatte, daß sie eines brauchte –, trat sie vor seine Rolleiflex wie vor ein Erschießungskommando, und nur ganz allmählich »blühte« die Künstlerin in ihr wieder »auf«. Elf Jahre später war die Neurose noch schlimmer. Der Porträtfotograf Anthony Beauchamp bemühte sich zehn Nächte nacheinander aus beruflichem Interesse um sie, bis sie schließlich einwilligte, für fünf (und nur fünf) Farbfotos Modell zu sitzen; »und nach jedem Foto mußte ich sie praktisch an den Stuhl fesseln, um ein weiteres zu bekommen«.

Um diese Zeit starb ihr Bruder Sven; ihre nächsten Verwandten waren nun Svens unehelicher Sohn (der auch Sven heißt) und seine Tochter Gray. Sven Gustafsson lebt nun, da ich dies niederschreibe, in Stockholm. Er ist ein charmanter Herr in den Sechzigern, seriösen Anfragen gegenüber ebenso offen, wie seine Tante ihnen gegenüber verschlossen bleibt; seine Herzlichkeit und sein bescheidener Stolz auf die Verwandtschaft sind auf jeden Fall Wesenszüge, in denen sich das ausgeglichenere und extravertiertere Temperament von Greta Garbos Schwester Alva widerspiegelt, die, wie erwähnt, zu Beginn ihrer eigenen, vielversprechenden Filmkarriere starb. Sven Gustafsson hat seine Tante seit Mitte der dreißiger Jahre nicht mehr gesehen; er steht mit ihr in Briefverkehr, schweigt aber verständlicherweise diskret über ihre Antworten, sofern er welche erhält. Seine Halbschwester Gray wurde im Mai 1955 in der *New York Times* erwähnt, als sie an der juristischen Fakultät der Yale Universität war und sich mit einem Arzt verlobte. Der Name Greta Garbo wurde in der Meldung nicht erwähnt – ihre Angst, ihre letzten Angehörigen könnten aus der Verwandtschaft mit ihr Kapital zu schlagen versuchen, erwies sich als überflüssig.

Die engere »Familie« der Garbo setzt sich aus dem stets kleiner werdenden Kreis jener Wohlhabenden und Mächtigen zusammen, die ihr dank ihrer Beziehungen den Schutz und die ungestörte Ruhe bieten können, die man mit Geld noch immer kaufen kann. Viele dieser Leute sind oder waren »Stars« in ihrer eigenen kleinen exklusiven Welt: Aristoteles Onassis und Sir Cecil Beaton, Sam Spiegel, Baron Eric de Rothschild, Irwin Shaw, Peter Viertel und dessen Frau Deborah Kerr. Sie haben in ihren Gewohnheiten auf die anspruchsvolle, »außergewöhnliche« Natur ihrer Freundin und ihres Gastes Rücksicht genommen. Die Garbo betrachtet solche Leute als vertrauenswürdig: Auch sie müssen sich ja darauf verlassen können, daß man Stillschweigen bewahrt über sie und ihren Lebensstil. Außerdem sind sie, praktischer gesehen, im besten Sinne des Wortes »Manager« und in der Lage, für die Garbo Dinge zu erledigen, die ihr wegen ihres Horrors vor Fremden immer ein Greuel waren – die Herstellung von Verbindungen mit der Außenwelt, in Anlaufhäfen, die Erledigung von Zoll- und Einreiseformalitäten, die Bereitstellung aufwendiger Transportmittel (Yachten, Privatflugzeuge, Autos mit Chauffeur) rund um die Uhr, um sie unauffällig abzuholen oder ihr eine schnelle Flucht zu ermöglichen. Selbst ohne Organisationstalent, hat sie diese Begabung bei anderen immer bewundert.

Das ist auch der Schlüssel zu ihrer langen und engen Beziehung zu einem Mann, der über weite Strecken ihr Leben fern der Leinwand bestimmte, George Schlee, einem Finanzier aus New York, der auch die *maison de couture* seiner Frau Valentina managte. Von anderen, die vielleicht auf seinen engen Kontakt zur Garbo eifersüchtig waren, wurde er als »der Kleine« bezeichnet. Seine Vorfahren waren – ebenso wie die von Mauritz Stiller – Russen. Auch besaß er Stillers Schroffheit und verstand es, anderen Menschen seinen Willen aufzuzwingen; wie Stiller hatte er Geschmack an den guten Dingen des Lebens, mit denen Stiller auch die Garbo bekannt gemacht hatte, die den Luxus, den andere ihr boten, durchaus zu schätzen wußte.

Sie hatte Schlee und seine Frau kennengelernt, als Gayelord

RECHTE SEITE: Drei weitere Cecil-Beaton-Fotos, zwei davon aus den vierziger Jahren, das dritte *(oben rechts)* wurde 1959 aufgenommen. Obwohl sie sich ständig Sorgen um ihre Gesundheit machte, ging das nicht soweit, daß sie das Rauchen aufgab.

Hauser sie in Valentinas Salon einführte, um seine Strategie geistiger Aufrüstung auch äußerlich zu unterstützen. Die Schlees waren einer der Gründe, warum sie ihre Wohnung in einem New Yorker Hotel aufgab, die sie sich zugelegt hatte, als sie sich nach dem Krieg in New York niederließ. Sie verkaufte das Apartment an Greer Garson und zog in die 52nd Street, in dasselbe Apartmenthaus wie die Schlees, in eine Wohnung mit Blick auf den East River, der sie bei entsprechendem Licht an den Stockholmer Sund erinnern mag. Die Schlees und die Garbo sah man oft zusammen in der Stadt – die Frauen in Kreationen von Valentina oft verwirrend ähnlich gekleidet. Den Sommer verbrachte die Garbo in Schlees Villa *Le Roc* am Cap d'Ail in Südfrankreich. Schlee kümmerte sich nun um die finanziellen Angelegenheiten der Garbo, so wie es in den dreißiger Jahren andere mit ihr befreundete Männer getan hatten; sie genoß seine disziplinierende Entschlossenheit, solange nicht zu befürchten war, daß aus ihrem Ruhm Kapital geschlagen oder sie selbst vertraglich oder gefühlsmäßig gebunden würde.

Als Schlee 1964 im Hotel Crillon in Paris, wo er mit der Garbo abgestiegen war, unerwartet an Herzversagen starb, floh die Garbo voller Panik zu Freunden und überließ es seiner Frau Valentina, sich um die Trauerfeierlichkeiten zu kümmern. In der Presse ist sie dafür hart kritisiert worden, worunter sie sehr gelit-

ten haben muß; es heißt, daß sie und Valentina sich nach Schlees Tod auch kaum noch gesehen haben, obwohl sie nach wie vor im selben Apartmenthaus wohnen. Solche Ereignisse lösten in der Garbo immer eine Pawlowsche Alarmreaktion aus. Sie war wieder »allein« und jetzt in den Sechzigern, einem Lebensalter, in dem der eigene Tod näherrückt – in ihrem Fall eine traurige Ironie, da sie ohne ihren Willen schon »unsterblich« war.

Paradoxerweise wäre ihr ein Film-Comeback in diesen Jahren psychologisch vielleicht leichter gefallen als in den Jahrzehnten davor. In ihr Gesicht hatten sich nun die nicht mehr zu verbergenden Falten frühzeitigen Alterns eingegraben. Sie hätte nun nicht mehr in den gefühlsmäßig entmutigenden Wettstreit mit ihrem jüngeren Ebenbild treten müssen, was bei einer früheren

Linke Seite Oben und Rechts Oben: Mit George Schlee (1956) – ein schnell greifbarer Mantel dient der stets Flüchtigen als Sichtschutz.

Linke Seite, Unten: Wachsender Verfolgungswahn: George Schlee wehrt unerwünschte Publicity ab (1949).

Rechts: Die Garbo schnappt sich den Hut ihres Begleiters, vergißt aber den verräterischen Wandspiegel. Um 1950.

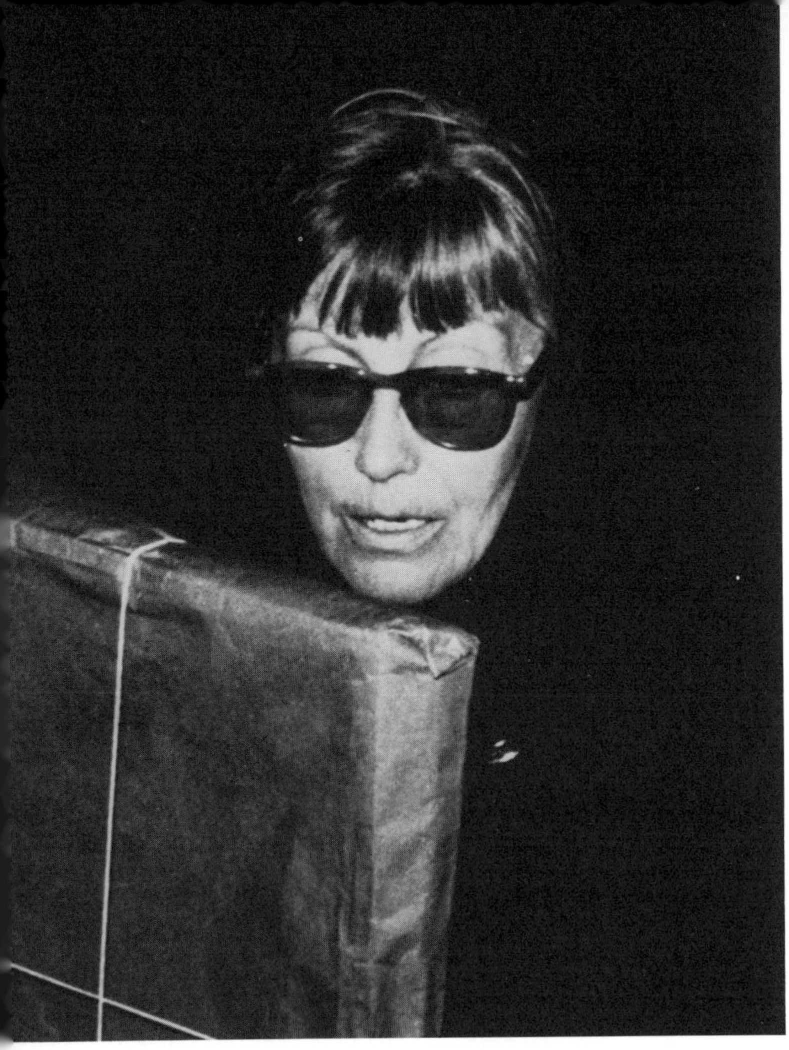

Rückkehr auf die Leinwand unweigerlich geschehen wäre. Man hätte – und hat! – den mittleren Teil im Leben und in der Kunst der Garbo vermißt, aber man hätte sich voll Dankbarkeit mit dem »dritten Akt« zufrieden gegeben. Ingmar Bergman hatte sie 1963 gebeten, in *The Silence (Das Schweigen)* mitzuspielen. Es wär ihre erste schwedische Sprechrolle gewesen. Die beiden unterhielten sich mehrere Stunden lang, aber es kam nichts dabei heraus. Freunde von Ingmar Bergman glauben, die Garbo habe geahnt, daß sie sich total in den Dienst der ausgeprägten, inneren Vorstellungen dieses Regisseurs hätte stellen müssen. »Autorenschaft«, die es (offiziell) zu ihren Star-Zeiten in Hollywood nicht gab, war ein typisches Merkmal der Filme der Nachkriegszeit, als der Regisseur der »Superstar« war – zumindest zeitweise. Da war die Garbo instinktiv auf der Hut, ein Drehbuch war ihr lieber als eine Psyche.

Den letzten Wirbel verursachten noch 1976 Gerüchte über eine bevorstehende Rückkehr [zum Film], als Luchino Visconti seinen Film im Geiste mit Stars besetzte, um das Vertrauen seiner Bankiers in die von ihm geplante Verfilmung von Prousts *Auf der Suche nach der verlorenen Zeit* zu festigen; er bot der Garbo die Rolle der Königin von Neapel (ja, schon wieder eine Königin!) an, der im Exil lebenden Sechzigerin, auf deren Arm Baron de Charlus sich stützt, als auf dem Empfang bei den Verdurins seine Moral unter Beschuß gerät. Aber Visconti konnte das Geld nicht auftreiben, und so verlief das Projekt im Sande – und die Garbo hatte wieder einmal das Gefühl, vom Schicksal eine Abfuhr erhalten zu haben.

Sie verbrachte ihre Tage jetzt in New York, in jenem relativ einförmigen, ziellosen Trott, dem sich so manch eine pensionierte alte Dame mit bescheidenen Einkünften und ohne Berühmtheit notgedrungen, nicht aus eigenem Antrieb überläßt. Sie pflegte gegen zehn Uhr morgens ihr aus Vorsicht nicht namentlich gekennzeichnetes Apartment zu verlassen – bis vor kurzem war neben ihrer Klingel nur der Buchstabe »G« angebracht –, gekleidet in einen dunklen cape-artigen Mantel, mit einem das Gesicht beschattenden Hut und manchmal Hosen (inzwischen kein ungewohnter Anblick mehr). Mit einem für ihr Alter ziemlich flotten Gang, aber zunehmend gebückt, klapperte sie die größeren Kaufhäuser und die kleinen Antiquitätengeschäfte ab. Mit dem Sinn für Antiquitäten hat sie Stiller schon in *Gösta Berling*-Tagen angesteckt, als sie beide in Stillers Kissel-Sportwagen schwedische Städte und Dörfer bereisten, um echte Antiquitäten als Film-Requisiten auszugraben. Jetzt kaufte sie selten etwas.

Ihre engsten Freunde begannen nun nach und nach zu sterben oder hatten irgendwelche Gebrechen. Beaton starb 1980, Salka Viertel 1978; mit ihrem Tod verloren die jährlichen Aufenthalte in dem Schweizer Bergkurort Klosters an Reiz, wo Leute, die früh genug aufstanden, sie auf dem Balkon des von ihr gemieteten Chalet-Apartments hatten beobachten können, wie sie unermüdlich Gymnastik trieb. Ihre lebenslange Sorge um ihre Gesundheit nahm nun beinahe hypochondrische Formen an. 1979 sah sie Nils Asther wieder, der damals Anfang Achtzig war und sich emsig als Amateur-Künstler betätigte; seine satirischen, antireligiösen Sujets waren in einer Stockholmer Galerie ausgestellt, als der Autor dieses Buches im selben Jahr dort war. Man vermutete, daß die Garbo zu Asther in die Landhaus-Kolonie für gebrechliche oder betagte Leute in der Nähe von Stockholm ziehen würde. Doch bisher ist sie nicht in ihre Heimat umgesiedelt – und läßt auch keinerlei Anzeichen dafür erkennen.

Die Garbo hat in ihrem Privatleben nie Kontakt zu anderen Generationen gesucht. Leute, die sie gut kennenlernten, waren gewöhnlich in ihrem Alter. Anders als die Dietrich, Lillian Gish, Gloria Swanson und sogar Mae West war sie nie darauf erpicht,

Menschen näher kennenzulernen, die zu ihren Star-Zeiten noch nicht geboren waren. Junge Leute haben jedenfalls kaum eine Chance, ihre Bekanntschaft zu machen, sofern sie sich nicht selbst künstlerisch hervortun oder Kinder oder Begleiter ihrer Gastgeber sind. Auf der Leinwand ist das jedoch anders. Anfang der sechziger Jahre gelangten die Filme der Garbo plötzlich wieder zu großer Beliebtheit. Als sie im italienischen Fernsehen gezeigt wurden, kam es in den Kinos zu einem besorgniserregenden Besucherrückgang. MGM schaltete schnell und mit Gewinn: Die Filme kamen wieder in die Kinos. In London strömten Menschen aller Altersgruppen und vor allem junge Leute in ein West-End-Kino, als dort ein halbes Dutzend ihrer bekanntesten Tonfilme gezeigt wurden. Auch im Zeitalter der Technicolor- und Breitwandfilme vermochte die Garbo Menschen noch in ihren Bann zu ziehen. Jetzt gibt es fast jede Woche irgendwo in der Welt eine Retrospektive ihrer Filme; sie gehören zur Standardunterhaltung im Fernsehen, und das nicht nur in den Spätprogrammen.

Das ist mehr als nur eine nostalgische Erscheinung. Die flüchtigen Auftritte der Garbo in der Öffentlichkeit, von irgendeinem herumlungernden *paparazzo* im Vorbeieilen unweigerlich im Bild festgehalten, bleich und grimmig wie jemand mit einem nervösen Leiden, nicht wie eine vom Schicksal Begnadete, haben das Interesse an ihrer Person und ihrer Legende länger wachgehalten, als jede Mittsiebzigerin hätte hoffen können. Tatsächlich ist ihr allgemeiner Bekanntheitsgrad in der Öffentlichkeit - so sehr das auch im Widerspruch zu ihrem zurückgezogenen Leben stehen mag - sogar für Leute, die nie einen Garbo-Film gesehen haben, zum Symbol des Stardaseins geworden. Das Erstaunliche ist, daß die weltweite enorme Hochachtung vor ihrem Talent sie nie in ihrem Selbstvertrauen bestärkt hat; sie war immer mit ihren eigenen Leistungen unzufrieden. Ein Virus dieser Art befällt einen gewöhnlich eher in Europa als in Hollywood, und es kann keinen Zweifel darüber geben, bei wem die Garbo sich infiziert hat. Ihre Begegnung mit Mauritz Stiller war in einem viel weiteren Sinn eine Umwandlung und gab nicht nur ihrer Karriere eine andere Richtung, von der Bühne zum Film. Sie veränderte sie wesensmäßig, führte zu einer Vervollkommnung ihres Talents - und sperrte sie in den Käfig der Vorstellungen, die ein anderer von ihr hatte. Greta Gustafsson hatte ein ganz anderes Temperament: Sie schloß Freundschaften, sie war lebhaft im Spiel, sie arbeitete hart in der öffentlichen, beinahe anzüglichen Atmosphäre eines kleinen Friseurladens, sie war eine eifrige Theaterbesucherin und begeisterte Kinogängerin, die für einige Stars jener Zeit schwärmte, sie spielte bereitwillig in Werbefilmen für das Kaufhaus, in dem sie angestellt war, und tobte in einer Slapstickkomödie unbefangen im Badeanzug herum. Und dann begegnete sie Stiller. Plötzlich, mit der bloßen, die Umwandlung signalisierenden Deklaration einer amtlich genehmigten Namensänderung ist Greta verschwunden, und an ihre Stelle tritt die Garbo, die es ernst meint mit ihrer Kunst und endlos dafür zu leiden hat, in unerträglichem Ausmaß selbstkritisch, nie zufrieden mit ihrer Arbeit und übertrieben »ich«-bewußt.

Wäre die Garbo in Europa geblieben und nie Stiller und

Linke Seite, Oben: Bei ihrer Ankunft am 10. Juli 1964 auf dem Kennedy Airport in New York war die Garbo eine tragische Erscheinung. Ein paar Stunden vorher war die Leiche ihres langjährigen Begleiters George Schlee von Paris in die Heimat überführt worden. Er war an Herzversagen gestorben.

Oben: Ein Spaziergang in einem winterlichen Park in Schweden; die Garbo *(in der Mitte, rechts)* mit einer Freundin, der Gräfin Bernadotte.

Links: Ganz allein auf einem schwedischen See - wenn man von dem Fotografen, der ihr auflauerte, absieht.

ihrem Schicksal nach Amerika gefolgt, wäre sie vielleicht heute auch nicht glücklicher. Aber wahrscheinlich hätten sich ihr mehr Chancen für die Art von Arbeit geboten, die Stiller sie als ihrer würdig zu erachten gelehrt hatte. Derartige künstlerische Befriedigung ließ sich reichlicher aus der europäischen Art des Filmemachens ziehen: jener Art, die Hollywood traditionell aufkaufte, herüberholte und seinen eigenen kommerziellen Vorstellungen anpaßte. Irgendwie denkt man an die Garbo nie als »Amerikanerin« (in der wohlgeordneten Bibliothek der Stockholmer Cinemathek ist sie noch immer als schwedischer Star registriert). Die Garbo war nie von der Hollywood-Showbusiness-Tradition durchdrungen. Ihre Ambitionen richteten sich gegen den Ausbeutungsmechanismus, der diesem kaputtmachenden System zugrunde lag. Ihre natürliche Apathie bewahrte sie davor, den Verlust von Dingen wie Geld, Ruhm und Popularität zu spüren – Dinge, welche die meisten anderen Stars in Angstzustände versetzten – Angstzustände, die ständig von jenen ausgenutzt wurden, die sie »gekauft« hatten. Die Garbo hat Angst vor Arbeitslosigkeit nie gekannt wie verschiedene ihrer Kollegen, die Rollen akzeptierten, die unter ihrem Niveau lagen und ihr Talent herabwürdigten, solange sie sich nur ihren Fans zur Schau stellen und ihrem Ego so neue Nahrung zuführen konnten. Diese Charakterstärke machte es der Garbo unglücklicherweise fatal leicht, ihre Karriere – allerdings nicht ihren Mythos – hinter sich zu lassen. Wenn sie eine Absage erteilte – indem sie

Das Jagdobjekt der *paparazzi* wurde auch von den Karikaturisten der Welt aufs Korn genommen. Soteros Karikatur gehörte zur Werbekampagne für *Die Frau mit den zwei Gesichtern* und diente dem Zweck, die Garbo zu »vermenschlichen«. Die Zeichnung von Major trägt ihr Autogramm.

"ICH STEH' IM REGEN UND WARTE
UND WARTE ---"

einfach für längere Zeit und unter finanziellen Verlusten dem Studio fernblieb –, geschah das immer, weil man sie nicht in einem anspruchsvolleren Film einsetzte. Freunden gegenüber sagte sie oft, daß sie nie glücklich aus einer Film-»Vorschau« herausgekommen sei. Immer hatte sie das Gefühl, die von Stiller angestrebte Perfektion nicht erreicht zu haben.

Wenn wir uns in Gedanken an die Filme, die Greta Garbo aus dem einen oder anderen Grund *nicht* gemacht hat, um einen Genuß betrogen fühlen, so bleibt uns doch noch immer Trost, der ihr versagt bleibt. Wir brauchen nur einen Lichtstrahl auf eine Leinwand zu werfen, und schon ist sie da, die eigentliche Garbo, und stellt ihr »Ich« vor der Kamera mit einer Offenheit zur Schau, die sie ihrer Umwelt versagte; selbst ihre mittelmäßigen Filme werden durch sie zum Privileg, weil wir sie uns wegen einer Darstellung anschauen, die sie selbst als unbefriedigend empfand. Denn wir sehen sie ja nicht so – oder nur äußerst selten. Die Garbo fand den eigenen Anblick in ihren Filmen unerträglich, und es war daher für sie eine qualvolle Pflicht, an den Probevorführungen teilzunehmen und sich täglich die gerade abgedrehten Szenen anzusehen. Für uns hingegen stellt sich nur das Problem, mitunter den Filmen, selten ihrer schauspielerischen Leistung gegenüber ein Auge zudrücken zu müssen.

Aber war sie eine großartige *Schauspielerin?* Eine solche Frage stellen heißt das Wesen der Filmkunst mißverstehen. Die Antwort darauf wäre ein irrelevantes »Ja«. Ja, sie war eine großartige Schauspielerin, hätte es jedoch nicht zu sein brauchen. Von »Star-Schauspielkunst« zu sprechen ist ein Widerspruch in sich; manche Stars sind keine Schauspieler, andere Schauspieler sind keine Stars. Bei der Garbo wäre es zutreffender, wenn auch etwas unbeholfen, von einem »Star-Wesen« zu reden. Sie hätte also nicht zu spielen brauchen, dennoch gibt es nur wenige (echte) Schauspielerinnen, die so viele Rollen verkörpert und sowohl physisch als auch erotisch, geistig und rein gefühlsmäßig so viele Facetten ihres Wesens offenbart haben wie sie. Sie hatte einen ausgeprägten Instinkt für ihre Rollen (und für jede einzelne Szene), den sie erst mobilisierte, wenn Kamera und Scheinwerfer auf sie gerichtet waren; erst dann ließ sie Gedanken und Gefühle in geheimem Einverständnis mit Licht und Schatten und der einzigartigen Architektur ihrer Gesichtszüge arbeiten – und so offenbarte sich nicht nur ein einzelner Aspekt ihres Wesen, sondern eine große Vielfalt. Sollte irgend jemand diesen Gefühlsreichtum anzweifeln, so mögen die Fotos in diesem Buch für sich sprechen.

Die Garbo hat vom Augenblick ihrer Ankunft in Hollywood an nur für eine einzige Gesellschaft, Metro-Goldwyn-Mayer, gearbeitet, und sie ist im wörtlichen Sinne das reinste Kunst-

OBEN: Die Stifte der Karikaturisten waren leichter zu ertragen als die aufdringlichen Kameraobjektive. Die Garbo, wie sie einem New Yorker Fotografen 1949 die Tür vor der Nase zuschlägt.

RECHTE SEITE: 1959 bei einem flotten Spaziergang am Strand, während eines Aufenthaltes bei schwedischen Freunden, Graf und Gräfin Wachtmeister.

Charlie Chaplin und die Garbo sind die größten aller Kino-Stars. Sie waren, was Ort, Zeit und jeweiliges Temperament anging, Produkte eines einmaligen Zusammentreffens besonders günstiger Umstände, wie sie sich in dem Maße und mit gleichen Folgen für das Kino nicht wiederholen. Anders als Chaplin hätte die Garbo jedoch nie volle unternehmerische Gewalt über alle Film-Bereiche (bis hin zur Kinokasse) erlangen können – und hätte vermutlich auch nie Gefallen daran gefunden. Aber ebenso wie Chaplin machte sie sich eine Industrie dienstbar und setzte sie erfolgreich für ihre Einzigartigkeit ein. Doch selbst das Wort »Einzigartigkeit« ist irreführend, denn innerhalb der Grenzen populärer Unterhaltung konnte sie die ganze Kompliziertheit menschlicher Natur andeuten. Das war eine wunderbare Gabe. Der Garbo fiel sie durch ihr zufälliges Erbe bei der Geburt und durch ihre Erziehung zu; Mauritz Stiller gestaltete sie zu Kunst; Metro-Goldwyn-Mayer half, diese Gabe durchzuformen und auf Film zu bannen, und das Kino hat sie uns erhalten. Wenn sich uns der Ursprung von Greta Garbos Kunst letztlich dennoch entzieht, ist das nicht wirklich verwunderlich und kein Grund, traurig zu sein. Das ist Teil einer viel komplexeren Fragestellung und schwieriger zu ergründen als die Art und Weise, wie ein Mensch seine Persönlichkeit und die ihm zur Verfügung stehenden Möglichkeiten mit dem Zeitalter, in dem er lebt, in Einklang bringt. »Du trägst ein Geheimnis in dir«, sagt John Gilbert in *Königin Christine* zu ihr. Und die Antwort, die sie gibt, muß auch uns zum Trost gereichen: »Trägt nicht jeder Mensch eines in sich?«

werk, welches das Produktionssystem ihrer Zeit uns hinterlassen hat. Der Mittelteil des Buches versucht, einen Eindruck von der enormen Sorgfalt zu vermitteln, mit der man sich bei MGM ihrer annahm – oder, wenn Ihnen das lieber ist, vom unbestreitbaren Eigeninteresse, das einer solchen »Firmenbetreuung« zugrunde liegt. Ebenso hat er eine Vorstellung davon vermittelt, in welcher Weise ein Star wie die Garbo seine Macht gebrauchte, um seine Kunst zu vervollkommnen – oder, wenn Sie wollen, um seinen Marktwert zu erhöhen. Nach Untersuchung aller Vorwürfe über das Erniedrigende des Starsystems und nachdem auch die Gegenseite gehört wurde und für manches Beweise erbracht hat, kommt man unausweichlich zu einem Schluß: Die Garbo und Metro waren einander nicht nur nützlich, sondern geradezu unentbehrlich. Ohne das Studio fiel die Garbo zwar glücklicherweise nicht dem Vergessen anheim, überließ sich aber ziellosem Müßiggang. Während ihrer fünfzehnjährigen Bindung an MGM wurde sie von einem System getragen, das – so sehr sie es auch gehaßt hat und wie widerstrebend dieses auch vor ihren Forderungen (und ihrer einzigartigen Weise, diese vorzubringen) kapituliert hat – letztlich doch sie, MGM und uns alle bereichert hat. Das Risiko, in Filmen eingesetzt zu werden, die unter ihrer Würde waren, teilte sie mit allen Stars. Und selbst wenn sie völlig freie Wahl gehabt hätte, wäre das noch immer keine Garantie, daß sie eine bessere Auswahl getroffen hätte, als Mayer, Thalberg und die anderen MGM-Leute. Als sie später, nachdem sie das Studio verlassen hatte, wirklich völlig freie Wahl hatte, hat sie das überhaupt nicht genutzt!

OBEN: Das seltene Bild einer Göttin in einem öffentlichen Verkehrsmittel; aber der Notausgang war nie weit.

RECHTE SEITE: Der sicherste Hort, wo ihr das Alter nichts anzuhaben vermag: das Helldunkel der Kinoleinwand

ANMERKUNGEN ZUM TEXT

1 Zitiert in *The Kindness of Strangers* von Salka Viertel (Holt, Rinehart and Winston, New York, 1969), S. 271
2 *Motion Picture,* Juni 1932
3 *Photoplay,* April 1928
4 Zitiert in *Garbo* von Fritjof Billquist Arthur Barker. London, 1960), S. 10
5 Zitiert in *Garbo* von John Bainbridge (Muller, London, 1955), S. 38
6 *Here Lies the Heart* von Mercedes de Acosta (Andre Deutsch, London, 1960), S. 232
7 Ibid., S. 216
8 *Photoplay,* Mai 1928
9 *A Memo from David O. Selznick,* ausgewählt und herausgegeben von Rudy Behlmer (Macmillan, London, 1973), S. 343
10 *On Cukor* von Gavin Lambert (G. P. Putnam's Sons, New York, 1972), S. 109
11 Bainbridge, a.a.O., S. 109
12 Ibid., S. 109
13 *Fun in a Chinese Laundry* von Josef von Sternberg (Secker & Warburg, London, 1965), S. 209
14 de Acosta, a.a.O., S. 217
15 *Star Acting* von Charles Affron E. P. Dutton, New York, 1971), S. 130
16 Bainbridge, a.a.O., S. 129
17 »Profile« von Virgilia Peterson Ross in *The New Yorker,* 7. März 1931
18 Zitiert von Rilla Page Palmborg, *Photoplay,* September 1930
19 William Sorensen, *Sunday Express,* 5. Juni 1931.
20 Zitiert von Paul Hawkins, *Screenland,* Juni 1931
21 *We Barrymores* von Lionel Barrymore »as told to Cameron Shipp« (Peter Davies. London, 1950), S. 201
22 *Kiss, Kiss, Bang Bang* von Pauline Kael (Calder & Boyars, London, 1970), S. 275
23 *Photoplay,* Dezember 1933
24 Lambert, a.a.O., S. 114
25 *Motion Picture,* Januar 1933
26 Behlmer, Hrsg., a.a.O., S. 371
27 *Self-Portrait with Friends* von Sir Cecil Beaton (Weidenfeld & Nicolson, London, 1979), S. 202
28 Walter Lucas, *Sunday Express,* 8. September 1949
29 Lambert, a.a.O., S. 158
30 William Sorensen, *Sunday Express,* 3. Juli 1955
31 Beaton, a.a.O., S. 179

FILMOGRAPHIE

Bei den fettgedruckten Titeln in Klammern handelt es sich um die deutsche Kinoversion, bei normalem Druck lediglich um eine Übersetzung der Originalfassung.

Anmerkung des Autors
Die folgende Liste enthält die wichtigeren Angaben zu den Werbe- und Spielfilmen, in welchen die Garbo in Europa und Amerika mitwirkte. Die MGM-Archive haben Aufschluß über einige Kosten der Hollywoodproduktionen gegeben, und anstatt den Text damit aufzubauschen, habe ich diese Zahlen lieber in die Filmographie aufgenommen. (Das Rechnungswesen der Tonfilmära macht diese filmhistorisch interessanten Zahlen leider weniger leicht zugänglich.) Ich habe auch Informationen wie etwa Titeländerungen berücksichtigt, da sie meiner Ansicht nach ein interessantes Licht auf die Arbeitsweise eines Studios werfen.

EUROPA

1 **Werbefilme**
1921 spielte die Garbo in einer »Wie man sich nicht anziehen soll«-Klamotte mit, einem Werbefilm, den der Produzent Hasse W. Tullbergs und der Regisseur Captain Ragnar Ring im Auftrag des PUB-Kaufhauses in Stockholm drehten; 1922 wirkte sie in einem Werbefilm der Stockholmer Verbraucher-Genossenschaft mit, den Fribergs Filmbyra produzierte und in dem wieder Captain Ragnar Ring Regie führte. Außerdem soll sie im selben Jahr in einer Reihe schwedischer Spielfilme (unerkennbar und) ungenannt winzige Nebenrollen gespielt haben.

2 **Luffar-Petter**
(Peter der Vagabund)
Drehbuch, Produktion und Regie:
Erik A. Petschler
Die Personen und ihre Darsteller: Feuerwehrleutnant Erik Silverjälm: Erik A. Petschler; Max August Petterson, alias Luffar-Petter: Erik Petschler; Greta: Greta Gustafsson; Artilleriekapitän: Helmer Larsson; Polizist: Fredrik Olsson; Tyra: Tyra Ryman; Bürgermeistersgattin: Gucken Cederborg
Premiere: 26. Dezember 1922 in Stockholm

3 **Gösta Berlings Saga (Gösta Berling)**
Regie: Mauritz Stiller
Buch: Mauritz Stiller und Ragnar Hyltén-Cavallius, nach dem Roman von Selma Lagerlöf
Kamera: Julius Jaenzon
Produktion: Svensk Filmindustri
Die Personen und ihre Darsteller: Gösta Berling: Lars Hanson; Majorskan Samzelius: Gerda Lundeqvist; Major Samzelius: Otto Elg-Lundberg; Melchior Sinclaire: Sixten Malmerfelt; Gustafva Sinclaire: Karin Swanström; Marianne Sinclaire: Jenny Hasselqvist; Gräfin Martha Dohna: Ellen Cederström; Gräfin Ebba Dohna: Mona Martenson; Graf Henrik Dohna: Torsten Hammeren; Gräfin Elisabeth Dohna: Greta Garbo
Premiere: 1. Teil: 10. März 1924;
2. Teil: 17. März 1924 in Stockholm

Für die Premiere in Berlin im September 1924 kürzte Stiller beide Teile zu einer einteiligen Version zusammen. Als es in Schweden ein paar Jahre nach Stillers Tod nicht genügend Tonfilme gab, stellte der Drehbuchautor Hyltén-Cavallius eine weitere Version her, bei der er Stillers 4554 Meter langen Film auf 2775 Meter zusammenkürzte und mit Schallplattenmusik synchronisierte. Erst 1955 konnte der Kameramann der Ur-Version das gekürzte Filmmaterial ausfindig machen und wieder eine Stillers Intentionen gerechte Filmfassung herstellen.

4 **Die freudlose Gasse**
(in Amerika in **The Street of Sorrow**, in England in **The Joyless Street** umbenannt)
Regie: G.W. Pabst
Buch: Willy Haas, nach einem Roman von Hugo Bettauer
Kamera: Guido Sieber
Produktion: Sofor Film
Die Personen und ihre Darsteller: Hofrat Rumfort: Jaro Furth; der Fleischermeister der Melchiorgasse: Werner Krauß; Maria Lechner: Asta Nielsen; Greta Rumfort: Greta Garbo; Frau Greifer: Valeska Gert; Leutnant Davy: Einar Hanson; Regina Rosenow: Agnes Esterhazy; Rosa Rumfort: Loni Nest
Spieldauer: 90 Minuten
Premiere: 18. Mai 1925 in Berlin

AMERIKA

Alle noch folgenden Filme wurden von Metro-Goldwyn-Mayer produziert.

1 **The Torrent** (Fluten der Leidenschaft)
Regie: Monta Bell
Buch: Dorothy Farnum, nach einem Roman von Blasco-Ibáñez
Kamera: William Daniels
Die Personen und ihre Darsteller: Don Rafaell Brull: Ricardo Cortez; Leonora Moreno: Greta Garbo; Remedios: Gertrude Olmstead; Pedro Moreno: Edward Conelly; Cupido: Lucien Littlefield; Doña Bernarda Brull: Martha Mattox; Doña Pepa: Lucy Beaumont; Don Andreas: Tully Marshall
Spieldauer: 75 Minuten
Premiere: 21. Februar 1926 in New York

Buchrechte: $ 25000; Drehbuchkosten: $ 7528.68; Studiokosten: $ 250443.27. Drehbeginn: 27. November 1925; Ende der Dreharbeiten: 23. Dezember 1925

2 **The Temptress (Totentanz der Liebe)**
Regie: Fred Niblo, der Mauritz Stiller ablöste
Buch: Dorothy Farnum, nach einem Roman von Blasco-Ibáñez
Kamera: Tony Gaudio
Die Personen und ihre Darsteller: Robledo: Antonio Moreno; Elena: Greta Garbo; Manos Duros: Roy D'Arcy; Marquis Fontenoy: Marc McDermott; Canterac: Lionel Barrymore; Celinda: Virginia Brown Faire; Torre Blanca: Armand Kaliz; Josephine: Alys Murell
Spieldauer: 95 Minuten
Premiere: 10. Oktober 1926 in New York

3 **Flesh an the Devil (Es war)**
Regie: Clarence Brown
Buch: Benjamin Glazer, nach dem Roman *Es war* von Hermann Sudermann
Kamera: William Daniels

Schnitt: Lloyd Nosler
Die Personen und ihre Darsteller: Leo von Sellinthin: John Gilbert; Felicitas von Rhaden: Greta Garbo; Ulrich von Kletzingk: Lars Hanson; Hertha Prochwitz: Barbara Kent; Onkel Kutowski: William Orlamond; Pastor: George Fawcett; Leos Mutter: Eugenie Besserer; Graf von Rhaden: Marc McDermott
Spieldauer: 95 Minuten
Premiere: 9. Januar 1927 in New York

Buchrechte: $ 7000; Drehbuchkosten: $ 23 342.06; Studiokosten: $ 372 618.21. Drehbeginn: 9. August 1926; Ende der Dreharbeiten: 28. September 1926

4 **Love (Anna Karenina)**
Regie: Edmund Goulding, der Dimitri Buchowetsky ablöste
Buch: Frances Marion, nach Leo Tolstojs Roman *Anna Karenina*
Schnitt: Hugh Wynn
Kamera: William Daniels
Die Personen und ihre Darsteller: Anna Karenina: Greta Garbo; Vronskij: John Gilbert; Karenin: Brandon Hurst; Serjosha: Philippe de Lacy; Großherzog: George Fawcett; Großherzogin: Emily Fitzroy

Buchrechte: $ 16 000; Drehbuchkosten: $ 32 504.95; Studiokosten: $ 487 994.88. Drehbeginn: 22. Juni 1927; Ende der Dreharbeiten: 25. Juli 1927

5 **The Divine Woman (Das Göttliche Weib)**
Regie: Victor Seastrom (Sjöström)
Buch: Dorothy Farnum, nach Gladys Ungers Theaterstück *Starlight*
Kamera: Oliver Marsh
Schnitt: Conrad Nervig
Die Personen und ihre Darsteller: Marianne: Greta Garbo; Lucien: Lars Hanson; M. Legrande: Lowell Sherman; Mme. Pigonier: Polly Moran; Mme. Rouck: Dorothy Cumming; Jean Lery: John Mack Brown; Gigi: Cesare Cravina; Paulette: Paulette Duval
Spieldauer: 80 Minuten
Premiere: 14. Januar 1928 in New York

Buchrechte: $ 13 000; Drehbuchkosten: $ 27 404.06; Studiokosten: $ 266 817.14. Drehbeginn: 28. September 1927; Ende der Dreharbeiten: 7. November 1927. Von *The Divine Woman* ist derzeit keine Filmkopie auffindbar.

6 **The Mysterious Lady (Der Krieg im Dunkel)**
Regie: Fred Niblo
Buch: Bess Meredyth, nach Ludwig Wolffs Roman *Krieg im Dunkel*
Kamera: William Daniels
Schnitt: Margaret Booth
Die Personen und ihre Darsteller: Tania: Greta Garbo; Karl: Conrad Nagel; General Alexandroff: Gustav von Seyffertitz; Oberst Raden: Edward Connelly; Max: Albert Pollett; Generalsadjutant: Richard Alexander
Spieldauer: 90 Minuten
Premiere: 4. August 1928 in New York

Buchrechte: $ 2380.95; Drehbuchkosten: $ 37 121.70; Studiokosten: $ 336 973.22. Drehbeginn: 8. Mai 1928; Ende der Dreharbeiten: 13. Juni 1928

Aus einer Studionotiz ist zu entnehmen, daß man den Titel *The Mysterious Lady* für einen Garbo-Film »zu banal« fand; als Alternative wurde *Vienna Nights* (Wiener Nächte) vorgeschlagen. Howard Dietz erwiderte, es sei zu spät für eine Titeländerung und im übrigen finde er den Originaltitel genauso gut wie den Alternativvorschlag.

7 **A Woman of Affairs (Herrin der Liebe)**
Regie: Clarence Brown
Buch: Bess Meredyth, nach Michael Arlens Roman *Der grüne Hut*
Kamera: William Daniels
Schnitt: Hugh Wynn
Die Personen und ihre Darsteller: Diana: Greta Garbo; Neville: John Gilbert; Hugh: Lewis Stone; David: John Mack Brown; Geoffrey: Douglas Fairbanks, Jr.; Sir Mantague: Hobart Bosworth; Constance: Dorothy Sebastian
Spieldauer: 90 Minuten
Premiere: 19. Januar 1929 in New York

Buchrechte: $ 50 250.00; Drehbuchkosten: $ 10 217.07; Studiokosten: $ 328 687.77.

8 **Wild Orchids (Wilde Orchideen)**
Regie: Sidney Franklin
Buch: Hans Kraly, Richard Schayer, Willis Goldbeck, nach einer Originalfilmvorlage von John Colton
Kamera: William Daniels
Schnitt: Conrad Nervig
Die Personen und ihre Darsteller: Lillie Sterling: Greta Garbo; John Sterling: Lewis Stone; Prinz von Gace: Nils Asther
Spieldauer: 100 Minuten
Premiere: 30. März 1929 in New York

Story-Rechte: $ 10 336.64; Drehbuchkosten: $ 31 768.98; Studiokosten: $ 322 312.12.

Der Originaltitel war *Heat* (Hitze); erst als die Dreharbeiten schon weit vorangeschritten waren, fiel es den Filmleuten auf, daß die Ankündigung »Greta Garbo in *Heat*« [in heat = brünstig, in Brunst] zu Mißverständnissen führen könnte.

9 **The Single Standard (Unsichtbare Fesseln)**
Regie: John S. Robertson
Buch: Josephine Lovett, nach einem Roman von Adela Rogers St. Johns
Kamera: Oliver Marsh
Schnitt: Blanche Sewell
Die Personen und ihre Darsteller: Arden Stuart: Greta Garbo; Packy Cannon: Nils Asther; Tommy Hewlett: John Mack Brown; Mercedes: Dorothy Sebastian; Ding Stuart: Lane Chandler; Anthony Kendall: Robert Castle; Mrs. Glendinning: Kathlyn Williams
Spieldauer: 73 Minuten
Premiere: 27. Juli 1929 in New York

10 **The Kiss (Der Kuß)**
Regie: Jacques Feyder
Buch: Hans Kraly, nach einer Originalfilmvorlage von George M. Saville
Kamera: William Daniels
Schnitt: Ben Lewis
Die Personen und ihre Darsteller: Mme. Irene Guarry: Greta Garbo; André: Conrad Nagel; M. Guarry: Anders Randolf; Lassalle: Holmes Herbert; Pierre: Lew Ayres; Durant: George Davis
Spieldauer: 65 Minuten
Premiere: 15. November 1929 in New York
wurde *Conquest* gesetzlich geschützt, aber nur

Die Originalfilmvorlage stammte von Feyder, der aus persönlichen Gründen seinen Namen aber nicht zweimal im Filmvorspann aufgeführt haben wollte; er schlug MGM daher vor, »George M. Saville« als Pseudonym zu verwenden. – Der Film sollte erst *Secret Places* (Verschwiegene Plätze) und dann *Jealousy* (Eifersucht) heißen.

11 **Anna Christie**
Regie: Clarence Brown
Buch: Frances Marion, nach dem Schauspiel von Eugene O'Neill
Kamera: William Daniels
Schnitt: Hugh Wynn
Die Personen und ihre Darsteller: Anna: Greta Garbo; Matt Burke: Charles Bickford; Marthy: Marie Dressler; Chris: George F. Marion; der Pfarrer Johnny: James T. Mack; Larry: Lee Phelps
Spieldauer: 74 Minuten
Premiere: 14. März 1930 in New York

Unter der Regie von Jacques Feyder wurde eine 82 Minuten lange deutschsprachige Version hergestellt, die am 22. Dezember 1930 in Köln Premiere hatte. Die Garbo sprach ihre Dialoge wieder selbst; einige der Hauptrollen waren umbesetzt: den Matt Burke spielte Hans Junkermann, Chris wurde von Theodore Shall dargestellt und Marthy von Salka Viertel, die hier unter ihrem Mädchennamen Salka Stearman [Steuermann] erschien.

Mit der Verfilmung von *Anna Christie* gab sich MGM mehr Mühe, als die bühnenhafte Atmosphäre vieler Szenen vermuten läßt. Eddie Mannix, Mayers rechte Hand, erhielt während eines Aufenthaltes in New York ein Telegramm von der Westküste, in dem man ihn beschwor, »dafür zu sorgen, daß unser Tonaufnahme-Wagen nicht [nach Kalifornien] zurückgeschickt wird, bevor wir die Außenaufnahmen für *Anna Christie* gemacht haben.« (Es war damals Studiopraxis, bei Außenaufnahmen den Ton mit Wochenschauwagen aufzuzeichnen.) Das Telegramm enthielt dann noch die Frage: »Könnte man in New York derzeit zu einem vernünftigen Preis einen gescheiten Regisseur bekommen, der die drei Szenen mit Doubeln für uns aufnehmen könnte?« Mannix schlug fünf Namen vor und empfahl Bob Flores.

12 **Romance (Romanze)**
Regie: Clarence Brown
Buch: Bess Meredyth, Edwin Justus Mayer, nach dem Schauspiel von Edward Sheldon

Kamera: William Daniels
Schnitt: Hugh Wynn, Leslie F. Wilder
Schnitt: Hugh Wynn, Leslie F. Wilder
Die Personen und ihre Darsteller: Rita Cavallini: Greta Garbo; Cornelius van Tuyl: Lewis Stone; Tom Armstrong: Gavin Gordon; Harry: Elliott Nugent; Susan van Tuyl: Florence Lake; Miss Amstrong: Clara Blaudick; Beppo: Henry Armetta
Spieldauer: 76 Minuten
Premiere: 22. August 1930 in New York

13 **Inspiration (Yvonne)**
Regie: Clarence Brown
Buch: Filmvorlage und Drehbuch von Gene Markey
Kamera: William Daniels
Schnitt: Conrad Nervig
Die Personen und ihre Darsteller: Yvonne: Greta Garbo; André: Robert Montgomery; Delval: Lewis Stone; Lulu: Marjorie Rambeau; Odette: Judith Vosselli; Marthe: Beryl Mercer; Coutant: John Miljan; Julian Montell: Edwin Maxwell
Spieldauer: 74 Minuten
Premiere: 6. Februar 1931 in New York

Drehbuchkosten: $ 48636.50; Studiokosten: $ 417379. Drehbeginn: 15. Oktober 1930; Ende der Dreharbeiten: 24. November 1930.

Bei dem Film kam es zu unerwarteten finanziellen Einbußen. Das Drehbuch beruhte auf einer Fassung von James Forbes, die wiederum auf Alphonse Daudets Roman *Sappho* fußte. Der Roman war nach amerikanischem Urheberrechtsgesetz frei, in einigen europäischen Ländern jedoch noch geschützt. Nachdem der Film in Europa schon ein paar Monate gelaufen war, erhob Pathé Klage wegen Urheberrechtsverletzung ihrer Filmrechte an dem Roman. Es kam schließlich zu einer gütlichen Einigung, aber der Film mußte eine Zeitlang aus dem Verkehr gezogen werden.

14 **Susan Lenox: Her Fall and Rise (Helgas Fall und Aufstieg)**
Regie: Robert Z. Leonard
Buch: Wanda Tuchock, nach dem Roman von David Graham Phillips
Dialoge: Zelda Sears, Leon Gordon, Edith Fitzgerald
Kamera: William Daniels
Schnitt: Margaret Booth
Die Personen und ihre Darsteller: Susan Lenox: Greta Garbo; Rodney: Clark Gable; Ohlin: Jean Hersholt; Burlingham: John Miljan; Mondstrum: Alan Hale; Mike Kelly: Hale Hamilton; Astrid: Hilda Vaughn; Arzt: Russell Simpson
Spieldauer: 75 Minuten
Premiere: 15. Oktober 1931 in New York

Wie im Text erwähnt, wurde *Susan Lenox* von der britischen Zensur erst verboten, durfte dann aber, nachdem 40 Meter herausgeschnitten worden waren, unter der Auflage einer Titeländerung erscheinen, damit er nicht an den »skandalösen« Roman erinnerte. Thalbergs Vorschläge lauteten *Forbidden, The Stain* (Verboten! Der Schandfleck) und *The Daring Lady* (Die Wagemutige), bevor das Londoner MGM-Büro den akzeptablen Titelvorschlag *The Rise of Helga* machte.

15 **Mata Hari**
Regie: George Fitzmaurice
Buch: Originalfilmvorlage und Bearbeitung von Benjamin Glazer und Leo Birinski
Dialoge: Doris Anderson, Gilbert Emery
Kamera: William Daniels
Schnitt: Frank Sullivan
Die Personen und ihre Darsteller: Mata Hari: Greta Garbo; Leutnant Alexis Rosanoff: Roman Novarro; General Shubin: Lionel Barrymore; Adriani: Lewis Stone; Dubois: C. Henry Gordon; Carlotta: Karen Morley; Caros: Alec B. Francis; Schwester Angelica: Blanche Frederici
Spieldauer: 90 Minuten
Premiere: 31. Dezember 1931 in New York

Die britische Zensur nahm nicht nur, wie im Text erwähnt, Anstoß an der Exekutionsszene, sondern auch daran, daß Novarro in einer Szene mehr an der Liebe zur Garbo als an der über ihn wachenden Jungfrau Maria auf der Ikone an der Wand gelegen ist. Thalberg bot an, die Szene neu zu drehen und die Marienikone durch ein Bild der Mutter des Jungen mit einer darunter brennenden Lampe zu ersetzen und so alle religiösen Implikationen zu vermeiden. Aber das war den Zensoren noch nicht genug, sie verlangten für die Mutter modische Kleidung nach dem Stil ihrer Zeit. Einverstanden waren sie jedoch mit der vorgeschlagenen Kürzung der Exekutionsszene. Bis Thalbergs Alternativmaterial eintraf und einmontiert werden konnte, lief der Film in England mit einigen etwas holprigen Schnitten.

16 **Grand Hotel (Menschen im Hotel)**
Regie: Edmund Goulding
Buch: William A. Drake, nach dem Theaterstück und dem Roman von Vicki Baum
Kamera: William Daniels
Schnitt: Blanche Sewell
Die Personen und ihre Darsteller: Grusinskaja: Greta Garbo; Baron von Gaigern: John Barrymore; Flämmchen: Joan Crawford; Preysing: Wallace Beery; Otto Kringelein: Lionel Barrymore; Senf: Jean Hersholt; Meierheim: Robert McWade; Zinnowitz: Purnell B. Pratt; Pimenov: Ferdinand Gottschalk; Suzette: Rafaela Ottiano; Chauffeur: Morgan Wallace; Gerstenkorn: Tully Marshall
Spieldauer: 105 Minuten
Premiere: 12. April 1932 in New York

MGM erwarb die Rechte an Vicki Baums Theaterstück für $ 13500 und war an der New Yorker Theateraufführung auch beteiligt. Drehbeginn war am 30. Dezember 1931, beendet wurden die Dreharbeiten am 19. Februar 1932, die nachträglich gedrehten Szenen am 29. März 1932. Die Studiokosten beliefen sich auf $ 695341.20. Wie sie auf die einzelnen Stars verteilt sind, gibt Aufschluß über deren Marktwert und wie gut man hinsichtlich der erzielten Spieldauer mit dieser Rechnung fuhr: Garbo – $ 68000; Crawford – $ 60000; John Barrymore – $ 55750; Beery – $ 55500; Lionel Barrymore – $ 25000; Stone – $ 17812; Hersholt – $ 3364.

Am Drehbuch arbeiteten nicht weniger als fünf (ungenannte) Autoren; dies wurde, als die Garbo-Projekte ehrgeiziger und teurer wurden, zunehmend zur Regel.

17 **As You Desire Me (Wie du mich wünschst)**
Regie: George Fitzmaurice
Buch: Gene Markey, nach Pirandellos Schauspiel *Wie du mich willst*
Kamera: William Daniels
Schnitt: George Hively
Die Personen und ihre Darsteller: Maria/Zara: Greta Garbo; Graf Bruno Varelli: Melvyn Douglas; Carl Salter: Erich von Stroheim; Tony Boffie: Owen Moore; Mme. Mantari: Hedda Hopper; Lena: Rafaela Ottiano; Baron: Warburton Gamble; Captain: Albert Conti
Spieldauer: 71 Minuten
Premiere: 2. Juni 1932 in New York

18 **Queen Christina (Königin Christine)**
Regie: Rouben Mamoulian
Produzent: Walter Wanger
Buch: Salka Viertel, nach einer Originalfilmvorlage von Salka Viertel und Margaret F. Levine
Dialoge: S.N. Behrman
Kamera: William Daniels
Schnitt: Blanche Sewell
Die Personen und ihre Darsteller: Königin Christine: Greta Garbo; Don Antonio de la Prada: John Gilbert; Magnus: Ian Keith; Reichskanzler Oxenstierna: Lewis Stone; Ebba Sparre: Elizabeth Young; Aage: C. Aubrey Smith; Prinz Karl: Reginald Owen; der französische Gesandte: Georges Renevent; Erzbischof: David Torrence; General: Gustav von Seyffertitz; Gastwirt: Ferdinant Munier; Christine als Kind: Cora Sue Collins
Spieldauer: 97 Minuten
Premiere: 26. Dezember 1933 in New York

Drehbuchkosten: $ 103904.11; Studiokosten: $ 1127479.63. Drehbeginn: 9. August 1933; Ende der Dreharbeiten: 24. Oktober 1933.

19 **The Painted Veil (Der bunte Schleier)**
Regie: Richard Boleslawski
Produzent: Hunt Stromberg
Buch: John Meehan, Salka Viertel, Edith Fitzgerald, nach dem Roman von W. Somerset Maugham
Kamera: William Daniels
Schnitt: Hugh Wynn
Die Personen und ihre Darsteller: Katrin Fane: Greta Garbo; Walter Fane: Herbert Marshall; Jack Townsend: George Brent; General Yu: Warner Oland; Herr Koeber: Jean Hersholt; Frau Koeber: Beulah Bondi; Mrs. Townsend: Katherine Alexander; Olga: Cecilia Parker; Amah: Soo Young; Waddington: Forrester Harvey
Spieldauer: 83 Minuten
Premiere: 7. Dezember 1934 in New York

20 **Anna Karenina**
Regie: Clarence Brown
Produzent: David O. Selznick
Buch: Clemence Dane, Salka Viertel, nach Tolstojs Roman
Dialoge: S.N. Behrman
Kamera: William Daniels
Schnitt: Robert J. Kern
Die Personen und ihre Darsteller: Anna Karenina: Greta Garbo; Vronskij: Fredric March; Sergej: Freddie Bartholomew; Karenin: Basil Rathbone; Kitty: Maureen O'Sullivan; Gräfin Vronskij: May Robson; Stiva: Reginald Owen; Jaschwin: Reginald Dunny
Spieldauer: 95 Minuten
Premiere: 30. August 1935 in New York

21 **Camille (Die Kameliendame)**
Regie: George Cukor
Produzent: Irving Thalberg
Buch: Zoë Akins, Frances Marion, James Hilton, nach dem Roman *La Dame aux camélias* von Alexandre Dumas, d. .*J*
Kamera: William Daniels
Schnitt: Margaret Booth
Die Personen und ihre Darsteller: Marguerite: Greta Garbo; Armand: Robert Taylor; M. Duval: Lionel Barrymore; Nichette: Elizabeth Allan; Nanine: Jessie Ralph; Baron de Varville: Henry Daniell; Olympe: Lenore Ulric; Prudence: Laura Hope Crews; Gaston: Rex O'Malley; Gustave: Russell Hardie; Saint Gaudens: E.E. Clive; Henri: Douglas Walton; Corinne: Marion Ballou; Marie Jeanette: Joan Brodel; Louise: June Wilkins; Valentin: Fritz Lieber, Jr.; Mlle. Duval: Elsie Edmonds
Spieldauer: 109 Minuten
Premiere: 22. Januar 1937

22 **Conquest (Maria Walewska)**
Regisseur: Clarence Brown
Produzent: Bernard H. Hyman
Buch: Samuel Hoffenstein, Salka Viertel, S. N. Behrman, nach dem Roman *Pani Walewska* von Waclaw Gasiorowski und einer Bühnenbearbeitung von Helen Jerome
Kamera: Karl Freund
Schnitt: Tom Held
Die Personen und ihre Darsteller: Maria Walewska: Greta Garbo; Napoleon: Charles Boyer; Talleyrand: Reginald Owen; Kapitän d'Ornano: Alan Marshal; Graf Walewska: Henry Stephenson; Paul Lachinski: Leif Erickson; Letizia Bonaparte: Dame May Whitty; Prinz Poniatowski: C. Henry Gordon; Gräfin Pelagia: Maria Ouspenskaya
Spieldauer: 115 Minuten
Premiere: 4. November 1937 in New York

Der Film kostete über drei Millionen Dollar, eine gewaltige Summe für damalige Zeiten. Und wie unsicher man im Studio in puncto Zielgruppe war, geht aus dem schwindelerregenden Titel-Hin-und-Her hervor. In dem Glauben, *Marie Walewska* (so hieß der Film in anderen europäischen Ländern) sei für Amerika zu gewichtig, schlug Howard Dietz Anfang Mai 1937 vor, den Titel umzuändern in *Flame of the Century* (Jahrhundertliebe) oder, mit abnehmender Titelpräferenz, in *The Woman Before Waterloo, Star-Crossed* (Von einem Unstern verfolgt), *Less Than the Dust, Sands of Glory, No Man is God.* Frank Whitbeck vom New Yorker MGM-Büro machte die Gegenvorschläge: *The Gods and the Flesh* oder *Dusk of Empire* (Dämmerung des Kaiserreichs). Als das Problem am 14. Juni noch immer nicht gelöst war, machte Whitbeck erneut Titelvorschläge: *The Captains and the King, Symphony Without Music, The Great Surrender* [surrender = sowohl Niederlage als auch Hingabe], *The Road to Waterloo, Where Is the Glory?, A World Is Born, Glory, The Immortal Sin* (Unsterbliche Sünde). Am 23. Juni antwortete ihm Dietz von der Westküste, seine Alternativ-Titel seien »nicht populär«. Am 28. Juni telegrafierte ihm Whitbeck, er habe positive Reaktionen auf *Before Waterloo* erfahren, halte den Titel aber noch für verbesserungsfähig. Er schlug *The Night Before Waterloo* vor. Dieser Titel wurde gutgeheißen. Aber am 9. Juli wollte F. L. Hendrickson, der Leiter der MGM-Rechtsabteilung an der Westküste, den Titel umändern in *Conquest* (Eroberung). Dann stellte sich heraus, daß Warner Bros. sich diesen Titel schon hatte schützen lassen. Am 23. Juli gab Warner Bros. nach, und Jack L. Warner erwarb im Tauschverfahren den von MGM geschützten Titel *Man Without a Country;* in Kenntnis des riesigen Budgets für den Garbo-Film fügte er mit einem Unterton von Ironie hinzu, er wolle den Titel »für einen zweiteiligen historischen Stoff« verwenden. Am 26. Juli schließlich wurde *Conquest* gesetzlich geschützt, aber mir für Nordamerika. Dann kam es zu einer erneuten Debatte, diesmal darüber, ob man für den europäischen Markt den komplizierteren Titel *Marie Walewska* oder einfach *Marie* nehmen solle. Der erstere trug den Sieg davon.

An dem Drehbuch scheinen zeitweise siebzehn Autoren mitgearbeitet zu haben, u.a. auch Donald Ogden Stewart. Aus den MGM-Archiven geht hervor, daß Metro-Goldwyn-Mayer im Laufe der nächsten Jahre immer wieder Ärger mit Autoren hatte, die behaupteten, dem Studio in früheren Jahren Bearbeitungen dieses Stoffes unterbreitet zu haben oder Ähnlichkeiten zwischen ihren Entwürfen zu Napoleons Liebesaffäre und der verfilmten Version feststellen zu können.

23 **Ninotchka (Ninotschka)**
Regisseur und Produzent: Ernst Lubitsch
Buch: Charles Brackett, Billy Wilder, Walter Reisch, nach einer Originalfilmvorlage von Melchior Lengyel
Kamera: William Daniels
Schnitt: Gene Ruggiero
Die Personen und ihre Darsteller: Ninotschka: Greta Garbo; Graf Leon d'Algout: Melvyn Douglas; Großherzogin Swana: Ina Claire; Iranoff: Sig Rumann; Buljanoff: Felix Bressart; Kopalski: Alexander Granach; Kommissar Razinin: Bela Lugosi; Graf Rakonin: Gregory Gaye
Spieldauer: 110 Minuten
Premiere: 9. November 1939 in New York

An *Ninotschka* arbeiteten zehn Autoren, und auch dieser Film durchlief eine Reihe von Titeländerungen. Der erste Titelvorschlag vom März 1939 lautete *We Want to Be Alone;* Howard Dietz warnte, dieser Titel könne negative Reaktionen hervorrufen – bei wem, konnte sich jeder denken; nach Drehbeginn lief der Film eine ganze Weile nur unter dem Arbeitstitel »der Garbo-Film«. Im Juli kam vom Studio der Vorschlag *Give Us This Day.* Aus dem New Yorker Büro erwiderte J. Robert Rubin brüsk: »*Give Us This Day* gefällt hier niemandem.« Als Alternativvorschlag kam *A Kiss from Moscow.* Dietz antwortete im August: »Ich fürchte, die derzeitige Verbohrtheit macht die Erwähnung Moskaus im Haupttitel zu einer heiklen Angelegenheit. Ich befürchte, der Durchschnittsbürger wird sagen: › Wenn er [der Kuß] aus Moskau kommt, sagen wir nein, dankeschön.‹ Ich finde, *Intrigue in Paris* ist ein großartiger Titel.« Einige Zeit später wurde *Ninotschka* vorgeschlagen, aber nicht endgültig angenommen. Ende August spulte Frank Whitbeck eine Serie von Alternativen herunter: *This Time for Keeps* (Diesmal für immer), *The Love Axis* [die Liebesachse – evtl. auch in ähnlicher Verwendung wie in »the Axis powers« = die Achsenmächte], *Time Out for Love* [time out = Pause, Unterbrechung], *A Kiss for the Commissar, Salute for Love.* Bernie Hyman schlug vor: *A Foreign Affair* [foreign = ausländisch, Auslands-, aber auch seltsam], oder *A Kiss in the Dark.* Schließlich schaltete sich Nicholas Schenck, der Präsident von Loew's Inc., MGMs Muttergesellschaft, und selber russischer Abstammung, ein und erließ den Ukas, der Titel solle *Ninotschka* lauten.

Obwohl die Produktion vor Kriegsausbruch in Europa aufgenommen wurde, läßt die Firmenkorrespondenz doch erkennen, mit wieviel Gespür man sich bei MGM dessen bewußt war, daß man das Thema Rußland mit Vorsicht zu behandeln hatte, vor allem wenn man die Sowjetunion um Hilfe ersuchen mußte. So schickte das Studio beispielsweise am 3. Juni 1939 ein Telegramm an das New Yorker MGM-Büro mit der Bitte, bei der Beschaffung eines Fotos vom Roten Platz behilflich zu sein, das man für eine Reihe von Überblendungen brauche. Damit einher ging der Ratschlag: »Schlagen vor, jegliche Einsichtnahme in Drehbuch abzulehnen.« Unter nochmaligem Hinweis auf die erforderliche Diskretion bat man weiterhin um Aufnahmen von »Treppenaufgängen in russischen Wohnhäusern« und »Innenaufnahmen von Wohnungen, wo mehrere Personen in einem Zimmer schlafen«. Ein besonderes Problem war es, wie sich die Zensur in England verhalten würde, vor allem angesichts der britischen Beschwichtigungspolitik; Sam Eckman drahtete am 24. Mai 1939 ans Studio: »Kein Vorabverbot für Sowjet-Story. Hoffe aber, Zensur wird das als Lustspiel ansehen, sonst mit Ärger zu rechnen. Viele Rußlandfilme über Sowjetideale abgelehnt. Schlage aber vor, kommunistischen Aspekt im Auge zu behalten, auch daß Türkei befreundetes Land ist und Rußland vielleicht eines wird.« Mit dem Krieg erledigten sich diese Zweifel.

24 **Two-Faced Woman (Die Frau mit den zwei Gesichtern)**
Regie: George Cukor
Produzent: Gottfried Reinhardt
Buch: S. N. Behrman, Salka Viertel, George Oppenheimer, nach einem Theaterstück von Ludwig Fulda
Kamera: Joseph Ruttenberg
Schnitt: George Boemler
Die Personen und ihre Darsteller: Karin: Greta Garbo; Larry Blake: Melvyn Douglas; Griselda Vaughn: Constance Bennett; O. O. Miller: Roland Young; Dick Williams: Robert Sterling; Miss Ellis: Ruth Gordon; Miss Dunbar: Frances Carson; Tänzer: Bob Alton
Spieldauer: 94 Minuten
Premiere: 31. Dezember 1941 in New York

Die Frau mit den zwei Gesichtern kostete bescheidene $ 316 000 – vielleicht ein Beweis dafür, wie MGM die Budgets seinem (noch verbleibenden) Weltmarkt anzupassen versuchte. Auch dieser Film hatte die nun schon übliche Titel-Epidemie durchzustehen. Als die Garbo am 20. November 1940 einen fünf Seiten langen Vertrag für den Film unterschrieb, hieß er noch *I Love Your Sister.* Kurz vor Produktionsbeginn wurde er umbenannt in *The Twins,* dann *Anna und Anita.* Dann hagelte es regelrecht Titelvorschläge: *Her Naughty Sister, Her Weekend Sister, Her Wikked* [verruchte] *Sister, Naughty Today and Nice Tomorrow, Nice Little Hussy* [Biest], *It's Nice to Be Naugthy.* Dem Studio gefiel *Her Sister's Husband* am besten, aber auch der Titel des Filmsongs *I Can't Remember Your Name* hatte gute Chancen. Auch *Double Meaning, A Double Life* und *Beside Herself* [außer sich] wurden in Erwägung gezogen. Am 14. September zog man im Studio *Her Sister's Husband, The Gay Twin* und *The Adorable* [anbetungswürdig] *Sister* in Betracht. Eddie Mannix schlug vor: *Happily Married, Twin Wives, The Shadow Wife* und *One-Day Bride.* Der endgültige Titel *Two-Faced Woman* war ein Vorschlag von Howard Dietz und auch der Titel eines Songs, den er zusammen mit Arthur Schwarz geschrieben hatte. Er wurde im September 1941 urheberrechtlich geschützt, nicht einmal zwei Monate bevor der Film gestartet und dann – wegen der Kritik von seiten der Nationalen Legion für Anstand und Sitte der römisch katholischen Kirche, die ihn inhalt lich unmoralisch fand – plötzlich wieder zurückgezogen wurde; nach einigen Schnitten und anderen Änderungen lief er dann am letzten Tag des Jahres erneut an. Bei den Nahaufnahmen für die später eingefügte Szene, die klarstellte, daß Melvyn Douglas von der Identität des »Zwillings« mit seiner Frau wußte, führten Andrew Marton und Charles Dorian Regie. Andere Änderungen wurden am Schneidetisch vorgenommen, um »die Einstellung zur Ehe, die der Film jetzt bezeugt«, zu eliminieren. Unter den gestrichenen Zeilen waren folgende: »Wie wirkt sich meine Position auf deine aus?« – »Weil wir verwandt sind«; »Laß uns auf das trinken, an was wir beide denken«; »Du mußt in den Tropen geboren sein«; »Bist du für alle Männer alles?« »Du internationales Weibsstück!« »Die Couch-Szene« mußte gekürzt werden, ebenfalls eine Aufnahme der Garbo in einem tief ausgeschnittenen Kleid. In einem Brief vom 10. Dezember 1941 an Eddie Mannix kommentierte J. Robert Rubin: »Wenn die [neue] Szene in den Film eingefügt ist und den Zuschauern klar wird, daß Blake weiß, daß Katherine seine Frau Karin ist, könnte es sein, daß bestimmte Dialogteile und diese Szenen dadurch im rechten Licht erscheinen. [. . .] Sie müssen aber vielleicht die Szene rausschneiden, wo man ihre Fußnägel sieht, die in dem Film [bisher] den Zeitpunkt markierte, zu dem er sie als seine Frau erkannte.« Rubin riet auch dazu, in der Pressemitteilung zu erklären, daß man den Änderungswünschen der Legion entsprochen habe, weil man »die gültigen moralischen Normen in den von unserer Gesellschaft produzierten Unterhaltungsfilmen aufrechterhalten wolle.«

BIBLIOGRAPHIE

Monographien:

Acosta, Mercedes de: *Here Lies the Heart. A Tale of My Life.* London, Andre Deutsch, 1960.

Affron, Charles: *Star acting. Gish, Garbo, Davis.* New York, Dutton, 1977.

Aros: *Greta Garbo. Ihr Weg von Stockholm bis Hollywood.* Berlin, Scherl, 1932.

Bainbridge, John: *Garbo.* London, Muller, 1955; New York, Doubleday, 1955; Rinehart & Winston, 1971; updated edition, Galahad Books, 1974.

Beaton, Sir Cecil: *Self-Portrait with Friends.* London, Weidenfeld & Nicolson, 1979.

Billquist, Fritjof: *Garbo, den ensamma stärnan.* Stockholm, Natur och Kultur, 1959.

- *Garbo. A Biography.* New York, Putnam, 1960; London, Arthur Barker, 1960.

Blei, Franz: *Die göttliche Garbo.* Gießen, Kindt & Bucher, 1930.

Corliss, Richard: *Greta Garbo.* New York, Pyramid, 1974.

Crowther, Bosley: *Hollywood Rajah.* New York, Rinehart & Winston, 1960.

Ducout, Françoise: *Greta Garbo, La Somnambule.* Paris, Stock, 1979.

Durgnat, Raymond/Kobal, John: *Greta Garbo.* New York, Dutton, 1965; London, Studio Vista, 1965.

Hanser Verlag, *Reihe Film, 16: Greta Garbo, Mae West.* München, 1978.

Kühn, Richard: *Greta Garbo. Der Weg einer Frau und Künstlerin.* Dresden, Carl Reisser, 1935; Neuauflage Berlin, O. Arnold, 1941.

Lernet-Holenia, Alexander: *Greta Garbo, Ideal des Jahrhunderts.* Wiesbaden, Limes, 1956.

Livio, Robin: *Greta Garbo.* Paris, Denoel, 1972.

Montesanti, Fausto: *Greta Garbo.* Rom, Canesi, 1965.

Payne, Robert: *The Great Garbo.* London, Allen, 1976; New York, Praeger, 1976.

- *Greta Garbo.* München, Heyne, 1979.

Sands, Frederick/Broman, Sven: *The Divine Garbo.* New York, Grosset & Dunlap, 1979.

- *Die Göttliche – Greta Garbo.* München, Blanvalet, 1979.

Sjolander, Ture: *Garbo.* Stockholm, Askild & Kärnekull, 1971.

- *Garbo.* New York, Harper & Row, 1971.

- *Garbo.* Berlin, Blanvalet, 1972.

Tyler/Parker/Conway: *The Films of Greta Garbo.* New York, The Citadell Press, 1963.

Viertel, Salka: *Das unbelehrbare Herz.* Hamburg/Düsseldorf, Claassen, 1970.

Wallin, John: *Garbo. En stänas väg.* Stockholm, Saxon & Lindström, 1955.

Zierold, Norman J.: *Garbo.* New York, Stein & Day, 1969.

Filmgeschichte:

American Film, vol. I. no. I (Oct. 1975), David Robinson: *Garbo in Retrospect.*

Ceram, C. W. (d. i. Kurt W. Marek): *Eine Archäologie des Kinos.* Reinbek b. Hamburg, Rowohlt, 1965.

Cooke, Alistair (ed.): *Garbo and the Nigth Watchmen.* London, Secker & Warburg, 1971.

Cuenca, Carlos Fernandez: *Greta Garbo.* San Sebastian, *X. Festival International del Cine, 1962.*

Gregor, Ulrich/Patalas Enno: *Geschichte des Films.* München (u. a.), Bertelsmann, 1973.

Films in Review, vol. 2. no. 10 (Dec. 1951), Theodore Huff: *The Career of Greta Garbo.*

Focus in Film, no. 15 (Summer 1973), DeWitt Bodeen: *Memories of Garbo.*

Kael, Pauline: *Kiss Kiss, Bang Bang.* London, Calder & Boyars, 1970; Boston, Mass., Little Brown & Co., 1968.

Kirst, Hans Hellmut: *Bilanz einer Traumfabrik.* München, Bruckmann, 1963.

Knietsch, Horst: *Film, gestern und heute.* Leipzig, Urania Verlag, 1967.

- *Filmgeschichte in Bildern.* Berlin, Henschel, 1971.

Patalas, Enno: *Sozialgeschichte der Stars.* Hamburg, Marion von Schröder, 1963.

Scheugl, Hans: *Sexualität und Neurose im Film.* München, Hanser, 1974.

Sight and Sound, vol. 23. no. 4 (April/June 1974), Kenneth Tynan: *Garbo,* (reprinted in *Curtains,* Longmans, London, 1961).

- vol. 28. no. I (Winter 1958/59), Louise Brooks: *Gish and Garbo, the Executive War on the Stars.*

The Silent Picture, no. 16 (Autumn 1972), Robert Cluff: *Garbo's Hollywood Silents.*

Toeplitz, Jerzy: *Geschichte des Films.* München, Rogner & Bernhard, 1975.

Walker, Alexander: *The Celluloid Sacrifice.* London, Michael Joseph, 1966.

- *Stardom: The Hollywood Phenomenon.* London, Michael Joseph, 1970.

REGISTER

Kursiv gesetzte Seitenzahlen verweisen auf Abbildungen.

BILDNACHWEIS

Die meisten der in diesem Buch abgedruckten Fotos sind urheberrechtlich geschütztes Eigentum von Metro-Goldwyn-Mayer, Inc., und wurden uns von deren Bildarchiv in Culver City/Kalifornien und der Margaret-Herrick-Bibliothek der Academy of Motion Picture Arts and Sciences zur Verfügung gestellt. Das restliche Bildmaterial erscheint mit Abdruckerlaubnis der folgenden Personen, Firmen und Institute bzw. verdanken wir:

Ahlen & Akerlunds Förlags: 12 (oben), 21 (unten), 26–27, 31 (oben und unten rechts), 36 (unten), 37, 88, (oben), 124, 152 (unten rechts), 166 (unten), 172 (oben), 173 (oben und unten), 176 (unten), 177 (links), 180;

Cecil Beaton, mit freundlicher Genehmigung von Sotheby's Belgravia: 162, 167, 168–169, 171 (oben und unten);

British Film Institute: 30, 34 (oben);

Kevin Brownlow: 58–59;

Camera Press: 179;

Sven Gustafsson: Titelblatt, 66–67;

Kobal Collection: 10, 44 (oben), 45 (oben), 178;

Pressens Bild: 108 (recht), 152 (unten links), 164; (Foto Olle Lindeborg) 165, 166 (oben), 172 (unten), 174 (oben), 175 (oben);

Schwedisches Filminstitut: 12 (unten), 13 (oben und unten), 14 (oben und unten), 15, 16 (oben und unten), 17 (oben und unten), 18–19, 20 (oben), 21 (oben), 24 (oben und unten), 25 (unten), 29, 38 (oben), 88 (unten), 89, 174–175, 181;

Weidenfeld & Nicolson-Archiv: 8, 19 (unten), 20 (unten), 23, 25 (oben), 31 (unten links), 68, 101;

Die Karikatur von Einar Nerman (177 oben) aus dem Buch *Caught in the Act* wurde mit freundlicher Genehmigung von George Harrap & Co., Ltd., abgedruckt.